Wulf-Uwe Meyer, Achim Schützwohl
und Rainer Reisenzein

Einführung in die Emotionspsychologie
Band I

Verlag Hans Huber
Bern · Göttingen · Toronto · Seattle

Adresse der Autoren:
Prof. Dr. Wulf-Uwe Meyer
Dr. Achim Schützwohl
Dr. Rainer Reisenzein
Universität Bielefeld
Abteilung für Psychologie
Postfach 10 01 31
D-33501 Bielefeld

Das Umschlagbild zeigt eine Versuchsperson, die zur Untersuchung von Emotionen mit zwei Atemschreibern (Pneumographen), zwei Pulsschreibern (Spymographen) für den Carotis- und Radialispuls und einem Handkontakt zur Registrierung von Signalen ausgerüstet ist. Auf den Kopf der Person sind die drei „Hauptrichtungen der Gefühle" von Wundt gelegt.

Die Person ist entnommen aus *Vorlesungen zur Einführung in die experimentelle Pädagogik und ihre psychologischen Grundlagen, Zweiter Band* (2. umgearbeitete Aufl., S. 577) von Ernst Meumann, 1911, Leipzig: Engelmann. Die Hauptrichtungen der Gefühle sind entnommen aus *Vorlesungen ueber die Menschen- und Thierseele* (3. umgearbeitete Aufl., S. 239) von Wilhelm Wundt, 1897, Hamburg und Leipzig: Voss.

Die Deutsche Bibliothek – CIP-Einheitsaufnahme

Meyer, Wulf-Uwe:
Einführung in die Emotionspsychologie / Wulf-Uwe Meyer,
Achim Schützwohl und Rainer Reisenzein. – Bern ; Göttingen ;
Toronto ; Seattle : Huber
NE: Schützwohl, Achim:; Reisenzein, Rainer:
Bd. 1 (1993)
ISBN 3-456-82410-6

1. Auflage 1993

Druck: AZ Druckhaus, Kempten/Allgäu
Printed in Germany

"Die Uneinigkeit der Psychologen in diesem Punkte kann uns nicht auffallen; begegneten wir ihr ja auch sonst bei jedem Schritte. Aus ihr läßt sich vernünftigerweise kein Grund dafür entnehmen, daß die Wahrheit nicht mit Sicherheit erkennbar sei" (Brentano, 1874/1955, S. 146).

Vorwort

Die Emotionspsychologie hat in den letzten zehn Jahren eine ungeahnte Renaissance erlebt. Dieser Entwicklung wird inzwischen in zunehmendem Maße an den Hochschulen durch das Angebot von speziellen Vorlesungen und Seminaren Rechnung getragen. Einführungstexte und Lehrbücher, die als Basislektüre für solche Lehrveranstaltungen dienen könnten, sind jedoch bislang sowohl im deutschen als auch im englischen Sprachraum selten, und die existierenden Texte lassen aus der Sicht der Autoren manches zu wünschen übrig. So entstand das vorliegende Lehrbuch der Emotionspsychologie - wie wohl die meisten Lehrbücher - aufgrund der Unzufriedenheit der Autoren mit den vorhandenen einführenden Texten. Zielsetzung des Buches ist es, dem Bedarf nach einem Einführungstext in die Emotionspsychologie zu entsprechen, der für Studienanfänger geeignet ist und gleichzeitig präzise und informativ genug ist, um die Leserinnen und Leser auf die selbständige Lektüre der Fachliteratur vorzubereiten.

Im Unterschied zu den meisten vorhandenen Einführungstexten in die Emotionspsychologie ist das vorliegende Buch explizit theorieorientiert. Das heißt, wir führen in die Emotionspsychologie anhand von exemplarisch ausgewählten Theorien ein. Bei der Auswahl und Darstellung dieser Theorien haben wir uns bemüht, auch die historische Entwicklung der Disziplin mitzuberücksichtigen. Zum einen deshalb, weil wir der Meinung sind, daß man den gegenwärtigen Stand der Emotionspsychologie nur unzureichend verstehen kann, wenn man ihre historische Entwicklung nicht kennt; zum andern, weil eine Darstellung, die auch an der historischen Entwicklung der Emotionspsychologie orientiert ist, unserer Meinung nach didaktisch besonders gut geeignet ist, die Leserin und den Leser in dieses Gebiet einzuführen.

Wir haben uns entschlossen, nur eine begrenzte Anzahl von Emotionstheorien darzustellen, diese dafür aber ausführlich zu behandeln. Maßgebend für die getroffene Auswahl war (1), daß die ausgewählten Emotionstheorien als repräsentativ für bestimmte Ansätze in der Emotionsforschung gelten können sowie (2), daß sie einen bedeutsamen Einfluß auf die Emotionspsychologie - insbesondere auch die empirische Untersuchung von Emotionen - haben oder gehabt haben. Darüber hinaus wurde die Auswahl aber auch dadurch beeinflußt, daß die behandelten Theorien den Kenntnissen und Interessen der Autoren besonders entgegenkamen.

Im vorliegenden Band werden die klassisch-behavioristische Theorie der Emotionen (Kapitel 2), kognitiv-physiologische Theorien der Emotionen (Kapitel 3) sowie die attributionale Theorie der Emotionen (Kapitel 4) dargestellt. In jedem Kapitel werden historische Bezüge hergestellt, indem Vorläufer der zentralen erörterten Theorien und/oder verwandte zeitgenössische Formulierungen und Forschungsergebnisse beschrieben werden.

Es ist geplant, in einem zweiten Band folgende weitere Emotionstheorien zu behandeln: (1) Evolutionsbiologische Theorien, (2) kognitive (Einschätzungs-) Theorien sowie (3) dimensionale Theorien der Emotion. Das gemeinsame Autoren- und Sachregister der Bände I und II wird im Band II erscheinen.

Die Autoren danken Lily-Maria Silny, die mit großer Kompetenz und Geduld die kamerafertige Druckvorlage für dieses Buch erstellte.

Bielefeld im Juli 1993 Wulf-Uwe Meyer Achim Schützwohl
Rainer Reisenzein

INHALTSVERZEICHNIS

KAPITEL 1
EINFÜHRUNG

KAPITEL 2
DIE KLASSISCH-BEHAVIORISTISCHE THEORIE DER EMOTIONEN

KAPITEL 3
KOGNITIV-PHYSIOLOGISCHE THEORIEN DER EMOTIONEN

KAPITEL 4
DIE ATTRIBUTIONALE THEORIE DER EMOTIONEN

Kapitel 1

EINFÜHRUNG

Die Alltagserfahrung weist darauf hin, daß Emotionen zentrale Phänomene unseres Leben sind, und zwar aus mindestens drei Gründen.

Erstens sind Emotionen häufige, alltägliche Phänomene. Es vergeht wohl kaum ein Tag, an dem wir keine Emotionen erleben. Wir freuen uns über ein Geschenk, empfinden Ärger über das rücksichtslose Verhalten eines anderen Verkehrsteilnehmers, sind besorgt über die politische Entwicklung, empfinden Stolz über die eigene Leistung, haben Angst vor einer Prüfung oder empfinden Mitleid mit einer anderen Person, die sich in einer Notlage befindet.

Zweitens sind Emotionen mit Ereignissen verbunden, die persönlich bedeutsam sind, und das Ausmaß der persönlichen Bedeutsamkeit scheint die Intensität der Emotionen zu beeinflussen. Wir empfinden stärkere Trauer über den Tod einer uns nahestehenden Person als über den Tod einer Person, die in unserem Leben von geringer Bedeutsamkeit war; wir freuen uns mehr über einen Erfolg, der für unsere weitere Lebensplanung zentral ist, als über einen vergleichsweise unwichtigen Erfolg, usw.

Drittens scheinen Emotionen mit unserem Handeln oder zumindest mit dem Impuls zu handeln in enger Beziehung zu stehen. Bei Ärger über das Verhalten eines anderen Verkehrsteilnehmers treten oft unmißverständliche Gesten auf, und wir erleben vielleicht den Impuls, ihn anzuhalten und zur Rede zu stellen. Mitleid geht oft mit hilfreichem Verhalten einher. Und charakteristisch für Furcht ist, daß eine als bedrohlich wahrgenommene Situation verlassen oder vermieden wird, oder daß wir zumindest den Drang dazu verspüren. Darüber hinaus können bestimmte Emotionen unsere Funktionsfähigkeit erheblich beeinträchtigen. Zum Beispiel kann Angst in Prüfungssituationen die Leistung einschränken, und anhaltende Traurigkeit und Depression können zu sozialer Isolierung und in extremen Fällen zu Selbstmord führen.

Zur Geschichte der Emotionspsychologie

Es gibt also gute Gründe dafür, weshalb sich die wissenschaftliche Psychologie mit Emotionen auseinandersetzen sollte; und tatsächlich beschäftigten sich die Psychologen in der Anfangszeit der institutionalisierten Psychologie - ungefähr zwischen 1870 bis 1920 - relativ intensiv mit diesem Thema. Beispiele dafür sind die Emotionstheorien von Watson (1919) und James (1884), die in den Kapiteln 2 bzw. 3 des vorliegenden Bandes beschrieben werden. Aber auch zahlreiche weitere Psychologen dieser Ära lieferten wichtige Beiträge zur Emotionspsychologie, zum Beispiel Meinong (1906), Stumpf (1899), Wundt (1896) oder McDougall (1908). Auf diese letzteren Theorien werden wir im geplanten Folgeband eingehen.

Einige der in dem genannten Zeitraum entwickelten Emotionstheorien finden auch heute noch (oder wieder) in der Fachliteratur Beachtung und existieren teilweise in modifizierter Form weiter. Zum Beispiel existiert die Emotionstheorie von James in Form sogenannter "neo-Jamesianischer" Theorien weiter (vgl. etwa Izard, 1990; Laird & Bresler, 1992; Tomkins, 1980); die Emotionstheorie Wundts ist eng mit den heutigen "dimensionalen" Theorien des emotionalen Erlebens verwandt (z. B. Russell, 1989; Larsen & Diener, 1992); und die Emotionstheorien von Meinong und Stumpf nehmen in vieler Hinsicht die zeitgenössischen kognitiven Theorien der Emotion vorweg, wie zum Beispiel die im Kapitel 4 behandelte Emotionstheorie Weiners (1986) oder die Theorien von Lazarus (1991a) und Ortony, Clore und Collins (1988), auf die wir ebenfalls im geplanten Folgeband zu sprechen kommen werden.

Im Zeitraum von ungefähr 1920 bis 1970 ließ das Interesse der wissenschaftlichen Psychologie an Emotionen jedoch deutlich nach. Dies mag nach dem, was einleitend über die Bedeutung von Emotionen gesagt wurde, verwundern, zumal dieses nachlassende Interesse keineswegs dadurch bedingt war, daß das Gebiet der Emotionen ausreichend theoretisch durchdrungen und empirisch erforscht worden wäre. Die Gründe für diese Entwicklung sind vielfältig und können hier nicht im Detail aufgeführt werden (vgl. dazu Lazarus, 1991a; Scherer, 1981). Ein zentraler Grund war zweifelsohne, daß besonders die amerikanische Psychologie in der Phase zwischen 1920 und 1960 von behavioristischen Positionen dominiert wurde, welche als legitimen Gegenstand der wissenschaftlichen Psychologie ausschließlich beobachtbare Reize und Reaktionen betrachteten und deshalb für den subjektiven Aspekt von Emotionen, das heißt für die *Gefühle* von Freude, Angst, Ärger oder Traurigkeit keinen Platz ließen (vgl. dazu Kapitel 2).

Im Jahr 1933 sagte der amerikanische Behaviorist Max F. Meyer sogar vorher, die wissenschaftliche Psychologie würde die Beschäftigung mit Emotionen (damit meinte er das Erleben von Gefühlen) spätestens 1950 als eine Kuriosität vergangener Zeiten belächeln (vgl. auch Duffy, 1941). Die Stellung der Emotionstheorie unter den psychologischen Theorien, so Meyer, ließe sich passend mit der des Wals unter den Fischen vergleichen:

> "Der Wal zeichnet sich unter den Fischen in zweifacher Weise aus. Aus der Ferne betrachtet sieht er wie ein besonders großer Fisch aus. Bei genauerer Untersuchung erweist sich dann aber, daß er überhaupt gar kein Fisch ist. Ein ähnliches Schicksal sage ich der Emotionstheorie ... voraus. Die Psychologie ... braucht sich, als noch sehr junge Wissenschaft, nicht der Tatsache zu schämen, daß sie einigen Unsinn [nämlich die Emotionstheorie] loswerden muß, der sich während ihrer Kindheit angesammelt hat" (Meyer, 1933, S. 292).

In der Tat schien es zunächst, als ob Meyer mit seiner Prophezeiung recht behalten sollte, denn um 1950 fanden Emotionen in der Psychologie, insbesondere der angloamerikanischen, nur noch wenig Beachtung. Die damaligen allgemeinen Einführungstexte in die Psychologie behandelten Emotionen entweder überhaupt nicht oder widmeten ihnen nur wenige Seiten; spezielle Lehrbücher der Emotionspsychologie gab es so gut wie gar nicht; und in den renommierten Fachzeitschriften fanden sich nur vereinzelt Beiträge zum Thema Emotion (vgl. Scherer, 1981). Noch im Jahre 1981 beschrieb Scherer die Situation der Emotionspsychologie in einen Kongreßvortrag mit dem vielsagenden Titel "Wider die Vernachlässigung der Emotion in der Psychologie" wie folgt:

> "Bei der Betrachtung des Forschungsbetriebes in der heutigen Psychologie drängen sich unwillkürlich Bilder aus den Zeiten des Goldrausches im amerikanischen Westen auf: Goldsucher aus allen Himmelsrichtungen eilen scharenweise zum Attribution Canyon, um dort schnell noch einen Claim abzustecken [Beschäftigung mit Attributionen; vgl. Kap. 4]; am Cognition River sieht

> man die vom Goldfieber Gepackten unermüdlich Sand sieben, um vielleicht doch noch ein Goldkörnchen zu finden [Beschäftigung mit Kognitionen]; Emotion City hingegen ist fast zur Ghosttown herabgesunken, in der nur noch einige wenige unverbesserliche Einzelgänger zwischen den vielen aufgegebenen Schürfstellen graben. In der Psychologie gibt es mehrere solcher Ghosttowns, die zu Recht oder zu Unrecht verlassen wurden. Meiner Ansicht nach ist es im Falle der Emotion zu Unrecht geschehen" (Scherer, 1981, S. 304/5).

In der Zwischenzeit wissen wir aber, daß Meyer (1933) mit seiner Vorhersage schließlich doch nicht Recht behalten hat. Zur gleichen Zeit, als Scherer noch die Vernachlässigung der Emotionen in der Psychologie beklagte, war nämlich bereits eine ungeahnte Renaissance der Emotionspsychologie im Entstehen begriffen; und schon drei Jahre nach Scherers (1981) Gegenüberstellung des "Goldrausches" im Attribution Canyon und am Cognition River mit der "Ghosttown" Emotion City machte Berscheid in einem Kongreßvortrag (der allerdings erst 1990 als Buchveröffentlichung abgedruckt wurde) nun einen neuen "Goldrausch" in der Emotionspsychologie aus (Berscheid, 1990, S. 22). In der Tat: Seit einigen Jahren sind die Zeitschriftenpublikationen zum Thema Emotion kaum noch zu überblicken; jährlich erscheinen inzwischen mehrere einschlägige Monographien; und im Jahre 1986 wurde eine eigene Zeitschrift (*Cognition and Emotion*) gegründet, die ausschließlich theoretische und empirische Arbeiten zum Thema Emotion veröffentlicht.

Ebenso wie die Vernachlässigung der Emotionen zumindest teilweise auf die "behavioristische Revolution" (vgl. Kapitel 2) in den zwanziger Jahren dieses Jahrhunderts zurückzuführen war, hatte das neuerwachte Interesse an Emotionen viel mit dem Niedergang des Behaviorismus und der neuen "kognitiven Revolution" in den sechziger Jahren zu tun (zu den Gründen für diese Entwicklung vgl. z. B. Mahoney, 1974). Denn kurz nachdem der Behaviorismus seine beherrschende Stellung verlor und man im Zuge der kognitiven Revolution auch das subjektive Erleben wieder als einen legitimen Forschungsgegenstand betrachtete, wurden auch die Emotionen wieder zu respektablen Forschungsobjekten.

Obwohl somit Emotionen im Zeitraum von ungefähr 1920 bis 1970 relativ wenig Beachtung von Seiten der Psychologie fanden, muß doch betont werden, daß das Thema "Emotion" auch in dieser Phase der Psychologie entgegen manchen Darstellungen niemals gänzlich vernachlässigt wurde (vgl. auch Reymert, 1928, 1950). Zum einen lieferten auch die Behavioristen trotz ihrer ablehnenden Haltung gegenüber dem subjektiven Aspekt von Emotionen wertvolle Beiträge zur Emotionspsychologie (vgl. Kapitel 2); zum anderen war die Psychologie dieser Zeit keineswegs durchgehend behavioristisch ausgerichtet. Das gilt insbesondere für die europäische Psychologie, in der sich behavioristische Positionen niemals durchsetzten, aber auch für die amerikanische Sozialpsychologie.

Zusammenfassend kann also gesagt werden, daß die Emotionspsychologie, nachdem sie in den ersten fünfzig Jahren der institutionalisierten Psychologie noch eine wichtige Rolle spielte, in den folgenden 50 Jahren vorübergehend ins Hintertreffen geriet. Seit spätestens 1980 ist sie dagegen wieder zu einem zentralen Forschungsfeld der Psychologie geworden.

Was können Studierende vom vorliegenden Text erwarten?

Perry (1968) hat die Entwicklung von amerikanischen College-Studenten von Beginn bis zum Ende ihres Studiums untersucht und festgestellt, daß bei Studienbeginn die folgenden zwei Einstellungen und Erwartungshaltungen vorherrschen:

> "Position 1: ... Für alles gibt es absolut gültige, richtige Antworten; diese sind den Autoritäten bekannt, deren Aufgabe es ist, sie zu vermitteln (zu lehren). Wissen und Werte werden als Ansammlungen von Wahrheiten wahrgenommen, die man sich durch harte Arbeit und Gehorsam anzueignen hat. Position 2: Der Student erblickt eine Vielfalt an unterschiedlichen Meinungen und Ungewißheit darüber, welche davon richtig ist; dies erklärt er sich entweder als ... Resultat der Verwirrung schlecht qualifizierter Autoritäten oder als Übungen, die von den Autoritäten veranstaltet werden, 'damit wir lernen, die Antwort selber zu finden'" (Perry, 1968, S. 9).

Wahrscheinlich haben viele Studierende zu Beginn der Lektüre eines einführenden Textes zur Emotionspsychologie analog zu der von Perry (1968) beschriebenen Position 1 die Erwartung, dort *die* gültige Theorie der Emotionen kennenzulernen oder vielleicht "Emotionsgesetze" auswendig lernen zu können. Diese Erwartung kann durch die gegenwärtige Emotionspsychologie jedoch nicht erfüllt werden. Das soll nicht heißen, daß kein Erkenntnisfortschritt stattgefunden hat; aber *die* allgemein anerkannte Theorie der Emotion gibt es nicht, und die empirische Befundlage zu zahlreichen Fragen ist widersprüchlich.

Dies ist übrigens keineswegs ein auf die Emotionspsychologie beschränktes Phänomen, sondern kann im großen und ganzen als allgemein charakteristisch für den gegenwärtigen Stand der Psychologie gelten. In keinem Bereich der Psychologie und zu keinem psychologischen Phänomen scheint es nämlich gegenwärtig *die* allgemein akzeptierte Theorie zu geben. So gibt es etwa nicht *die* Theorie der Motivation, des Lernens, der Aufmerksamkeit oder des Gedächtnisses. Und ebenso wenig existiert eine umfassende, allgemein geteilte Emotionstheorie. Vielmehr bestehen gegenwärtig verschiedene Emotionstheorien nebeneinander, von denen die meisten übrigens nur Teilaspekte von Emotionen zu erklären beanspruchen. Manche dieser Theorien ergänzen einander, die meisten stehen jedoch in Konflikt miteinander, und oft ist die genaue Beziehung zwischen verschiedenen Theorien nur schwer auszumachen.

Für die gegenwärtige Situation der Emotionspsychologie gibt es zahlreiche Gründe: Zum Beispiel das relativ junge Alter der Disziplin Psychologie; die Komplexität des Gegenstands Emotion; die besonderen methodischen und ethischen Probleme, die sich bei der Untersuchung von Emotionen ergeben; die erwähnte zeitweilige Vernachlässigung des Themas Emotion sowie die Zersplitterung des Fachs Psychologie in zahlreiche Subdisziplinen, die sich zwar oft mit verwandten Fragestellungen beschäftigen, aber meist nur wenig miteinander kommunizieren.

Besonders in der Psychologie ist darüber hinaus von Bedeutung, daß die Forscherinnen und Forscher aufgrund ihrer unterschiedlichen Lebensgeschichte und Ausbildung oft unterschiedliche Vorannahmen über ihren Untersuchungsgegenstand (den Menschen, oder jedenfalls die untersuchten Aspekte des menschlichen Erlebens und Verhaltens) haben, ebenso unterschiedliche Interessen und Kenntnisse. Davon bleibt ihre Tätigkeit als Wissenschaftlerin oder Wissenschaftler nicht unberührt. Im Gegenteil, diese Vorannahmen, Interessen und Kenntnisse können einen tiefgreifenden Einfluß auf die Theoriebildung und das methodische Vorgehen des individuellen Wissenschaftlers haben. Zum Beispiel mag der eine Forscher aufgrund der Überzeugung, daß

Emotionen großteils vererbt sind, die genetischen Grundlagen von Emotionen untersuchen, während der andere eher daran interessiert ist, wie sich Erfahrungen auf das Erleben von Emotionen auswirken. Die eine Forscherin ist aufgrund ihrer Ausbildung in der Lage, die bei Emotionen auftretenden physiologischen Veränderungen mittels aufwendiger und komplizierter Meßverfahren zu untersuchen, während die andere dies aufgrund unzureichenden Wissens unterlassen muß. Viele Psychologen schwören auf das Experiment als Mittel zur Untersuchung von Emotionen, weil nur dieses eine exakte Bedingungskontrolle gestatte, während andere es ablehnen, weil sie meinen, daß im Experiment eine unnatürliche Situation hergestellt wird, die die Versuchsperson aus ihrem Lebenszusammenhang reißt; diese Forscherinnen und Forscher bevorzugen statt dessen Methoden wie die biographische Analyse oder die Interpretation der Berichte von Klienten über ihr emotionales Erleben. Die meisten Emotionspsychologen untersuchen die emotionalen Reaktionen anderer Personen, aber einige haben sich ausschließlich auf die introspektive Analyse des eigenen Erlebens gestützt (z. B. Wundt, 1896).

Diese unterschiedlichen Vorannahmen, Interessenschwerpunkte und Forschungsmethoden führen dazu, daß unterschiedliche Wissenschaftler unterschiedliche Aspekte von Emotionen in den Vordergrund rücken und manchmal verabsolutieren, so daß sie - um einen bekannten Vergleich im Sinne Meyers (1933) abzuwandeln - jeweils nur einen Teil des Wals erblicken und daraus jeweils unterschiedliche Schlußfolgerungen auf seine Gestalt ziehen.

Die Leserin und der Leser sollten sich von der gegenwärtigen Situation der Emotionspsychologie jedoch nicht entmutigen lassen. Sie sollten diese vielmehr als Herausforderung begreifen, sich mit der Emotionspsychologie kritisch zu beschäftigen, sich ihr eigenes Urteil über bestehende Hypothesen und Theorien zu bilden und eigene Hypothesen und Theorien aufzustellen. Gerade in einem Gebiet, wo feststehende, allgemein geteilte Auffassungen eher die Ausnahme als die Regel sind, ist das eigene Urteil gefragt und können Anregungen zur Weiterentwicklung des Gebiets nur willkommen sein. Das vorliegende Lehrbuch soll dazu eine Hilfestellung bieten. Wir hätten unser Ziel jedoch verfehlt, wenn die Leserin oder der Leser die hier referierten Meinungen einfach unkritisch übernehmen würde.

Unterschiedliches Wissen sowie unterschiedliche Überzeugungen und Interessen wirken sich natürlich auch auf die Auswahl des Inhalts und den Aufbau eines einführenden Emotionstextes aus. Daher soll der gewählte Aufbau und Inhalt des Buches im folgenden kurz begründet werden.

Grundsätzlich stehen beim Verfassen eines einführenden Lehrbuches zwei Vorgehensweisen zur Verfügung: (1) *Die inhaltsorientierte Darstellung*. Sie ist dadurch charakterisiert, daß der behandelte Phänomenbereich (im vorliegenden Fall: Emotionen) systematisch nach verschiedenen inhaltlichen Aspekten (z. B. emotionales Erleben; Emotionsausdruck; physiologische Aspekte; Verhaltensaspekte) differenziert dargestellt wird. Zu jedem Bereich werden vorhandene Befunde und Theorien aufgeführt, die aus ganz unterschiedlichen Forschungstraditionen stammen können. (2) *Die theorieorientierte Darstellung*. Sie ist dadurch gekennzeichnet, daß verschiedene zentrale Theorien über den behandelten Phänomenbereich beschrieben werden. Zu jeder Theorie werden dann, soweit vorhanden, empirische Untersuchungen referiert, und es wird eine Bewertung versucht. (Darüber hinaus gibt es Lehrbücher, in denen beide Darstellungsweisen in unterschiedlichem Maße gemischt sind.)

Im Unterschied zu den meisten einführenden Texten in die Emotionspsychologie (z. B. Frijda, 1986; Schmidt-Atzert, 1981; eine Ausnahme ist Strongman, 1978) haben wir im vorliegenden Band die theorieorientierte Darstellung gewählt. Für diese Darstellungsweise, die sich auch in anderen Gebieten der Psychologie wie der Sozialpsychologie (z. B. Frey & Irle, 1993) und der Motivationspsychologie (z. B. Weiner, 1984) bewährt hat, spricht vor allem, daß Theorien die zentralen begrifflichen Strukturen der wissenschaftlichen Forschung darstellen. Nach Bunge (1967) kann das Ziel wissenschaftlicher Tätigkeit geradezu als das Erstellen und die Überprüfung von Theorien definiert werden. Als Funktion von Theorien wird gewöhnlich betont, daß sie zur Erklärung und Vorhersage von Phänomenen dienen. Darüber hinaus dienen Theorien aber auch ganz wesentlich dazu, Erkenntnisse und Befunde in systematischer Weise zu ordnen, zusammenzufassen und weiterzugeben sowie neue Fragestellungen anzuregen (vgl. Kutschera, 1981). Entsprechend zeichnen sich verschiedene Forschungstraditionen dadurch aus, daß sie bestimmte theoretische Kernannahmen (sowie meist auch spezielle methodische Maximen) über das untersuchte Gebiet teilen (vgl. Balzer, Moulines & Sneed,

1987; Kuhn, 1962). Daher bleiben zahlreiche Forschungsansätze, Ergebnisse und Debatten der Emotionspsychologie weitgehend unverständlich, wenn man den theoretischen Hintergrund nicht kennt, aus dem heraus sie sich entwickelt haben.

Ein Nachteil der theorieorientierten Darstellung darf allerdings nicht unerwähnt bleiben (vgl. Weiner, 1984). Es gibt in der gegenwärtigen Emotionsforschung - wie auch in allen anderen Bereichen der Psychologie - zahlreiche Fragestellungen und Forschungsergebnisse, die nicht explizit auf eine übergreifende Emotionstheorie Bezug nehmen, und die auch nur schwer in den Rahmen existierender Theorien eingeordnet werden können. Das heißt nicht, daß diese Untersuchungen völlig theorielos wären, sondern nur, daß sie sich auf die Überprüfung von einzelnen, meist relativ "empirienahen" Hypothesen beschränken, ohne sich um die Relevanz dieser Forschungen für umfassendere Theorien der Emotion zu kümmern. Es heißt auch nicht, daß diese Untersuchungen deshalb uninteressant wären. Für ein theorieorientiertes Lehrbuch stellen sie aber offenbar eine Schwierigkeit dar, die jedoch in Kauf genommen werden muß.

Nachdem wir begründet haben, weshalb wir uns für eine theorieorientierte Darstellung entschlossen haben, bleibt noch die spezielle Auswahl der in diesem Buch (sowie im geplanten Folgeband) behandelten Emotionstheorien zu erläutern. Bei der Auswahl waren für uns die folgenden Kriterien maßgebend:

1. Die behandelten Theorien sind jeweils charakteristische Repräsentanten einer wichtigen Klasse von Emotionstheorien (oder allgemeiner, eines bestimmten Ansatzes in der Emotionspsychologie);

2. sie haben einen bedeutsamen Einfluß auf die Emotionspsychologie genommen, inbesondere auch auf die empirische Erforschung von Emotionen;

3. und schließlich kamen die behandelten Theorien den speziellen Kenntnissen und Interessen der Autoren entgegen. Der letztere Grund war zum Beispiel ausschlaggebend dafür, daß wir auf eine Darstellung von neurophysiologischen Theorien und Forschungsergebnissen zu Emotionen verzichtet haben: Wir halten uns nicht für kompetent, eine fundierte Darstellung dieses Forschungsgebietes zu geben. (Interessierte Leser und Leserinnen seien jedoch z. B. auf das Heft 1, 1993 der Zeitschrift *Cognition and Emotion* verwiesen.)

Nachfolgend werden wir in diesem einleitenden Kapitel zuerst eine Arbeitsdefinition des Begriffs "Emotion" geben. Sie soll dazu dienen, den Gegenstand der Emotionspsychologie abzugrenzen. Anschließend geben wir eine Übersicht über Fragestellungen der Emotionspsychologie sowie eine grobe Klassifikation von Emotionstheorien. Diese Klassifikation soll dazu dienen, den Standort der in diesem Buch erörterten Theorien innerhalb der (zerstrittenen) Familie der Emotionstheorien einigermaßen zu lokalisieren. Zum Schluß geben wir eine Übersicht über den Inhalt der folgenden Kapitel.

Eine Arbeitsdefinition von Emotionen

Häufig wird gefordert, daß jede wissenschaftliche Beschäftigung mit einem Phänomen mit einer exakten Definition dieses Phänomens beginnen müsse (in unserem Fall also mit einer Definition von "Emotion"), da sonst nicht klar sei, worüber man überhaupt rede. Diese Auffassung über die Funktion einer Emotionsdefinition war es vermutlich, die dazu geführt hat, daß es kaum ein Lehrbuch oder zusammenfassendes Buchkapitel zur Emotionspsychologie gibt, in dem nicht einleitend über das Fehlen einer allgemein anerkannten Definition von "Emotion" Klage geführt wird. Daß es keine allgemein geteilte Definition von Emotion gibt - jedenfalls dann, wenn damit mehr als eine bloße Arbeitsdefinition (vgl. dazu unten) gemeint sein soll - ist in der Tat zutreffend. Wir empfinden dies jedoch nicht als schwerwiegendes Manko der Emotionspsychologie; denn unseres Erachtens ist die beschriebene Ansicht von der Funktion einer Emotionsdefinition nichts weiter als "ein weit verbreitetes Mißverständnis" (Öhman, 1987b; vgl. auch Bunge, 1967).

Natürlich sollte man eine Untersuchung nicht beginnen, ohne das Forschungsgebiet zu Anfang einigermaßen *abzugrenzen*. Zu diesem Zweck ist jedoch eine *exakte Definition* des untersuchten Phänomens - das heißt, eine Definition, die dessen wesentliche Merkmale angibt - nicht erforderlich. Eine solche Definition ist zu Beginn der Untersuchung meist auch gar nicht möglich. Denn die Frage, welche Art von Phänomenen zum Beispiel Emotionen sind, worin also diejenigen Merkmale bestehen, die sie als Emotionen kennzeichnen und von anderen intuitiv verwandten Phänomenen (z. B. Stimmungen) sowie weniger verwandten Phänomenen (z. B. Bedürfnissen, Gedanken,

Sinnesempfindungen) unterscheiden, ist selbst eine zentrale Forschungsfrage der Emotionspsychologie. Wir können daher nicht erwarten, eine Antwort auf diese Frage ohne vorangehende genauere Untersuchung des Forschungsgegenstandes zu erlangen. Das heißt, eine exakte Definition von Emotionen ist nicht die Voraussetzung, sondern ein Resultat der wissenschaftlichen Analyse (vgl. auch Frijda, 1986; Öhman, 1987b). Und selbst dann hat eine solche Definition die Form einer prinzipiell revidierbaren Hypothese. Tatsächlich enthalten praktisch alle im Lauf der Geschichte vorgeschlagenen Emotionstheorien, einschließlich der in diesem Buch behandelten, unter anderem auch eine Annahme über die Natur von Emotionen. Eine allgemein anerkannte Antwort auf die Frage "Was ist eine Emotion?" wurde jedoch offenbar bis heute nicht gefunden.

Eine *exakte Definition* von Emotionen benötigen wir, wie gesagt, aber auch gar nicht, um Emotionen sinnvoll untersuchen zu können. Alles was wir brauchen, ist eine ungefähre Charakterisierung von Emotionen, die es uns erlaubt, das Forschungsgebiet grob abzugrenzen und uns mit anderen darüber zu verständigen, welche Phänomene wir untersuchen. Eine solche Charakterisierung von Emotionen bezeichnen wir als *Arbeitsdefinition* von Emotionen (vgl. auch Frijda, 1986). Eine solche Arbeitsdefinition sollte möglichst unkontrovers, das heißt für unterschiedliche Forscher akzeptabel sein. Wir glauben, daß die meisten zeitgenössischen Emotionsforscher der von uns unten angebenen Arbeitsdefinition zustimmen können.

Unsere Arbeitsdefinition von Emotionen hat zwei Teile. Im ersten Teil geben wir eine Reihe von *Beispielen* dafür an, was wir unter Emotionen verstehen. Im zweiten Teil geben wir einige *Merkmale* derjenigen Klasse von Phänomenen an, die durch diese Beispiele bestimmt ist. Für diese Merkmale kann als zumindest gut belegte Vermutung angesehen werden, daß Emotionen - was immer sie auch genauer sein mögen - sie aufweisen.

1. *Emotionen sind Vorkommnisse von zum Beispiel Freude, Traurigkeit, Ärger, Angst, Mitleid, Enttäuschung, Erleichterung, Stolz, Scham, Schuld, Neid sowie von weiteren Arten von Zuständen, die den genannten genügend ähnlich sind.*

2. *Diese Phänomene haben folgende Merkmale gemeinsam: (a) Sie sind aktuelle Zustände von Personen; (b) sie unterscheiden sich nach Art oder Qualität und Intensität (vgl. dazu unten); (c) sie sind in*

der Regel objektgerichtet (vgl. dazu unten); (d) Personen, die sich in einem der genannten Zustände befinden, haben normalerweise ein charakteristisches Erleben (Erlebensaspekt von Emotionen), und häufig treten auch bestimmte physiologische Veränderungen (physiologischer Aspekt von Emotionen) und Verhaltensweisen (Verhaltensaspekt von Emotionen) auf.

Die einzelnen Bestandteile dieser Arbeitsdefinition sollen im folgenden näher erläutert werden.

Die Liste von Beispielen; Qualität und Intensität von Emotionen

Konkrete Emotionsvorkommnisse (z. B.: Hans war am Morgen des 28. Juli sehr verärgert, als sein Chef seine Arbeit kritisierte) werden sowohl im Alltag als auch in der Wissenschaft nach bestimmten Merkmalen zu Typen oder Klassen zusammengefaßt. Das hervorstechendste Gruppierungsmerkmal ist dabei das, was man in der Psychologie häufig als die *Qualität* von Emotionen bezeichnet. "Ärger", "Angst" und "Freude" sind Namen für solche Qualitätstypen von Emotionen. In der angegebenen Liste von Beispielen werden somit verschiedene Qualitätsarten oder Qualitätstypen von Emotionsvorkommnissen angegeben, und es wird gesagt, daß alle Vorkommnisse dieser Typen als Emotionen aufgefaßt werden.

Konkrete Emotionsvorkommnisse können auch nach ihrer *Intensität* zu Typen zusammengefaßt werden. So sprechen wir zum Beispiel von schwachen und starken Emotionen. Gewöhnlich wird diese Charakterisierung nach Intensität aber vorgenommen, um Emotionen näher zu beschreiben, die bereits nach ihrer Qualität gekennzeichnet sind. Das heißt, man spricht gewöhnlich von schwachem, mittlerem und extremen Ärger; niedriger, mittlerer und starker Furcht usw.

Die Liste von Beispielen von Emotionsqualitäten soll so verstanden werden, daß wir nicht nur die dort explizit angegebenen Mitglieder als Emotionen betrachten, sondern auch alle weiteren Typen von psychologischen Phänomenen, die den angegebenen Beispielen genügend ähnlich sind. Was "genügend ähnlich" heißt, ist nicht exakt zu sagen; deshalb ist die Abgrenzung von Emotionen durch die Methode des Angebens von Beispielen naturgemäß unscharf. Das braucht uns aber nicht zu beunruhigen, denn die Aufnahme eines Mitglieds in unsere Liste von Beispielen ist nicht endgültig. Das heißt, sofern es sich nach genauerer Untersuchung erweist, daß das eine oder andere Mitglied sich von den übrigen in wesentlichen Merkmalen unterscheidet, können wir es wieder von der Liste streichen. Allerdings würden wir keine Emotionstheorie akzeptieren, die allen oder auch nur der Mehrheit der angegebenen Beispiele den Status von Emotionen abspricht. In diesem Fall würden wir vielmehr sagen, daß diese Theorie - womit sie sich auch immer beschäftigen mag - offenbar nicht Emotionen zum Gegenstand hat.

Zur Frage, welche weiteren Emotionsqualitäten in unsere Liste von Beispielen aufgenommen werden könnten, kann man sich unter anderem auf die Ergebnisse einer Reihe von Untersuchungen stützen, deren Ziel es war, herauszufinden, welche Arten von Zuständen im Alltag als Emotionen betrachtet werden (z. B. Clore, Ortony & Foss, 1987; Shaver, Schwartz, Kirson & O'Connor, 1987; Schmidt-Atzert, 1981). Dabei wurde gefunden, daß im Alltag mindestens 50 bis 100 Qualitätstypen von Emotionen unterschieden werden (wobei einige sich allerdings recht ähnlich zu sein scheinen). Ferner wird offenbar keine scharfe Grenze zwischen Emotionen und Nichtemotionen gezogen, und auch innerhalb der Kategorie "Emotion" werden verschiedene Mitglieder als unterschiedlich typische Emotionen betrachtet.

Emotionen sind aktuelle Zustände von Personen

Die Bestimmung, daß Emotionen Zustände von *Personen* sind, soll zum Ausdruck bringen, daß wir uns in diesem Buch auf die Emotionen des Menschen konzentrieren. Damit ist nicht gemeint, daß wir anderen Lebewesen Emotionen absprechen. Für einige der angeführten Beispiele (wie Schuld oder Mitleid) ist es allerdings recht unwahrscheinlich, daß sie auch bei anderen Lebewesen als dem Menschen vorkommen.

Die Bestimmung, daß Emotionen *aktuelle Zustände* von Personen sind, soll vor allem dazu dienen, aktuelle emotionale *Episoden* (für die wir den Ausdruck "Emotion" reservieren) von emotionalen *Dispositionen* abzugrenzen. Diese Unterscheidung soll ebenfalls mit Hilfe eines Beispiels erläutert werden. Wenn jemand sagt "Peter ärgert sich über Albert", dann kann das (1) bedeuten, daß Peter gerade jetzt eine Episode von Ärger durchmacht: Er erlebt Ärger, ist wahrscheinlich physiologisch erregt, schimpft vielleicht auf Albert usw. Eine solche Ärger-Episode beginnt zu einem gewissen Zeitpunkt, hält dann für eine gewisse Zeit an und verschwindet anschließend wieder. Meist sind diese aktuellen Episoden auch von relativ kurzer Dauer. "Peter ärgert sich über Albert" kann aber auch (2) bedeuten, daß ein aktueller emotionaler Zustand bei Peter zwar gerade nicht vorliegen mag (Peter könnte zum Beispiel gerade schlafen oder er könnte fernsehen und dabei Albert momentan ganz vergessen haben), daß bei Peter jedoch eine erhöhte Bereitschaft besteht, eine solche Ärger-Episode zu haben, falls geeignete Umstände eintreten (z. B. dann, wenn er Albert wieder sieht oder an ihn erinnert wird). Diese zweite Bedeutung haben wir zum Beispiel im Sinn, wenn wir sagen "Peter war auf Albert drei Tage lang sauer". Wir meinen damit offensichtlich nicht, daß Peter eine drei Tage und Nächte lang ununterbrochen anhaltende Ärgerepisode durchmachte. Wir meinen damit vielmehr, daß bei Peter drei Tage lang eine Bereitschaft bestand, ärgerlich zu werden, sobald zum Beispiel die Rede auf Albert kam. Solche Bereitschaften zum Auftreten von aktuellen emotionalen Zuständen nennt man gewöhnlich *emotionale Dispositionen* - ebenso wie globalere Bereitschaften derselben Art, wie zum Beispiel "Ängstlichkeit" (die Neigung einer Person, in zahlreichen Situationen Angst zu haben). Die existierenden Theorien der Emotion befassen sich aber meist nicht mit solchen Dispositionen, sondern mit aktuellen emotionalen Zuständen. Wir wollen uns daher in diesem Buch ebenfalls nur auf aktuelle emotionale Zustände beschränken und den Ausdruck "Emotion" für sie reservieren.

Emotionen sind in der Regel objektgerichtet

Auch dieses Merkmal von Emotionen soll anhand von Beispielen verdeutlicht werden. Wenn man sich freut, stolz ist oder Angst hat, dann freut man sich in der Regel *über etwas*, ist stolz *auf etwas* oder hat Angst *vor etwas* usw. Dieses "etwas" ist das Objekt der Emotionen. Es sollte beachtet werden, daß die Objekte von Emotionen *nicht unbedingt real zu existieren brauchen*. Häufig sind sie natürlich existent, zum Beispiel wenn sich eine Person über den Sieg der "eigenen" Fußballmannschaft freut, die auch tatsächlich gewonnen hat. Manchmal existieren die Objekte von Emotionen aber nicht, zum

Beispiel wenn eine am Bahnsteig wartende Person sich darüber ärgert, daß (wie sie meint) ihr Zug Verspätung hat, während in Wirklichkeit bloß die Uhr falsch geht. Ein anderes Beispiel sind zukünftige Ereignisse, wenn sich etwa eine Person davor fürchtet, bei einer am nächsten Tag stattfindenden Prüfung zu versagen. Das gefürchtete Ereignis "ich versage bei der Prüfung" ist zum Zeitpunkt des Angsterlebens ja bloß möglich und tritt vielleicht niemals ein.

Diese Eigenart der Objekte von Emotionen - daß sie nicht unbedingt zu existieren brauchen - weist darauf hin, daß für Emotionen nicht real existierende Ereignisse entscheidend sind, sondern die Meinung oder Überzeugung der Person, daß sie existieren, stattgefunden haben oder zumindest möglich sind (sowie daneben noch weitere Überzeugungen, z.B. über die Ursachen von Ereignissen oder ihre Bedeutung für die eigenen Ziele). Die Annahme, daß für Emotionen nicht Ereignisse per se, sondern die Sichtweise oder Interpretation der Ereignisse durch die Person entscheidend sind, bildet den Kerngedanken der kognitiv orientierten Emotionstheorien (vgl. dazu Kapitel 3 und 4).

Drei Aspekte von Emotionen

Die Leserin und der Leser werden uns sicher darin zustimmen, daß Personen, die sich in einem aktuellen emotionalen Zustand befinden, normalerweise ein charakteristisches Erleben haben (ein "Gefühl empfinden"), und daß häufig auch bestimmte physiologische Veränderungen und bestimmte Verhaltensweisen auftreten. In bezug auf das Erleben werden sie vielleicht sogar sagen, daß dies *immer* vorhanden sein muß; ja, daß die Emotion sogar in *nichts anderem* bestehe als in eben diesem Erleben.

Diese letztere Bestimmung können wir jedoch in unsere Arbeitsdefinition von Emotionen nicht aufnehmen, denn sie würde sofort von verschiedenen Seiten Widerspruch hervorrufen (und unsere Arbeitsdefinition soll möglichst unkontrovers sein). Viele zeitgenössische Emotionstheoretiker vertreten nämlich die Auffassung, daß Emotionen aus wissenschaftlicher Sicht am besten als "multidimensionale" Zustände oder als "Reaktionssyndrome" (Averill, 1968) aufgefaßt werden sollten, welche neben dem Erleben auch physiologische Komponenten und Verhaltenskomponenten als Bestandteile umfassen, zum

Beispiel bei Furcht einen Anstieg der Herzrate und des Blutdrucks (physiologische Komponente) und einen ganz bestimmten Gesichtsausdruck (Verhaltenskomponente). Dementsprechend definieren Lazarus, Averill und Opton (1970) Emotionen als Reaktionssyndrome, die folgende drei Komponenten umfassen: (a) Erleben, (b) physiologische Veränderungen und (c) Verhalten (daher bezeichnen Lazarus et al. Emotionen auch als eine "Reaktionstrias"). Nach Lazarus et al. sind Emotionen somit komplexe Zustände oder Ereignisse, welche die genannten Komponenten als Teilzustände oder Teilereignisse beinhalten; die Beziehung zwischen Emotionskomponenten und Emotionen ist also die Beziehung zwischen *Teil* und *Ganzem*.

Die *Identifizierung* von Emotionen mit einem Syndrom oder einem Komplex von Erleben, physiologischen Veränderungen und Verhalten ist jedoch eine theoretische Definition von Emotionen, die keineswegs von allen Autoren geteilt wird. Daher können wir der Definition von Lazarus et al. nicht folgen, denn damit wäre unser Ziel einer unkontroversen Arbeitsdefinition verfehlt. Wir stimmen Lazarus et al. jedoch insofern zu, als bei Personen, die sich in emotionalen Zuständen befinden, in der Regel neben bestimmten Erlebensweisen auch bestimmte, mehr oder weniger emotionsspezifische physiologische Veränderungen und Verhaltensweisen auftreten. Wir bezeichnen diese Erlebensweisen, physiologischen Vorgänge und Verhaltensweisen zwar als *Aspekte von Emotionen*; wir meinen damit aber nur, daß es sich um charakteristische Merkmale von *Personen* handelt, die (aktuelle) emotionale Episoden durchmachen. Damit legen wir uns nicht darauf fest, was die Emotion selbst eigentlich ist: ein bestimmtes Verhaltensmuster (Watson, vgl. Kapitel 2); ein bestimmter Erlebenszustand oder ein Komplex mehrerer solcher Zustände (James, Schachter, vgl. Kapitel 3; Weiner, vgl. Kapitel 4); oder ein Syndrom von psychischen und körperlichen Zuständen (Lazarus et al., 1970).

Der Leser und die Leserin sollten übrigens beachten, daß bei genauerer Betrachtung keineswegs alle Theoretiker, die Erleben, Verhalten und physiologische Reaktionen als "Komponenten" von Emotionen bezeichnen, damit (wie Lazarus et al.) meinen, daß diese Komponenten im wörtlichen Sinn als Bestandteile des größeren Ganzen Emotion aufzufassen sind. Vielmehr sind mit "Emotionskomponenten" häufig nur Aspekte von Emotionen in dem von uns verwendeten Sinn gemeint.

Ferner sollte beachtet werden, daß wir in unserer Arbeitsdefinition nicht verlangen, daß irgendeiner der genannten Emotionsaspekte unbedingt oder *immer* vorhanden sein muß, damit man sagen kann, daß eine Emotion vorliegt; jedoch schließen wir diese Möglichkeit auch nicht aus. Zum Beispiel soll nach James und Schachter (vgl. Kapitel 3) bei Emotionen immer physiologische Erregung auftreten; die Ergebnisse verschiedener Untersuchungen lassen dies jedoch als zweifelhaft erscheinen. Die Leserin und der Leser könnten einwenden, daß zumindest der Erlebensaspekt für Emotionen unverzichtbar sei; denn kann man wirklich sagen, jemand sei ärgerlich oder traurig, wenn die Person nicht ein entsprechendes Gefühl erlebt? Aber wenn wir diese Bestimmung in unsere Arbeitsdefinition mitaufnehmen würden, dann würden wir von vornherein die theoretische Möglichkeit ausschließen, daß aktuelle Emotionen auch einmal unbewußt sein können.

Im folgenden wollen wir die genannten Aspekte von Emotionen etwas näher erläutern.

Der Erlebensaspekt von Emotionen

Der Erlebensaspekt von Emotionen wird in der Psychologie häufig als die "subjektive Komponente" von Emotionen bezeichnet. Im Alltag wird dieser Aspekt das "Gefühl" von zum Beispiel Freude, Ärger oder Furcht genannt. Damit wird zum Ausdruck gebracht, daß es sich "in einer ganz bestimmten Weise anfühlt", Emotionen zu haben (vgl. Nagel, 1974), die sich von dem "Gefühl" anderer bewußter Zustände (z. B. von Vorstellungen oder Gedanken) auf charakteristische Weise zu unterscheiden scheint. *Was* diesem "Gefühl" jedoch seine spezifische Qualität verleiht und wie diese zustandekommt, darüber sagt uns unser Alltagswissen wenig. Es ist daher ein zentrales Anliegen vieler Emotionstheoretiker, diese Frage aufzuklären (vgl. insbesondere Kapitel 3). Einige Theoretiker meinen zum Beispiel, daß das Charakteristische am Erleben von Gefühlen auf das Vorhandensein von ganz spezifischen, nicht weiter analysierbaren Bewußtseinselementen zurückzuführen sei, zum Beispiel Empfindungen von Lust und Unlust. Andere dagegen haben behauptet, das Spezifische am Erleben von Gefühlen bestehe in der Empfindung von körperlichen (physiologischen) Veränderungen (z. B. James, vgl. Kapitel 3). Wieder andere sehen das Spezifische des emotionalen Erlebens im Gewahrsein von drängenden Handlungsimpulsen, zum Beispiel dem Drang zu fliehen oder anzugreifen. Wir kommen auf diese Ansichten später im Zusammenhang mit der Klassifikation von Emotionstheorien noch etwas genauer zurück; außerdem werden die wichtigsten Ansichten über die Natur und das Zustandekommen von Gefühlen in diesem Band bzw. dem geplanten Folgeband ausführlich besprochen.

Der physiologische Aspekt von Emotionen

Der physiologische Aspekt von Emotionen wird meist mit peripherphysiologischen Veränderungen gleichgesetzt. Darunter versteht man körperliche Veränderungen, die insbesondere durch das autonome (oder unwillkürliche) Nervensystem ausgelöst werden (vgl. dazu z. B. Grossman, 1967). Diese Veränderungen umfassen zum Beispiel Erröten, Veränderungen der Herzrate, Veränderungen der Atmung und Schwitzen der Hände. Peripher-physiologisch heißen diese Veränderungen deshalb, weil sie an der Peripherie des Nervensystems stattfinden. Wie wir noch sehen werden, wurden diese Veränderungen oft als der zentrale Aspekt von Emotionen betrachtet; manchmal wurden Emotionen sogar mit diesen Veränderungen gleichgesetzt (Watson; vgl. Kapitel 2) oder mit den dadurch verursachten Körperempfindungen (James; vgl. Kapitel 3). Einige Autoren subsumieren aber auch physiologische Vorgänge im zentralen Nervensystem (Gehirn) unter den physiologischen Aspekt von Emotionen; dieser Verwendungsweise schließen wir uns in diesem Band an.

Der Verhaltensaspekt von Emotionen

Der Verhaltensaspekt von Emotionen beinhaltet, wenn man ihn eng definiert, den motorischen Ausdruck; dieser Aspekt wird daher gelegentlich auch der *expressive* oder *Ausdrucksaspekt* von Emotionen genannt. In diesem engen Sinn umfaßt der Verhaltensaspekt von Emotionen folgende Merkmale: den Gesichtsausdruck (mimischer Ausdruck), Gestik und Körperhaltung (z. B. zusammengesunkene Haltung bei Depression), die Körperorientierung (Orientierung des Körpers in bezug auf einen Interaktionspartner), Körperbewegungen (z. B. plötzliches Zusammenzucken) sowie bestimmte Merkmale der Sprechstimme (vgl. im einzelnen dazu Scherer, 1982; Scherer & Wallbott, 1984). Andere Autoren definieren den Verhaltensaspekt dagegen weiter und zählen dazu auch beobachtbare instrumentelle (zielgerichtete) Handlungen, zum Beispiel Fluchtverhalten bei Furcht oder Angriffsverhalten bei Wut (so z. B. Öhman, 1987b); wir schließen uns dieser Definition an.

Von den genannten Komponenten des Verhaltensaspekts von Emotionen hat in der gegenwärtigen Emotionspsychologie der mimische Ausdruck die größte Beachtung gefunden. Dessen Untersuchung hat im übrigen eine lange Tradition (z. B. Darwin, 1872). Die neueren Untersuchungen zum mimischen Ausdruck von Emotionen haben ergeben, daß für eine kleine Anzahl von Emotionen (Freude, Trauer, Furcht, Ärger, Ekel, Überraschung und eventuell auch Verachtung) ein ganz bestimmter mimischer Ausdruck charakteristisch ist, der in unterschiedlichen Kulturen in weitgehend gleicher Weise anzutreffen ist. Daher vertreten viele Autoren die Ansicht, daß dieser emotionsspezifische Ausdruck eine genetische Grundlage hat (z. B. Ekman, 1982; Izard, 1991; vgl. bereits Darwin, 1872).

Eine Illustration

Die vorangehend allgemein beschriebenen Aspekte von Emotionen sollen im folgenden am Beispiel der Emotion Überraschung veranschaulicht werden (vgl. dazu auch Meyer & Niepel, im Druck). Ereignisse, die Überraschung hervorrufen, sind typischerweise solche, die unerwartet auftreten bzw. entgegen den Erwartungen der Person sind, das heißt, schemadiskrepant sind (vgl. Meyer, 1988).

Das *Erleben* von Überraschung kann am direktesten durch den verbalen Bericht der Personen über ihren momentanen Gefühlszustand in solchen Situationen festgestellt werden. Zum Beispiel werden Personen gebeten, auf einer Skala anzugeben, wie stark sie von dem unerwarteten Ereignis überrascht waren (z. B. von 0 = überhaupt nicht überrascht bis zu 8 = extrem überrascht).

Was die bei Überraschung auftretenden *physiologischen Veränderungen* anbelangt, so gibt es dazu bisher nur relativ wenig systematische Untersuchungen. Einige Autoren haben vermutet, daß für Überraschung ein plötzlicher starker Anstieg der neuralen Aktivierung charakteristisch ist (z. B. Izard, 1977; Tomkins, 1962). Die experimentellen Studien der Arbeitsgruppe um Donchin (vgl. Donchin, 1981, 1984; Donchin & Coles, 1988) legen darüber hinaus nahe, daß sich Überraschung in der sogenannten P300 Komponente evozierter Hirnpotentiale manifestiert. Ferner ist vermutet worden, daß die physiologischen Veränderungen, die für die sogenannte Orientierungsreaktion charakteristisch sind, auch bei Überraschung auftreten (z. B. Charlesworth, 1969; Davidson, 1992). Diese physiologischen Reaktionen beinhalten eine Veränderung der Gehirnwellen in Richtung auf schnellere Wellen mit niedrigerer Amplitude sowie eine Reihe peripher-physiologischer Veränderungen, insbesondere eine Abnahme der Herzrate und Atemfrequenz, eine Zunahme der Hautleitfähigkeit und eine Verengung der Blutgefäße in den Extremitäten bei gleichzeitiger Erweiterung der Blutgefäße des Kopfes. Zumindest die zentralnervösen physiologischen Komponenten der Überraschung sind allerdings nur dem entsprechend ausgerüsteten Wissenschaftler zugänglich, nicht aber dem Laien.

Die im *Verhalten* zu beobachtenden Reaktionen, die für Überraschung charakteristisch sind, finden sich erstens im Ausdruck, insbesondere im Gesichtsausdruck. Diese Ausdruckserscheinungen wurden bereits von Darwin (1872) eingehend beschrieben; sie bestehen unter anderem in einer Vergrößerung der Augen, dem Öffnen des Mundes zu einer ovalen Form, Hochziehen der Augenbrauen und - damit zusammenhängend - Querfalten auf der Stirn. Zum zweiten umfaßt der Verhaltensaspekt von Überraschung ein Abbrechen oder eine Verzögerung in der Ausführung einer momentan ablaufenden Handlung sowie eine spontane Fokussierung der Aufmerksamkeit auf das die Überraschung auslösende Ereignis.

Eigene Emotionen und die Emotionen anderer Personen

Der Erlebensaspekt von Emotionen ist dem Leser und der Leserin unmittelbar zugänglich: Man erlebt zum Beispiel Wut, Furcht oder Freude unmittelbar. Zum emotionalen Erleben anderer Personen hat man als außenstehender Beobachter dagegen keinen derart unmittelbaren Zugang. Das heißt, das Erleben von Furcht oder Freude einer anderen Person ist dem Beobachter - sei es nun der Laie oder der Wissenschaftler - offensichtlich nicht in gleicher Weise zugänglich, wie es der erlebenden Person selbst zugänglich ist. Vielmehr muß der Beobachter das Vorliegen einer Emotion bei einer anderen Person "erschließen", das heißt, er muß aus dem, was er weiß und beobachten kann, Schlußfolgerungen oder Vermutungen darüber anstellen, welches Gefühl die andere Person erlebt. Daher bezeichnet man in der Psychologie Emotionen oft als "erschlossene Größen" oder auch als "hypothetische" oder "theoretische" Zustände. Für diese Schlußfolgerungen stehen dem Beobachter zum einen Informationen über die drei erwähnten Aspekte von Emotionen zur Verfügung (der verbale Bericht der Person über ihr Erleben, beobachtbare physiologische Veränderungen und Verhalten), zum anderen Informationen über die Situation, in der sich die Person befindet.

Erst teilweise geklärt ist bislang, wie die beschriebenen Klassen von beobachtbaren Sachverhalten - sofern sie auch für den Laien beobachtbar sind - im Alltag genutzt werden, um bei einer anderen Person auf eine Emotion zu schließen (vgl. dazu Wallbott, 1990). Hat bei diesem Schluß zum Beispiel der mimische Ausdruck ein größeres Gewicht als der verbale Bericht über den eigenen Gefühlszustand? Sind bei bestimmten Emotionen bestimmte Klassen von Informationen bedeutsamer als bei anderen Emotionen? Die verbalen Mitteilungen über Emotionen und der Ausdruck von Emotionen lassen sich bis zu einem bestimmten Grad kontrollieren, um vor dem Beobachter eine Emotion vorzutäuschen oder zu verbergen. Wie stellt der Beobachter aber fest, daß dies der Fall ist? Lassen sich bestimmte Aspekte (z. B. der verbale Bericht oder der mimische Ausdruck) leichter kontrollieren als andere (z. B. bestimmte Merkmale der Sprechstimme, die Körperhaltung und die Gestik)? Zu welchem Schluß kommt der Beobachter, wenn sogenannte "Kanaldiskrepanzen" vorliegen, das heißt, wenn verschiedene Informationsquellen widersprüchliche Informationen liefern, wenn also zum Beispiel eine Person berichtet, sie erlebe momentan große Freude aufgrund eines bestimmten Ereignisses, der mimische Ausdruck oder die Körperhaltung mit diesem Bericht aber nicht übereinstimmen? Und schließlich, welche Rolle kommt dem Wissen über die Situation sowie dem Hintergrundwissen des Beobachters über die Person zu?

Emotionen, Affekte, Stimmungen

Der Ausdruck *Affekt* wird im Deutschen meist zur Bezeichnung besonders intensiver emotionaler Zustände verwendet. In der englischsprachigen Fachliteratur wird "affect" dagegen häufig als Synonym für "Emotion" gebraucht oder als ein übergeordneter Begriff, der neben Emotionen noch andere, verwandte Arten von Phänomenen (insbesondere auch Stimmungen) umfassen soll. Bisweilen wird "affect" auch zur Bezeichnung des Erlebensaspekts von Emotionen herangezogen (Lazarus, 1991a).

Zur Abgrenzung der Emotionen von Stimmungen (z. B. gut gelaunt, schlecht gelaunt, gereizt oder depressiv) sind eine ganze Reihe von Kriterien vorgeschlagen worden. Insbesondere sollen Stimmungen sich von Emotionen durch geringere Intensität, längere Dauer, und das Fehlen von Objektgerichtetheit unterscheiden. Bei genauerer Analyse erweisen sich jedoch alle diese Unterscheidungsmerkmale als fragwürdig. Genauso wie die Definition von Emotionen, so ist auch die Definition von Stimmungen und ihre Abgrenzung von Emotionen (falls diese überhaupt möglich ist) ein Problem, das ohne genaue Analyse dieser Phänomene nicht beantwortet werden kann und bis heute keine zufriedenstellende, allgemein anerkannte Antwort gefunden hat.

Fragestellungen der Emotionspsychologie

Mit welchen Fragestellungen beschäftigt sich nun die Emotionspsychologie? Ganz allgemein kann man sagen: *Sie beschäftigt sich mit der Frage, was Emotionen sind, wie sie zustandekommen und welche Rolle sie im Gesamtzusammenhang des Erlebens und Verhaltens spielen.* Eine detailliertere (sicherlich nicht vollständige) Liste von Fragestellungen der Emotionspsychologie findet sich in Tabelle 1.1, wobei die aufgeführten Fragen nicht völlig unabhängig voneinander sind.

Tabelle 1.1
Fragestellungen der Emotionspsychologie

1. Was, das heißt, welche Art von Entitäten sind Emotionen (wie können sie theoretisch definiert werden)? Können sie auf andere Phänomene zurückgeführt werden? Falls dies der Fall ist, können sie auf eine Reihe grundlegender Basisemotionen zurückgeführt werden oder auf vollständig andere Elemente, zum Beispiel auf Handlungstendenzen, Kognitionen, Verhaltensweisen oder auf Syndrome aus diesen Elementen?

2. Wieviele verschiedene Emotionstypen (Emotionsqualitäten) gibt es und wodurch unterscheiden sich verschiedene Emotionstypen (in bezug auf den Erlebens-, Verhaltens- und physiologischen Aspekt)? Wie können Emotionen am besten klassifiziert werden? Warum treten manche Emotionen bevorzugt mit anderen auf? Wie kommt es, daß Emotionen in der Intensität variieren?

3. Worin unterscheiden sich Emotionen von intuitiv verwandten Phänomenen wie beispielsweise Stimmungen? Läßt sich überhaupt ein klarer Unterschied angeben und wenn ja, welcher? Welche Zusammenhänge bestehen zwischen emotionalen Zuständen und emotionalen Dispositionen?

4. Wie entsteht eine Emotion in einer konkreten Situation (Problem der Aktualgenese von Emotionen)? Gibt es verschiedene Wege der Entstehung von Emotionen? Wenn ja, welche sind das und wie hängen sie zusammen? Von welchen spezifischen Situations- und Persönlichkeitsfaktoren hängt es ab, welche Emotion in einer bestimmten Situation entsteht, wie intensiv sie ist und wie lange sie anhält?

5. Was sind die physiologischen Grundlagen oder Korrelate von Emotionen, und zwar sowohl die peripher-physiologischen als auch die zentralnervösen? Gibt es Gehirnstrukturen, die spezifisch für Emotionen sind, und wenn ja welche? Lassen sich Emotionen anhand physiologischer Messungen nach Qualität und/oder Intensität unterscheiden?

6. Wie stellen Personen bei sich selbst und anderen das Vorhandensein bestimmter Emotionen fest? Welche Informationen werden dazu herangezogen und wie werden sie gewichtet? Wie werden Emotionen kommuniziert?

7. Wie entwickel(te)n sich Emotionen? (a) Phylogenetisch (in der Stammesgeschichte), (b) historio- und soziogenetisch (im Verlauf der Geschichte der Menschheit), (c) ontogenetisch (über die Lebensspanne der einzelnen Person)? Welche Rolle spielen dabei Anlage und Umwelt? Sind Emotionen - oder bestimmte Aspekte davon - weitgehend vererbt oder können sie auch erlernt werden? Und wenn letzteres der Fall ist, wie geht das Erlernen von Emotionen vor sich?

8. Welche Funktion(en) haben Emotionen?

9. Welche Unterschiede bestehen zwischen Personen in bezug auf ihre emotionalen Reaktionen und Reaktionsbereitschaften, und wodurch sind diese Unterschiede bedingt?

10. Welche Rolle spielen Emotionen bei anderen psychologischen Phänomenen wie Wahrnehmung, Gedächtnis, Lernen, Entscheiden, Problemlösen, Motivation und Handeln, sozialer Kommunikation und Interaktion?

11. Wie entstehen emotionale Störungen (z. B. Phobien, Depression) und wie können sie behandelt werden? Welche Bedeutung haben Emotionen für andere klinische Störungen (z. B. Zwänge, Bulimie oder Anorexie, Motivationsdefizite)?

12. Welche Rolle spielen Emotionen im Erziehungsprozeß?

Wie bereits erwähnt, behandeln die meisten Emotionstheorien nur bestimmte Teilaspekte von Emotionen; sie geben daher auf viele der aufgelisteten Fragen keine oder keine klaren Antworten. Manche dieser Fragen gehen auch eindeutig über den Anwendungsbereich von Emotionstheorien hinaus, das heißt, sie können nicht zufriedenstellend beantwortet werden, ohne Theorien über andere psychologische Phänomene (z. B. die Struktur und Arbeitsweise des Gedächtnisses) vorauszusetzen.

Klassifikation von Emotionstheorien

Um die in diesem Buch diskutierten Emotionstheorien besser in ein Gesamtschema einordnen zu können, dürfte es für die Leserin und den Leser hilfreich sein, wenigstens eine grobe Übersicht über existierende Emotionstheorien zu bekommen. Die im Laufe der Geschichte der Emotionspsychologie vorgeschlagenen Theorien können nach unterschiedlichen Gesichtspunkten klassifiziert werden. Diese reichen von ganz globalen Gesichtspunkten, zum Beispiel den grundlegenden Modellvorstellungen vom Menschen, die den jeweiligen Theorien zugrundeliegen, bis hin zu sehr spezifischen Gesichtspunkten, zum Beispiel den speziellen Versuchsanordnungen und Meßverfahren, die zur Überprüfung der jeweiligen Theorien bevorzugt verwendet worden sind (vgl. z. B. Hettema & Van Heck, 1987). Da Theorien Systeme von Annahmen über das behandelte Phänomen sind, scheint es jedoch am besten, Theorien danach zu klassifizieren, welche Annahmen sie in bezug auf Emotionen machen. Idealerweise sollte eine "gute" Emotionstheorie natürlich Antworten auf möglichst viele Fragen geben, die sich im Zusammenhang mit Emotionen stellen (oder solche Antworten zumindest nahelegen). Zur Klassifikation von Emotionstheorien scheinen uns jedoch vor allem diejenigen Annahmen von Emotionstheorien geeignet, die sich auf besonders zentrale Aspekte von Emotionen beziehen, zu denen sich in fast allen Emotionstheorien Aussagen finden lassen. Dafür kommen insbesondere die Annahmen zur *Natur* und *Entstehung* von Emotionen in Frage. Für eine erste allgemeine Übersicht über Emotionstheorien scheinen uns die Annahmen verschiedener Theoretiker zur *Natur* von Emotionen besonders geeignet. Diese Annahmen können als (manchmal allerdings nur rudimentäre) Versuche betrachtet werden, die früher gegebene *Arbeitsdefinition* von Emotionen durch eine präzise *theoretische Definition* zu ersetzen.

Legt man also als Klassifikationsgesichtspunkt für Emotionstheorien die Annahmen zugrunde, welche Arten von Zuständen Emotionen sind, dann können im wesentlichen folgende drei Theorieklassen unterschieden werden: (1) *Verhaltenstheorien*. Das sind Theorien, die Emotionen mit beobachtbarem Verhalten (oder auch Dispositionen zu solchem Verhalten) gleichsetzen. Dies ist für die behavioristischen Theorien der Emotion kennzeichnend (z. B. die im Kapitel 2 behandelte Theorie von Watson). (2) *Mentalistische Theorien*. Das sind Theorien, die Emotionen mit bestimmten mentalen (= psychischen), meist bewußten Zuständen gleichsetzen. Das sind alle übrigen in diesem Buch behandelten Emotionstheorien. (3) *Syndromtheorien*. Diese verbinden in gewissem Sinn die erstgenannten zwei Theorietypen, indem sie Emotionen mit Syndromen aus mentalen Zuständen, Verhaltensweisen und physiologischen Reaktionen identifizieren (z. B. Lazarus et al., 1970).

Die *Verhaltenstheorien* der Emotion werden im zweiten Kapitel exemplarisch anhand der klassisch-behavioristischen Theorie Watsons erläutert. Obwohl diese Theorie in der gegenwärtigen Psychologie keine zentrale Rolle mehr spielt, sind ihre Fragestellungen und die damit verbundenen Forschungsansätze (z. B. zum Erlernen von Emotionen) bis heute von Bedeutung geblieben.

Die *Syndromtheorien* der Emotion werden in diesem Band nicht behandelt; wir werden jedoch in dem geplanten Nachfolgeband auf sie eingehen.

Es gilt jetzt noch, die *mentalistischen Theorien* etwas genauer zu unterteilen, also diejenigen Theorien, die Emotionen mit bestimmten psychischen Zuständen (oder einem Komplex psychischer Zustände) gleichsetzen. Diese Theorien entsprechen am ehesten dem Alltagsverständnis von Emotionen, in dem Emotionen ja meist mit Gefühlszuständen gleichgesetzt werden. Mentalistische Theorien unterscheiden sich jedoch in bezug darauf, welchen Aspekt oder welche Aspekte des Erlebens sie für Emotionen als wesentlich erachten.

Um eine bessere Übersicht über diese Theorien zu gewinnen, wollen wir kurz diejenigen Aspekte des Erlebens aufzählen, die wahrscheinlich am häufigsten als entscheidend für Emotionen erachtet worden sind:

A. Eine bestimmte Einschätzung der Situation (z. B. bei Furcht der Gedanke "diese Situation ist gefährlich"); dieser Aspekt wird häufig als kognitiver Aspekt von Emotionen oder einfach als "Kognition" bezeichnet.

B. Das Erleben bestimmter Handlungstendenzen. (Man verspürt zum Beispiel einen Drang davonzulaufen.)

C. Das Empfinden von körperlichen Erregungssymptomen, zum Beispiel die Empfindung beschleunigten Herzschlags oder von Zittern etc. Wir sprechen abkürzend von Erregungsempfindungen.

D. Das Empfinden von Lust oder Unlust bzw. von Angenehmheit oder Unangenehmheit.

Verschiedene mentalistische Theorien unterscheiden sich darin, welchen dieser psychischen Zustände - oder auch welche Kombination dieser Zustände - sie mit der Emotion *identifizieren*, und welche sie demgegenüber als bloße psychische *Ursachen*, *Wirkungen* oder auch *Begleiterscheinungen* von Emotionen auffassen. Die wichtigsten dieser Theorien sind die folgenden:

1. Laut der im Kapitel 3 besprochenen Emotionstheorie von James sind Emotionen nichts anderes als Empfindungen körperlicher Veränderungen (C).

2. Laut den ebenfalls im Kapitel 3 besprochenen kognitiv-physiologischen Theorien sind Emotionen *Komplexe* aus Erregungsempfindungen (C) plus Einschätzungen der Situation (A), sofern diese zwei Elemente auf die richtige Weise miteinander verbunden werden; oder Emotionen sind *neuartige* Bewußtseinszustände, die aus der Kombination von A und C hervorgehen (genaueres dazu in Kapitel 3).

3. Nach Weiner (vgl. Kapitel 4) sind Emotionen bestimmte lust- oder unlustgetönte Zustände (D), die durch bestimmte Einschätzungen (A) verursacht werden und ihrerseits Handlungstendenzen (B) und Handlungen verursachen.

Einige weitere, in diesem Band nicht besprochene mentalistische Emotionstheorien seien zumindest kurz erwähnt.

4. Einige Theoretiker meinen, Emotionen seien nichts anderes als das bewußte Gewahrsein bestimmter Situationseinschätzungen (A; z. B. Solomon, 1988).

5. Andere sind der Ansicht, Emotionen seien in erster Linie erlebte Handlungstendenzen (B), wobei aber meist zusätzlich gefordert wird, daß nur solche Handlungstendenzen als Emotionen zählen, die durch emotionsrelevante Einschätzungen der Situation (A) verursacht werden (z. B. Arnold, 1960; Frijda, 1986).

6. Wieder andere Theoretiker glauben, daß Emotionen eine Kombination sowohl von Einschätzungen, als auch von Erregungsempfindungen und Handlungstendenzen (A, C, B) sind.

7. Manche Theoretiker meinen, Emotionen seien bestimmte Kombinationen von Lust- oder Unlustgefühlen (D) mit Erregungsgefühlen, wobei letztere jedoch möglicherweise nicht primär peripheren Ursprungs (C) seien, sondern von bestimmten Strukturen im

Gehirn erzeugt werden (z. B. Russell, 1980; vgl. auch Wundt, 1896).

8. Schließlich behauptet eine weitere Gruppe von Theoretikern, eine kleine Anzahl von Grundemotionen (z. B. Freude, Traurigkeit, Ärger, Furcht, Ekel) seien überhaupt nicht auf eines der oben genannten Elemente oder eine Kombination dieser Elemente zurückführbar; vielmehr seien diese Grundemotionen eigenständige, durch ganz spezielle Mechanismen im Gehirn erzeugte Erlebnisqualitäten (z. B. Buck, 1985; Cannon, 1927; Oatley & Johnson-Laird, 1987). Die restlichen Gefühle werden entweder als "Mischungen" dieser Grundgefühle aufgefaßt oder als Kombinationen der Grundgefühle mit anderen Elementen, insbesondere Einschätzungen (A; vgl. Oatley & Johnson-Laird, 1987).

Mentalistische Theorien, welche Emotionen als aus mehreren psychischen Elementen bestehende Zustände auffassen, könnte man auch als mentalistische Versionen der Syndromtheorien betrachten. Denn ähnlich wie in den Syndromtheorien wird auch in den mentalistischen "Mischtheorien" angenommen, daß eine Emotion aus mehreren Komponenten besteht (oder vielleicht auch aus einer Integration dieser Komponenten hervorgeht); im Unterschied zu den Syndromtheorien handelt es sich bei den Bestandteilen von Emotionen jedoch ausschließlich um mentale Zustände.

Aus den *Bezeichnungen*, die in der Literatur für die jeweiligen Theorien verwendet werden, geht nicht immer eindeutig hervor, welche Annahmen in bezug auf die Natur von Emotionen gemacht werden. (Darüber hinaus sind die Ausführungen mancher Autoren zu dieser Frage unklar.) Zum Beispiel werden manchmal *alle* Theorien, die der kognitiven Bewertung von Situationen (A) bei der Entstehung von Emotionen eine wichtige Rolle zumessen, als *kognitive Emotionstheorien* bezeichnet, und zwar gleichgültig, ob diese Theorien die Einschätzungen von Situationen nur als die typischen Ursachen von Emotionen betrachten, sie als Bestandteile von Emotionen auffassen oder Einschätzungen sogar mit Emotionen identifizieren. Bisweilen wird eine Emotionstheorie sogar bereits dann als kognitive Theorie bezeichnet, wenn sie nicht-behavioristisch ist. Dies geht darauf zurück, daß "Kognition" in der gegenwärtigen Psychologie nicht selten als Bezeichnung für jeden beliebigen psychischen oder informationsverarbeitenden Prozeß verwendet wird, der zwischen beobachtbaren Reizen und beobachtbaren Reaktionen abläuft. (Damit sind dann allerdings auch Emotionen, und zwar per Definition, Kognitionen!)

Übersicht über den Inhalt der folgenden Kapitel

In den Kapiteln 2, 3 und 4 werden ausgewählte Emotionstheorien behandelt. Im Kapitel 2 besprechen wir die behavioristische Theorie (Verhaltenstheorie) von Watson (1919) sowie die von ihm durchgeführten Experimente zum Erwerb und zur Beseitigung von Furchtreaktionen. In diesem Zusammenhang gehen wir auch auf eine Reihe neuerer Hypothesen und Untersuchungen ein, die von dieser Theorie ihren Ausgang nahmen. In den Kapiteln 3 und 4 besprechen wir mentalistische Theorien. Im Kapitel 3 werden eine Reihe sogenannter kognitiv-physiologischer Theorien der Emotion und damit verbundene empirische Untersuchungen erörtert. Dazu gehen wir zuerst auf die Emotionstheorie von James (1884, 1890/1950) zurück, welche eine wichtige Vorläuferin dieser Theorien ist, und berichten über die Kritik, die an dieser Theorie geübt wurde. Die kognitiv-physiologischen Theoretiker versuchten, den ihrer Meinung nach richtigen Kern der Theorie von James zu bewahren und sie gleichzeitig zu verbessern. Anschließend erörtern wir drei kognitiv-physiologische Theorien der Emotion: Diejenige von Marañon, welche die Grundidee der anschließend referierten Theorie von Schachter bereits vorwegnimmt; die Theorie von Schachter; und schließlich die Emotionstheorie von Mandler. Im Kapitel 4 besprechen wir eine Emotionstheorie, die in noch stärkerem Maße kognitiv orientiert ist als die zuvor besprochenen, nämlich die attributionale Theorie der Emotionen von Weiner.

Zusammenfassung

Emotionen sind zentrale Phänomene unseres Lebens. Man sollte daher erwarten, daß sie ein wichtiges Forschungsfeld der Psychologie darstellen. Tatsächlich spielte die Emotionsforschung in der ersten Phase der institutionalisierten Psychologie eine wichtige Rolle. In den folgenden 50 Jahren kam die Erforschung von Emotionen jedoch vorübergehend ins Hintertreffen, wofür unter anderem die Dominanz des Behaviorismus in den USA von Bedeutung war. Seit spätestens 1980 sind Emotionen jedoch wieder zu einem zentralen Forschungsgegenstand der Psychologie geworden. *Die* allgemein anerkannte Theorie der Emotionen gibt es jedoch bis heute nicht, und die Befundlage zu zahlreichen Fragen ist widersprüchlich.

Für das vorliegende Lehrbuch haben wir eine theorieorientierte Darstellung der Emotionspsychologie gewählt, weil Theorien die zentralen begrifflichen Strukturen der wissenschaftlichen Forschung darstellen. Ausgewählt wurden solche Theorien, die als repräsentativ für bestimmte Klassen von Emotionstheorien gelten können, die eine wichtige Rolle in der Emotionspsychologie spielen oder gespielt haben, und die den Kenntnissen und Interessen der Autoren besonders entgegenkamen.

Eine allgemein geteilte, exakte Definition von "Emotion" existiert gegenwärtig nicht. Eine solche Definition ist jedoch nicht die Voraussetzung für wissenschaftliche Forschung, sondern deren Resultat. Um Emotionen sinnvoll untersuchen zu können, genügt es, eine Arbeitsdefinition von Emotionen zur Verfügung zu haben, die den Gegenstand der Emotionspsychologie abgrenzt. Wir haben eine solche Arbeitsdefinition, die unseres Erachtens weitgehend unkontrovers ist, angegeben und anhand eines Beispiels (Überraschung) illustriert.

Damit die Leserin und der Leser die in diesem und dem geplanten Folgeband behandelten Probleme und Theorien besser einordnen können, haben wir dann eine Übersicht über die wichtigsten Fragestellungen der Emotionspsychologie gegeben und eine grobe Klassifikation von Emotionstheorien präsentiert. Diese Klassifikation beruhte auf dem Gesichtspunkt, welche Art von Phänomenen Emotionen nach Ansicht verschiedener Theoretiker sind, wie also Emotionen von verschiedenen Autoren theoretisch definiert werden.

Weiterführende Literatur

Eine zufriedenstellende geschichtliche Darstellung der Emotionspsychologie, die auch die neueren Entwicklungen berücksichtigt, gibt es unseres Wissens nicht. Eine brauchbare geschichtliche Darstellung der älteren Emotionspsychologie findet sich bei Gardiner, Metcalf und Beebe-Center (1937). Zur Geschichte der Psychologie im allgemeinen verweisen wir im übrigen auf Boring (1950; vgl. auch Pongratz,

1984). Auch zur Frage der Definition von Emotionen und der Klassifikation von Emotionstheorien existiert unserer Meinung nach keine neuere empfehlenswerte Arbeit. Der Leser und die Leserin seien jedoch auf Kleinginna und Kleinginna (1981) hingewiesen, welche eine umfangreiche Sammlung und Klassifikation von Emotionsdefinitionen vorgelegt haben. Diese "Definitionen" reichen von Arbeitsdefinitionen in unserem Sinn bis hin zu theoretischen Definitionen von Emotionen im Rahmen verschiedener Emotionstheorien.

Kapitel 2

DIE KLASSISCH-BEHAVIORISTISCHE THEORIE DER EMOTIONEN

Der Behaviorismus

Als sich die Psychologie im letzten Jahrhundert als eigenständige Disziplin etablierte, verstand sie sich als die Wissenschaft von den Erlebens- oder Bewußtseinszuständen (wie z. B. Empfindungen, Wahrnehmungen, Gedanken und Gefühlen). Diese Zustände versuchte man bevorzugt mit Hilfe der Methode der Selbstbeobachtung (der sogenannten Introspektion) zu erfassen und zu analysieren (vgl. Brentano, 1874/1955; Wundt, 1874, 1896). Daher bezeichnet man die Anfangszeit der institutionalisierten Psychologie häufig als *Bewußtseins-* oder *Introspektionspsychologie*. Die Daten, auf die sich die Bewußtseinspsychologie somit bevorzugt stützte (wenn auch keineswegs ausschließlich; vgl. Danzinger, 1980), waren Erlebensdaten. Wie bereits im Einleitungskapitel erwähnt, ist Erleben immer nur der erlebenden Person selbst unmittelbar zugänglich, nicht aber außenstehenden Beobachtern. Bewußtseinszustände sind Ereignisse der "Innenwelt" und bleiben aufgrund dieses "privaten" Charakters dem Außenstehenden verborgen - sie sind *subjektiv*. Der außenstehende Beobachter kann die Erlebenszustände einer anderen Person nur aus ihrem Verhalten sowie der Situation, in der es auftritt, erschließen. Demgegenüber sind die Ereignisse der Außenwelt (wie das Verhalten einer Person, der Ausschlag eines Zeigers etc.) "öffentlich". Das heißt, sie sind *intersubjektiv*, nämlich insofern, als sie allen Beobachtern prinzipiell in gleicher Weise zugänglich sind.

Wie wir im ersten Kapitel bereits erwähnt haben, versuchte die amerikanische Psychologie um 1920 einen völligen Neuanfang in der

Psychologie zu machen. Dieser Neuanfang war dadurch gekennzeichnet, daß man die Bewußtseinspsychologie - deren Hauptvertreter in Amerika Edward Titchener (1867-1927) war - sowohl in bezug auf ihren Forschungsgegenstand als auch ihre Methode verwarf. Als legitimen Forschungsgegenstand der Psychologie betrachtete man nunmehr ausschließlich das intersubjektiv beobachtbare Verhalten und die das Verhalten beeinflussenden beobachtbaren Umweltgegebenheiten. Diese erkenntnistheoretische und methodische Position in der Psychologie wird als *Behaviorismus* (von "behavior" = "Verhalten") bezeichnet und ihre Vertreter als *Behavioristen*.

Der Behaviorismus gewann in der amerikanischen Psychologie rasch an Einfluß. Innerhalb kurzer Zeit wurde er dort zur dominanten Strömung und behielt diese Stellung bis etwa zu Beginn der sechziger Jahre dieses Jahrhunderts bei. Die ursprüngliche Form des Behaviorismus, die insbesondere von John Watson vertreten wurde (vgl. dazu unten), wird häufig als *klassischer Behaviorismus* bezeichnet. Im Laufe der Zeit entstanden verschiedene weitere Varianten des psychologischen Behaviorismus, insbesondere der *Neobehaviorismus*, der vor allem durch Clark Hull (z. B. 1943) repräsentiert wurde, und der *radikale Behaviorismus* von B. F. Skinner (1953). Wir können auf diese und weitere Varianten des Behaviorismus hier nicht im Detail eingehen (vgl. dazu z. B. Kitchener, 1977; Mahoney, 1974; Margolis, 1984; Westmeyer, 1984). Jedoch trifft die Beschränkung auf intersubjektive Daten und die Ablehnung der Methode der Introspektion für alle Varianten des psychologischen Behaviorismus gleichermaßen zu.

Für den ursprünglichen Erfolg der "behavioristischen Revolution" waren vor allem zwei Gründe verantwortlich. *Erstens* fanden viele Psychologen das Argument der Behavioristen überzeugend, daß die Psychologie - ebenso wie die Naturwissenschaften - als Daten ausschließlich intersubjektiv Beobachtbares akzeptieren dürfe; das heißt, daß die Psychologie eine in diesem Sinn *objektive Psychologie* sein müsse, im Gegensatz zur *subjektiven Psychologie*, deren bevorzugte Daten die mittels Introspektion erfaßten Bewußtseinszustände waren (vgl. Laucken & Schick, 1971). *Zweitens* hatte sich aufgrund einer Reihe von Meinungsverschiedenheiten unter den Bewußtseinspsychologen besonders in der amerikanischen Psychologie die Auffassung verbreitet, die Methode der Introspektion sei prinzipiell unzuverlässig und gestatte es nicht, zu sicheren Ergebnissen zu gelangen. (Tatsächlich war diese Auffassung allerdings weit weniger gut begründet als die Behavioristen behaupteten; vgl. Danzinger, 1980.)

Gegen die Bewußtseinspsychologie waren bereits zuvor Einwände unterschiedlicher Art vorgetragen worden (vgl. z. B. Boring, 1953; Lyons, 1986). Der französische Philosoph Comte zum Beispiel wandte gegen die bevorzugte *Methode* der Bewußtseinspsychologen (die Introspektion) ein:

> "... der Zustand jeder stärkeren Leidenschaft, also derjenige, dessen Beobachtung am wichtigsten ist, verträgt sich mit dem beobachtenden Zustande nicht ... Der einzelne kann sich während seines Denkens nicht in zwei Persönlichkeiten theilen, von denen die eine nachdenkt, während die andere dies Nachdenken beobachtet. Da das beobachtete Organ in diesem Falle mit dem beobachtenden Organ dasselbe ist, wie könnte da eine Beobachtung statthaben? Diese vermeintliche psychologische Methode ist daher schon ihrem Prinzip nach eine nichtige" (Comte, 1883, S. 13).

Comte schied aus diesem Grund die (Introspektions-) Psychologie aus der Gruppe der von ihm sogenannten "positiven" Wissenschaften aus. Damit meinte er diejenigen Wissenschaften, die seiner Ansicht nach auf einer festen Grundlage von unumstößlichen Beobachtungen aufbauen (vgl. Boring, 1950). Statt auf Introspektion setzte er auf eine "äußerliche Beobachtung" (Außenweltdaten).

Nachhaltige Wirkung zeigten jedoch erst die Attacken der Behavioristen gegen die Bewußtseinspsychologie, wobei die Attacke von J. B. Watson (vgl. Kasten 2.1 auf S. 46) die heftigste war. Watson forderte die ausschließliche Verwendung von Außenweltdaten in der Psychologie. Er erhob diese Forderung in einer Art behavioristischem Manifest, das 1913 unter dem Titel *Psychology as the Behaviorist Views it* erschien. Er warf dort der Humanpsychologie vor, sie habe es versäumt, ihrem Anspruch gerecht zu werden, eine Naturwissenschaft zu sein. Sie laufe der verfehlten Vorstellung nach, Gegenstand der Psychologie seien Bewußtseinsphänomene, die mittels Introspektion zu analysieren seien (Watson, 1913, S. 176). Watson hielt diese Ansicht - ähnlich wie Comte und andere - für einen Irrweg. Gegenstand der Psychologie müsse vielmehr das sein, was von allen Forschern gleichermaßen beobachtbar und daher öffentlich sei, nämlich das Verhalten von Organismen, sowie die Umweltgegebenheiten ("Rei-

Kasten 2.1. John Broadus Watson

Watson wurde 1878 nahe Greenville, einer kleinen Stadt in South Carolina (USA), geboren. Seine Eltern bewirtschafteten eine Farm und lebten in ärmlichen Verhältnissen. Watsons Mutter war eine tiefreligiöse Frau. Sie gehörte der Gemeinschaft der fundamentalistischen Baptisten an, in der Rauchen, Trinken oder Tanzen verboten waren. Die Kinderfrau, die den kleinen John beaufsichtigte, erzählte ihm oft Geschichten vom Teufel, der in der Dunkelheit lauere und der, wenn Watson in der Nacht einen Spaziergang mache, ihn packen und in die Hölle bringen werde. Die Mutter unterband solche Geschichten nicht. Als strenge Baptistin glaubte sie, daß der Teufel allgegenwärtig sei. Bei Watson hinterließ dies eine lebenslange Furcht vor Dunkelheit. Seine späteren Arbeiten zur Frage, ob Kinder mit einer angeborenen Furcht vor Dunkelheit auf die Welt kommen, sind - wie er freimütig zugab - deswegen entstanden, weil es ihm selbst nicht gelang, diese Furcht abzulegen (vgl. dazu Cohen, 1979).

An seine Schulzeit hatte Watson, wie er in seiner Autobiographie (in Murchison, 1936) berichtet, keine guten Erinnerungen. Er war faul, ungehorsam und zeigte keine guten Schulleistungen. Auch das College, das er mit 16 Jahren besuchte, interessierte ihn wenig, obwohl er dort als einziger in seinem Jahrgang das Abschlußexamen in Griechisch bestand.

Im Alter von 22 Jahren schrieb sich Watson an der Universität Chicago ein. Er wußte anfänglich nicht genau, was er studieren sollte. Er belegte schließlich experimentelle Psychologie als Hauptfach, Philosophie als erstes und Neurologie als zweites Nebenfach. Seine akademischen Lehrer waren unter anderem Angell (der besonderen Einfluß auf ihn hatte), Dewey, Tufts, Moore und Donaldson. In seiner Dissertation beschäftigte er sich mit dem Zusammenhang zwischen zunehmender Verhaltenskomplexität und der Zunahme der Medulla (einer Struktur im Zentralnervensystem) bei weißen Ratten. Watson berichtet (in Murchison, 1936), daß ihn die Jahre in Chicago fasziniert haben. Er arbeitete Tag und Nacht und behielt, wie er berichtet, diese Arbeitshaltung sein ganzes Leben lang bei. Seine in Chicago durchgeführten Arbeiten trugen Watson große Reputation als Tierpsychologe ein.

Im Jahre 1907 erhielt Watson - er war damals 29 Jahre alt - einen Ruf als Professor an die Johns Hopkins Universität in Baltimore, dem er 1908 folgte. Er setzte hier seine tierexperimentellen Arbeiten fort und beschäftigte sich unter anderem mit Farbensehen bei Affen. Im Jahre 1913 veröffentlichte er seine provokative Arbeit 'Psychology as the Behaviorist Views it', die allgemein als Meilenstein für den Beginn des Behaviorismus angesehen wird. 1915 entschloß sich Watson, Untersuchungen mit Kleinkindern durchzuführen und insbesondere deren Emotionen zu untersuchen (wir kommen auf diese Arbeiten zurück).

Die akademische Karriere Watsons endete 1920 jäh, als sein Verhältnis mit einer Studentin, Rosalie Rayner, an die Öffentlichkeit kam, die damals 19 Jahre alt war und mit der er die berühmte Studie mit dem kleinen Albert zur Konditionierung von Furchtreaktionen durchgeführt und veröffentlicht hatte (wir werden diese Studie später im Detail behandeln). Watson wurde aus dem Universitätsdienst entlassen. Nach seiner Scheidung heiratete er Rosalie Rayner. Er fand noch im Jahr seiner Entlassung bei der J. Walter Thompson Company Anstellung. Seine erste Aufgabe dort bestand darin, den Markt für Gummistiefel am Mississippi zu untersuchen. Er schellte an Haustüren und hielt Fahrzeuge an, um zu erkunden, welche Stiefelmarke in der Familie getragen wurde. Vier Jahre später, 1924, war Watson zum Vizepräsidenten der Gesellschaft aufgestiegen. Auch nach seiner Entlassung aus dem Universitätsdienst veröffentlichte Watson Arbeiten in psychologischen Fachzeitschriften und schrieb populärwissenschaftliche Beiträge für Zeitschriften wie *Harper's Magazine* oder *Cosmopolitan* (bis ungefähr 1930). Mit 69 Jahren zog sich Watson aus dem Berufsleben zurück; er starb im Alter von 80 Jahren.

ze"), die dieses Verhalten veranlassen.

> "Psychologie, wie der Behaviorist sie sieht, ist ein rein objektiver, experimenteller Zweig der Naturwissenschaft. Ihr theoretisches Ziel ist die Kontrolle und Vorhersage von Verhalten" (Watson, 1913, S. 158).

Watson hat seine 1913 vorgetragenen Thesen nachfolgend mit größerer Schärfe mehrfach wiederholt.

> "Das Dogma [daß jedes Individuum eine Seele hat], hat es in der Humanpsychologie seit dem frühesten Altertum gegeben. Niemand hat jemals die Seele berührt oder eine in einem Reagenzglas gesehen, oder ist in irgendeiner Weise damit in Berührung gekommen wie mit den anderen Objekten der täglichen Erfahrung. Trotzdem, sie anzuzweifeln bedeutet, ein Ketzer zu werden, und das hat früher einmal vielleicht sogar zum Verlust des eigenen Kopfes geführt. Sogar heute noch ist ein solches Infragestellen für einen Universitätsangehörigen an vielen Instituten gleichbedeutend mit der Unterzeichnung des eigenen beruflichen Todesurteils. ... Seit der Zeit Wundts wurde das *Bewußtsein* zum Schlüsselbegriff der Psychologie. Heute ist es der Schlüsselbegriff. Man hat [das Bewußtsein] niemals gesehen, berührt, gerochen, geschmeckt oder bewegt. Es ist eine bloße Annahme, ebenso unbeweisbar wie das alte Konzept der Seele ... Die Behavioristen kamen zu dem Schluß, daß sie nicht länger damit zufrieden sein konnten, sich mit *Nichtgreifbarem* zu beschäftigen. Sie sahen, wie ihre Bruder-Wissenschaftler Fortschritte machten in Medizin, in Chemie, in Physik. Jede neue Entdeckung in diesen Gebieten war von wesentlicher Bedeutung; jedes neue Element, das in einem Labor isoliert wurde, konnte auch in einem anderen Labor isoliert werden ... Nicht so in der Psychologie ... Der Behaviorist gab [daher] seine eigene Formulierung von der Aufgabe der Psychologie, indem er alle mittelalterlichen Konzeptionen beiseite wischte. Er entfernte aus seinem wissenschaftlichen Vokabular alle subjektiven Begriffe wie Empfindung, Wahrnehmung, Vorstellung, Wunsch, Absicht und sogar Denken und Emotion, so wie sie ursprünglich definiert waren. *Was hat er an ihre Stelle gesetzt?* Der Behaviorist fragt: Warum machen wir nicht das, was wir beobachten können, zum eigentlichen Feld der Psychologie? Wir wollen uns auf Dinge beschränken, die man beobachten kann, und Gesetze nur hinsichtlich beobachteter Dinge formulieren. Nun, was können wir beobachten? Also, beobachten können wir *Verhalten – was der Organismus tut oder sagt*. Und lassen Sie mich sogleich noch diesen grundlegenden Punkt machen: daß nämlich *sagen* tun ist – das heißt, sich *verhalten*" (Watson, 1929, S. 12–18).

Was ist eine Emotion?

In Übereinstimmung mit seiner Forderung an den Gegenstand der Psychologie definierte Watson Emotionen als intersubjektiv beobachtbare Reaktionsmuster, die durch bestimmte Umweltgegebenheiten (Reize) verläßlich ausgelöst werden:

> *"Eine Emotion ist ein erbliches Reaktionsmuster, das tiefgreifende Veränderungen des körperlichen Mechanismus als Ganzem beinhaltet, insbesondere aber der viszeralen [Eingeweide wie Herz, Lunge, Magen] und der Drüsensysteme.* Mit Reaktionsmuster meinen wir, daß die einzelnen Details der Reaktion immer dann mit einiger Konstanz, mit einiger Regelmäßigkeit und in ungefähr derselben Abfolge auftreten, wenn der auslösende Reiz dargeboten wird" (Watson, 1919, S. 165).

Da aber auch instinktive Reaktionen diese Merkmale aufweisen, nahm Watson zur Abgrenzung emotionaler von instinktiven Reaktionen ein weiteres Bestimmungsstück in seine Definition von Emotionen auf:

> "Der Schock eines emotionalen Stimulus versetzt den Organismus zumindest für den Augenblick in einen *chaotischen Zustand*. Wenn das Individuum sich in dem Zustand des Schocks befindet, vollzieht es wenige Anpassungen an die Objekte seiner Umgebung. ... Beim Instinkt dagegen ist der Handlungsradius in solch einem Maße erweitert, daß das Individuum als Ganzes Anpassungen an die Objekte in seiner Umgebung vornehmen kann" (Watson, 1919, S. 166/7; Hervorhebung hinzugefügt).

Emotionen haben nach Watson also nicht die Funktion, eine effektive Auseinandersetzung des Organismus mit seiner Umgebung zu gewährleisten; sie unterbrechen und stören vielmehr organisierte Aktivität. Die Bedeutung von Emotionen für das alltägliche Leben bestehe darin, "daß sie das Individuum vom monotonen Existieren als hoch perfekte biologische Maschine entbinden. Sie geben ihm seine Aufs und Abs ..." (Watson, 1919, S. 194). In ganz besonderen Fällen soll allerdings der *nach* einer starken emotionalen Krise zurückbleibende Zustand zu außergewöhnlichen Leistungen befähigen.

Der *Erlebensaspekt* von Emotionen – das *Gefühl* von Wut zum Beispiel – ist nicht Bestandteil der Emotionsdefinition Watsons. Das heißt nicht, daß Watson bestritt, daß wir Wut, Furcht und andere Emotionen erleben. Er war jedoch der Auffassung, daß diese und andere Bewußtseinszustände aufgrund ihrer Privatheit nicht Gegenstand der wissenschaftlichen Psychologie sein könnten. Darüber hinaus glaubte er, daß die Psychologie - verstanden als Verhaltenswissenschaft - Erlebenszustände auch gar nicht zu berücksichtigen brauche, da diese zur Erklärung und Vorhersage des beobachtbaren Verhaltens nicht benötigt würden (z. B. Watson, 1913, 1920). Diese letztere Auffassung Watsons - daß die Psychologie Gefühle ohne weiteres vernachlässigen könne - veranlaßte William McDougall (1871-1938) in einer Debatte über den Behaviorismus im Jahre 1924 (Watson & McDougall, 1929) zur folgenden, äußerst polemischen Bemerkung:

> "Dr. Watson tut mir leid ... Denn ich betrachte Dr. Watson als einen guten Mann, der den falschen Weg gegangen ist ... Aber, obwohl mir Dr. Watson leid tut, so will ich doch ganz freimütig in bezug auf seinen Standpunkt sein. Wenn er ein gewöhnliches menschliches Lebewesen wäre, dann sollte ich mich verpflichtet fühlen, eine gewisse Zurückhaltung zu üben - aus Furcht, seine Gefühle zu verletzen. Wir alle wissen, daß Dr. Watson seine Gefühle hat wie wir übrigen auch. Aber ich habe die Freiheit, auf seinen Gefühlen in der unbarmherzigsten Weise herumzutrampeln; denn Dr. Watson hat uns versichert (und das ist der genaue Kern seiner eigenartigen Doktrin), daß er sich nicht einen Cent um Gefühle schert, ob es nun seine eigenen sind oder die irgendeiner anderen Person" (McDougall, 1929, S. 47/48).

Watson (1919) räumte allerdings ein, daß seine Emotionsdefinition "nur auf die stärker stereotypisierten Formen emotionaler Reaktionen paßt" (S. 167). Das heißt, die angeborenen emotionalen Reaktionsmuster sind nach Watson in ihrer reinen Form zwar beim Säugling beobachtbar, jedoch nur noch selten, wenn überhaupt, beim Erwachsenen. Beim Erwachsenen "scheint das Ganze des ererbten Reaktionsmusters aufgebrochen zu werden. Jedenfalls verschwindet es, außer in ungewöhnlichen Umständen, weitgehend (obwohl einzelne Bestandteile niemals völlig verschwinden)" (S. 167). Watson führte dies darauf zurück, daß die angeborenen Muster durch Lernerfahrungen modifiziert werden, und Bestandteile des ursprünglichen Reaktionsmusters nun zusätzlich durch andere Reize als die ursprünglichen ausgelöst werden.

Lassen Sie uns zunächst die von Watson postulierten angeborenen emotionalen Reaktionsmuster betrachten und danach auf die von ihm postulierte Modifikation der ursprünglichen Verbindung von auslösenden Reizen und Reaktionsmustern eingehen, das heißt auf das "Lernen" von Emotionen.

Angeborene emotionale Reaktionsmuster

Um ausfindig zu machen, welche Reize ungelernte (angeborene) emotionale Reaktionsmuster zuverlässig auslösen, beobachteten Watson und seine Mitarbeiterinnen "viele Hundert" Säuglinge und Kleinkinder und führten mit ihnen Experimente durch.

> "Glücklicherweise konnten wir in Krankenhäusern eine Anzahl kräftiger, gesunder Kinder von Ammen untersuchen und weitere Kinder, die in Heimen unter der Aufsicht der Experimentatoren aufgezogen wurden. Einige dieser Kinder wurden fast von Geburt an bis zur Vollendung des ersten Lebensjahres beobachtet, andere während des zweiten Lebensjahres und zwei oder drei Kinder während des dritten Lebensjahres" (Watson, 1968, S. 162; Original 1930).

Um zum Beispiel herauszufinden, welche Reize das Reaktionsmuster *Furcht* auslösen, wurden die Kinder unter anderem mit unterschiedlichen Tieren (Katzen, Ratten, Kaninchen, Tauben) konfrontiert oder in dunkle Räume gebracht; sie wurden extremen Geräuschen ausgesetzt, indem der Versuchsleiter zum Beispiel mit einem Hammer auf eine Eisenstange schlug; oder Säuglingen wurde ruckartig die Decke entzogen, auf der sie lagen.

Aufgrund der Ergebnisse solcher Untersuchungen kam Watson zu dem Schluß, daß es zumindest drei ungelernte emotionale Reaktionsmuster gibt, die durch drei verschiedene Gruppen von Reizen ausgelöst werden (vgl. Tabelle 2.1, S. 51). Diese Muster nannte er *Furcht, Wut* und *Liebe*. Watson (1913, 1930/1968) merkte jedoch an, daß er diese Bezeichnungen nur mit allergrößtem Zögern benutze, und zwar deswegen, weil die drei Begriffe bereits in der Introspektionspsychologie ihren Platz hätten und dort - wie auch im alltäglichen Verständnis - Bewußtseins- bzw. Erlebenszustände bedeuteten. Am liebsten, so Watson, würde er diese drei angeborenen Reaktionsmuster daher X, Y und Z nennen. Wenn er trotzdem von Furcht, Wut und Liebe spreche, dann solle man darunter, analog zur Atmung oder dem Herzschlag, nichts weiteres verstehen als das, was in Termini beobachtbarer Gegebenheiten auf der Reizseite und der Reaktionsseite beschreibbar sei (vgl. Tabelle 2.1).

Tabelle 2.1
Drei ungelernte emotionale Reaktionsmuster, die gewöhnlich als "Furcht", "Wut" und "Liebe" bezeichnet werden (nach Watson, 1968, S. 167/8; Original 1930)

Unkonditionierte Reize (UCS)		Unkonditionierte Reaktionen (UCR)
	FURCHT	
Laute Geräusche, Verlust von Halt		Anhalten des Atems, "Auffahren" des ganzen Körpers, Schreien, oft Defäkation und Urinieren u.a.
	WUT	
Behinderung der Körperbewegungen		Steifwerden des ganzen Körpers, zeitweiliges Aussetzen der Atmung, Rötung des Gesichts bis zur Blaufärbung u.a.
	LIEBE	
Streicheln der Haut und der Geschlechtsorgane, Schaukeln, auf den Knien reiten usw.		Schreien hört auf, Gurgeln, Glucksen, Erektion des Penis, viele andere unbestimmte Reaktionen

Das Reaktionsmuster *Furcht* wird nach Watson durch laute Geräusche und durch den plötzlichen Verlust von Halt ausgelöst (vgl. Tabelle 2.1). Watson und Mitarbeiterinnen realisierten diese Auslöser in den beschriebenen Experimenten zum Beispiel dadurch, daß hinter dem in seinem Bett schlafenden Neugeborenen mit einem Hammer auf eine Eisenstange geschlagen wurde (vgl. Abbildung 2.1, S. 52) oder dem Baby ruckartig die Unterlage entzogen wurde, auf der es sich befand (vgl. Abbildung 2.1). Das Reaktionsmuster *Wut* wird durch Einschränkungen der Bewegungsfreiheit ausgelöst, indem zum Beispiel der Kopf eines Babys mit beiden Händen festgehalten wird (vgl. Abbildung 2.2, S. 53) oder dessen Ärmchen an den Körper gedrückt

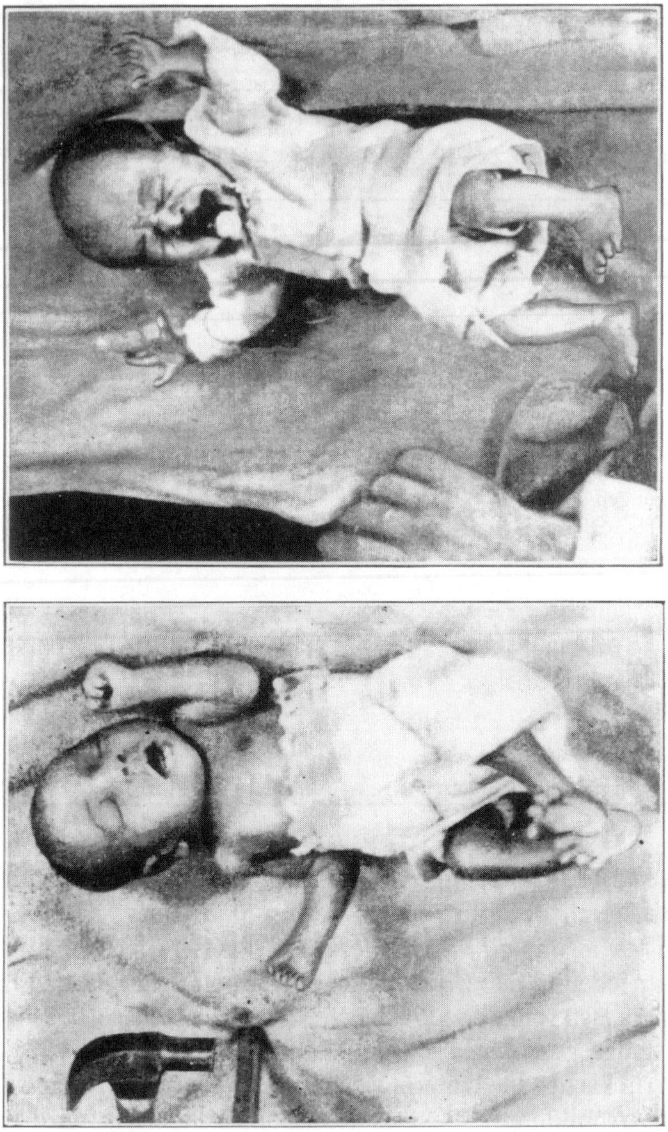

Abbildung 2.1
Das Auslösen von "Furcht" (aus Watson, 1928, S. 26, 27)

werden. Das Reaktionsmuster *Liebe* schließlich wird, so Watson, zum Beispiel durch Streicheln der Haut und der Geschlechtsorgane sowie durch Schaukeln ausgelöst.

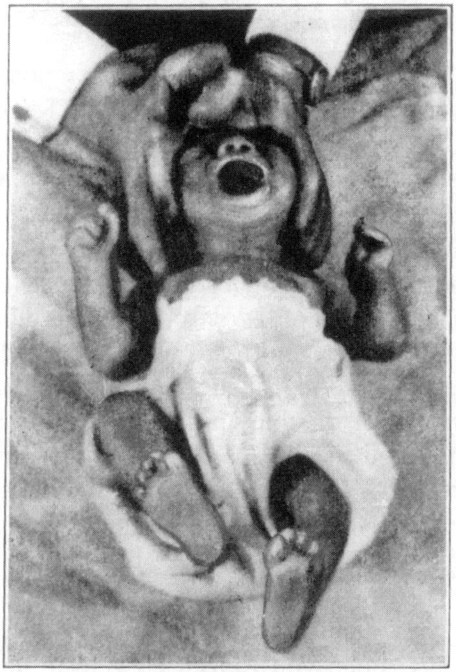

Abbildung 2.2
Das Auslösen von "Wut" (aus Watson, 1928, S. 34)

Bei Watson finden sich auch sehr plastische Beschreibungen emotionaler Reaktionen in alltäglichen Situationen, zum Beispiel von Wut:

> "Wenn du mit deiner [kleinen] Tochter an der Hand stolzen Schrittes über eine belebte Straße gehst, hast du dann schon einmal die Erfahrung gemacht, daß das Kind dich plötzlich in eine andere Richtung zieht? Wenn du deine Tochter dann schnell und heftig zurückgezogen und, um sie festzuhalten, auf ihren Arm einen ständigen Druck ausgeübt hast, wurde sie dann plötzlich steif, fing in den höchsten Tönen zu schreien an, legte sich stocksteif mitten auf die Straße, schrie mit weit aufgerissenem Mund, bis ihr Gesicht blau wurde und sie nicht mehr konnte? Wenn du so etwas noch nicht erlebt hast, muß dir jede Dar-

> stellung von wütendem Verhalten blaß und langweilig vorkommen. Vielleicht hast du beobachtet, wie der große Raufbold im Dorf ein Kind genommen und hingeworfen hat und seine Arme und Beine so fest an den Körper gepreßt hat, daß das Kind sich nicht mehr wehren konnte. Hast du gesehen, wie sich das Kind steif machte und schrie, bis sein Gesicht blau anlief?" (Watson, 1968; S. 165/6; Original 1930).

In Tabelle 2.1 (S. 51) sind die drei von Watson postulierten angeborenen Reaktionsmuster als "unkonditionierte Reaktionen" (UCR) bezeichnet und die sie auslösenden Reize als "unkonditionierte Reize" (UCS). Wir werden diese beiden Begriffe gleich näher erläutern. Watson (1968; Original 1930) war sich nicht ganz sicher, ob diese drei grundlegenden Reaktionsmuster die einzigen sind, die man bereits bei Neugeborenen beobachten kann und die daher eine angeborene Grundlage haben, oder ob es darüber hinaus noch weitere gibt. Und er ließ ebenso die Frage offen, ob diese drei Muster nicht auch noch durch andere als die in Tabelle 2.1 beschriebenen Reize ausgelöst werden können. Er glaubte aber, daß diese Muster "zumindest den Kern bilden, aus dem alle späteren emotionalen Reaktionen entstehen" (Watson, 1968, S. 167; Original 1930).

Konditionierte emotionale Reaktionen

Watson wandte sich dann der Frage zu, wie - wenn es nur drei, durch eine kleine Gruppe von Reizen ausgelöste, angeborene Kernemotionen gibt - die außerordentliche Komplexität der emotionalen Reaktionen und der sie auslösenden Bedingungen beim Erwachsenen zu erklären sei. Seine Antwort darauf war, daß diese Komplexität auf den Einfluß von Umgebungsfaktoren zurückgeht, die zur Ausbildung sogenannter *konditionierter Reflexe* oder *konditionierter emotionaler Reaktionen* führen. Einschlägige Beobachtungen hatte Watson schon früher im Zusammenhang mit seinen tierexperimentellen Studien gemacht. So führte er im Jahre 1905 Versuche mit Ratten durch, die in einem Labyrinth liefen, wobei in einem Weg des Labyrinths eine Falltür eingebaut war, die - wenn das Tier darüberlief - sich senkte und, wenn sie ausgelöst wurde, ein lautes Geräusch verursachte (Verlust von Halt und lautes Geräusch als furchtauslösende Stimuli; vgl. Tabelle 2.1, S. 51).

> "Nachdem die Tiere ein- oder zweimal über [die Falltür] gelaufen waren, zeigten sie jedes Anzeichen von Furcht - sich niederkauern, zittern, keuchen, defäkieren ... Nach zwei oder drei Durchgängen mehr fingen sie an, die gesamte Falle zu überspringen. Das Geräusch und das leichte Absinken der Falle, das sie so sehr in Schrecken versetzt hatte, wurde daher vermieden, *aber trotzdem blieb die Furchtreaktion bestehen*. Auch nachdem die Falle entfernt und der Boden wieder völlig eben gemacht worden war, fuhren die Ratten viele Läufe lang fort, an der alten Position der Falle zu springen, gerade so, als sei die Falle tatsächlich immer noch vorhanden. Alle Anzeichen von Furcht blieben bestehen" (Watson, 1919, S. 181).

Watson (1919) bezeichnete diesen Vorgang als *Substitution eines Stimulus* (Reiz-Ersetzung). Das heißt, anstelle der ursprünglichen Reize (Verlust von Halt, lautes Geräusch), die die Reaktion (Furcht) auslösten, sind ein anderer Reiz oder mehrere andere (der Falltür räumlich benachbarte) Reize getreten, die nun ihrerseits eine Furchtreaktion auslösen. Watson bezeichnete die durch einen anderen als den ursprünglichen Reiz ausgelöste emotionale Reaktion als *konditionierte emotionale Reaktion*. Er war der Ansicht, daß es dieser Vorgang der *Reizersetzung* ist, der dazu führt, daß Kinder und Erwachsene zum Beispiel nicht nur bei lauten Geräuschen und bei Haltverlust Furchtreaktionen zeigen, sondern dies auch in vielen anderen Situationen tun, und daß zwischen verschiedenen Personen aufgrund unterschiedlicher Lernerfahrungen große Unterschiede in bezug auf diejenigen Situationen bestehen, welche Furcht auslösen. Watson meinte, daß derartige Konditionierungsvorgänge bereits in ganz frühem Alter einsetzen:

> "Es ist besonders leicht, das emotionale Leben [unmittelbar nach der Geburt] zu formen. Ich möchte diesen einfachen Vergleich machen: Derjenige, der Metall bearbeitet, nimmt [die] erhitzte Masse, legt sie auf den Amboß und beginnt, sie entsprechend seiner Vorstellung zu formen. Manchmal benutzt er dazu einen schweren Hammer, manchmal einen leichten; manchmal schlägt er die gefügige Masse mit einem mächtigen Schlag, manchmal gibt er ihr nur eine leichte Berührung. Ebenso unausweichlich beginnen wir mit der Geburt, das emotionale Leben unserer Kinder zu formen. Der Schmied ist dabei im Vorteil. Wenn seine Schläge schwer und ungeschickt waren und er sein Werk verdirbt, dann kann er das Metall zurück ins Feuer tun und mit dem Prozeß von neuem beginnen. Es gibt aber keine Möglichkeit des Neuanfangs mit dem Kind. Jeder Schlag, sei er richtig oder falsch, hinterläßt seine Wirkung" (Watson, 1928, S. 46/7).

Darüber hinaus war Watson der Meinung, daß weitere - über Furcht, Wut und Liebe hinausgehende - Emotionen sich aus den drei grundlegenden Emotionen ebenfalls durch Konditionierungsprozesse aufbauen, ohne daß er darüber allerdings (mit Ausnahme von Eifersucht) nähere Angaben machte:

> "Andere Formen emotionalen Verhaltens, allgemein bekannt als Sorge, Kummer, Ärger, Zorn, Respekt, Ehrfurcht, Gerechtigkeit, Dankbarkeit, erscheinen dem Behavioristen ziemlich einfach. Er vertritt die Meinung, daß sie überwiegend auf den sehr einfachen ungelernten Verhaltensweisen ... aufbauen" (Watson, 1968, S. 195; Original 1930).

Das, was Watson *Lernen durch Reizersetzung* nannte, bezeichnen wir heute als *klassisches Konditionieren*. Für diejenigen Leserinnen und Leser, die damit nicht vertraut sind, werden zum besseren Verständnis des nachfolgenden Textes der grundlegende Vorgang und die zentralen Begriffe des klassischen Konditionierens im Kasten 2.2 (s. S. 57) erläutert (ausführlicher dazu z. B. Tarpy, 1979, dem auch die im Kasten aufgeführten Begriffsdefinitionen entnommen sind).

Die Untersuchungen Watsons zum Erwerb und zur Beseitigung von Furchtreaktionen

In einer Reihe von Untersuchungen überprüfte Watson seine Hypothese, daß emotionale Reaktionen durch Konditionieren erworben und auch wieder beseitigt werden können. Diese Untersuchungen befaßten sich mit dem Erwerb und der Beseitigung des Reaktionsmusters *Furcht*.

Erwerb von Furchtreaktionen: Der kleine Albert

Wie es dazu kommen kann, daß ursprünglich neutrale Reize zu konditionierten Auslösern von Furchtreaktionen werden, demonstrierten John Watson und Rosalie Rayner in einer berühmt gewordenen Studie (Watson & Rayner, 1920), die in viele Lehrbücher der Psychologie Eingang gefunden hat (vgl. Harris, 1979). Der große Bekanntheitsgrad der Arbeit mag unter anderem mit der von Watson und Rayner

Kasten 2.2. Klassisches Konditionieren

Die beim klassischen Konditionieren zu unterscheidenden Reize und Reaktionen haben folgende Bezeichnungen. *Unkonditionierter Reiz* (UCS, unconditioned stimulus): Dies ist jeder Reiz, der zuverlässig eine meßbare ungelernte Reaktion auslöst. UCS lösen reflexartige Reaktionen aus, über die das Individuum keine Kontrolle hat. Beispiele für UCS sind unter anderem ein Luftstoß auf das geöffnete Auge, was zu einem Lidschluß führt, oder das Berühren eines heißen Gegenstandes, was ein Zurückziehen der Hand bewirkt. *Unkonditionierte Reaktion* (UCR, unconditioned reaction): Dies ist jede meßbare ungelernte Reaktion, die zuverlässig durch einen UCS hervorgerufen wird (wie Lidschluß oder Zurückziehen der Hand). *Neutraler Reiz* (NS, neutral stimulus): Dies ist ein Reiz, der nicht wie der UCS reflexartig eine ungelernte Reaktion auslöst. Im Experiment bestehen NS häufig in akustischen oder visuellen Signalen, die zwar keine ungelernten, jedoch andere sichtbare Reaktionen wie Kopf- oder Augenbewegungen hervorrufen können. *Konditionierter Reiz* (CS, conditioned stimulus): Dies ist ein ursprünglich neutraler Reiz (NS), der gemeinsam mit dem UCS dargeboten wird. *Konditionierte Reaktion* (CR, conditioned reaction): Dies ist eine gelernte Reaktion, die vom CS ausgelöst wird. Sie ist mit der unkonditionierten Reaktion (UCR) meist nicht identisch, sondern dieser nur mehr oder weniger ähnlich.

Das klassische Konditionieren ist eine bestimmte Technik der Darbietung der oben beschriebenen Reize (vgl. Tarpy, 1979). Zu Anfang (Phase A, vgl. Abbildung 2.3) stellt man fest, daß der unkonditionierte Reiz (UCS, z. B. Luftstoß aufs Auge) zuverlässig die unkonditionierte Reaktion (UCR, Lidschluß) auslöst, während der neutrale Stimulus (NS, z. B. ein Ton) nicht zum Lidschluß oder einer ähnlichen Reaktion führt. In einer nachfolgenden Phase B werden der Luftstoß (UCS) und der Ton (NS/CS; der NS verwandelt sich aufgrund dieser Prozedur in einen CS) wiederholt gemeinsam dargeboten, indem zum Beispiel immer kurz vor Einsetzen des Luftstoßes der Ton gegeben wird. Bietet man schließlich in einer dritten Phase (C) nur noch den Ton dar, so kann dieser allein als CS – auch ohne das Vorhandensein des UCS – den Lidschluß als konditionierte Reaktion (CR) auslösen. Das heißt, in bezug auf die in Frage stehende Reaktion (Lidschluß) hat eine Reiz-Ersetzung (Reizsubstitution) stattgefunden. Es ist nicht mehr (nur) der UCS, der zum Lidschluß führt; der UCS ist durch einen anderen, ursprünglich neutralen Reiz ersetzt worden, der nun auch – für sich genommen – als CS den Lidschluß (oder genauer gesagt: eine der UCR ähnliche Reaktion) auslösen kann.

Phase A	NS	→	
	UCS	→	UCR
Phase B	NS/CS	↘	
	UCS	→	UCR
Phase C	CS	→	CR

Abbildung 2.3
Phasen beim klassischen Konditionieren (modifiziert nach Tarpy, 1979, S. 11).

verwendeten Methode zusammenhängen, die mit den heutigen ethischen Standards für psychologisches Experimentieren sicherlich nicht vereinbar ist. Die Autoren wollten mit ihrer Studie vier Fragen klären:

1. Kann man beim Menschen eine Furchtreaktion auf einen ursprünglich neutralen Stimulus konditionieren, wenn man ihn zusammen mit einem unkonditionierten Reiz (UCS) darbietet?

2. Falls solch eine konditionierte emotionale Reaktion hergestellt werden kann, überträgt sich diese dann auch auf andere Objekte (Reizgeneralisierung, Transfer)?

3. Welche Wirkung hat der Faktor Zeit auf die Aufrechterhaltung der konditionierten Reaktion?

4. Wenn die konditionierte Furchtreaktion mit der Zeit nicht von selbst verschwindet, wie kann man sie dann im Laborexperiment beseitigen?

Um diese Fragen zu klären, wählten Watson und Rayner für ihre Untersuchung den kleinen Albert B. aus, dessen Mutter als Amme in einem Kinderheim beschäftigt war. Die Wahl fiel deswegen auf Albert – der zu Beginn des Experiments neun Monate alt war –, weil er "im ganzen schwerfällig und unemotional" war. In der *ersten Phase* des Experiments (vgl. Abbildung 2.3 im Kasten 2.2, Phase A; S. 57) wurde zunächst festgestellt, inwieweit bestimmte Tiere und Gegenstände Furchtreaktionen auslösen. Albert wurde erstmalig mit einer weißen Ratte, einem Kaninchen, einem Hund, einem Affen, mit Masken mit und ohne Haar, Baumwolle, brennendem Zeitungspapier und anderem konfrontiert (vgl. Abbildungen 2.4 und 2.5, S. 59 und S. 60). Albert zeigte in keinem Fall irgendwelche Anzeichen von Furcht. Das heißt, bei allen diesen Objekten handelte es sich um – in bezug auf die Furchtreaktion – neutrale Reize (NS). In derselben Phase des Experiments wurde Albert mit einem sehr lauten Geräusch konfrontiert, um festzustellen, inwieweit dieses als unkonditionierter Reiz (UCS) eine unkonditionierte Furchtreaktion (UCR) auslöste. Der Versuchsleiter schlug dazu mit einem Hammer auf eine über einen Meter lange Eisenstange. Die darauf folgende Reaktion des kleinen Albert wird wie folgt beschrieben:

> "Das Kind fuhr heftig hoch, seine Atmung stockte, und die Arme wurden in einer charakteristischen Weise erhoben. Bei der zweiten Reizung passierte das gleiche, und zusätzlich begannen die

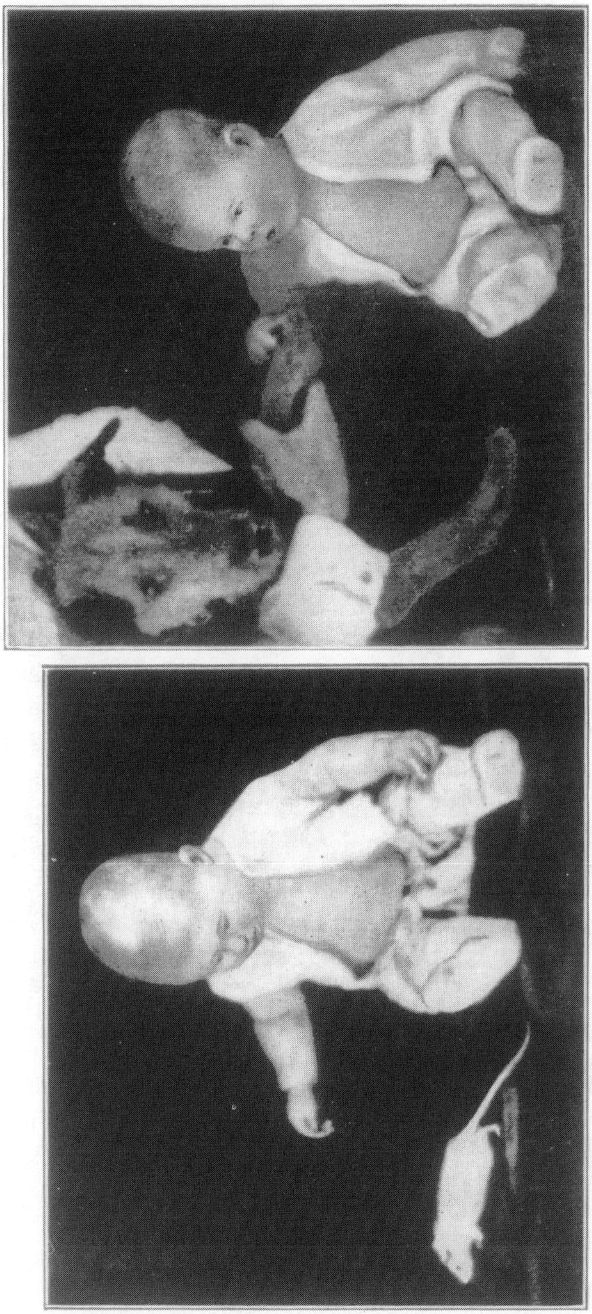

Abbildung 2.4
Eine weiße Ratte und ein Hund lösen keine Furchtreaktion aus
(aus Watson, 1928, S. 24, 25)

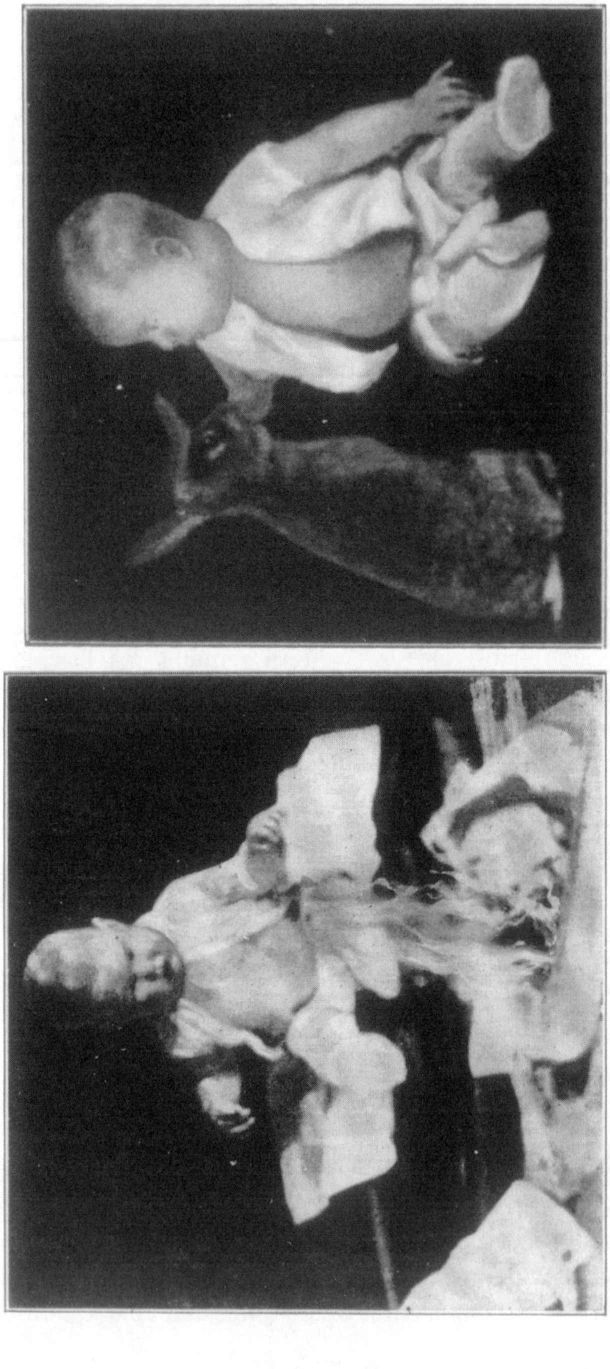

Abbildung 2.5
Brennendes Zeitungspapier und ein Kaninchen lösen keine Furchtreaktion aus
(aus Watson, 1928, S. 22, 23)

> Lippen sich zu falten und zu zittern. Bei der dritten Reizung brach das Kind in einen plötzlichen Weinanfall aus" (Watson & Rayner, 1920, S. 2).

Zwei Monate später - Albert war inzwischen 11 Monate alt - begann man mit der *zweiten Phase* des Experiments, in der eine konditionierte Furchtreaktion auf einen der neutralen Stimuli, nämlich die weiße Ratte, hergestellt werden sollte. Die Autoren beschreiben die gemeinsame Darbietung von NS (Ratte) und UCS (Geräusch; vgl. Abbildung 2.3, Phase B, S. 57) folgendermaßen:

> "1. Die weiße Ratte wurde plötzlich aus dem Korb genommen und Albert gezeigt. Albert begann, mit der linken Hand nach der Ratte zu greifen. In dem Augenblick, als seine Hand das Tier berührte, wurde unmittelbar hinter seinem Kopf auf die Stange geschlagen. Das Kind fuhr heftig hoch, fiel nach vorne und vergrub sein Gesicht in der Matratze. Es weinte jedoch nicht.
> 2. Gerade als die rechte Hand die Ratte berührte, wurde wieder auf die Stange geschlagen. Wieder fuhr das Kind heftig hoch, fiel nach vorne und begann zu wimmern" (Watson & Rayner, 1920, S. 4).

Nach einer Woche erfolgten fünf weitere gemeinsame Darbietungen von Ratte und Geräusch. Unmittelbar danach - in der *dritten Phase* des Experiments (vgl. Abbildung 2.3, Phase C, S. 57) - wurde die Ratte allein dargeboten. Albert zeigte darauf folgende Reaktion:

> "In dem Moment, als die Ratte gezeigt wurde, fing das Baby an zu weinen. Fast augenblicklich wendete es sich scharf nach links, fiel auf die linke Seite, erhob sich auf alle Viere und fing an, so schnell fortzukrabbeln, daß es nur mit Mühe aufgehalten werden konnte, bevor es die Tischkante erreichte. Dies war ein so überzeugender Fall einer vollständig konditionierten Furchtreaktion wie man ihn theoretisch [nicht besser] hätte beschreiben können" (Watson & Rayner, 1920, S. 5).

Das heißt, der ursprünglich neutrale Reiz "weiße Ratte" hatte sich - aufgrund von Prozessen, die während der gemeinsamen Darbietung des neutralen Reizes und des unkonditionierten Reizes "lautes Geräusch" stattfanden - in einen konditionierten Reiz (CS) verwandelt, der nun allein in der Lage war, eine konditionierte Furchtreaktion (CR) auszulösen.

Das Experiment mit dem kleinen Albert illustriert auch die im Kasten 2.2 (vgl. S. 57) gemachte Feststellung, daß eine konditionierte

Reaktion (CR) meistens nicht identisch mit der unkonditionierten Reaktion (UCR) ist, sondern dieser lediglich ähnlich ist. Die CR umfaßt zum Beispiel nur Bestandteile der UCR oder ist schwächer als die UCR. Darüber hinaus kann die CR Elemente beinhalten, die nur wenige oder gar keine Gemeinsamkeiten zur UCR aufweisen (vgl. Lachnit, 1993; Rescorla & Holland, 1982). Letzteres war auch beim kleinen Albert der Fall. Dessen unkonditionierte Furchtreaktion (UCR) bestand bei der ersten alleinigen Darbietung des lauten Geräusches (UCS) in heftigem Hochfahren, Stocken der Atmung und Erheben der Arme. Bei der zweiten alleinigen Darbietung des UCS kam Falten und Zittern der Lippen hinzu; bei der dritten Darbietung brach der kleine Albert in einen Weinanfall aus. Als dann - nach der gemeinsamen Darbietung von Geräusch und Ratte - die Ratte (CS) zum ersten Mal allein gezeigt wurde, fing Albert an zu weinen, und es kam eine Reaktion hinzu, die vorher, bei der alleinigen Darbietung des UCS, überhaupt nicht aufgetreten war: "Fast augenblicklich wendete [Albert] sich scharf nach links, fiel auf die linke Seite, erhob sich auf alle Viere und fing an, so schnell fortzukrabbeln, daß er nur mit Mühe aufgehalten werden konnte, bevor er die Tischkante erreichte" (Watson & Rayner, 1920, S. 5). Die konditionierte Reaktion auf die Ratte umfaßte hier (ebenso wie bei nachfolgenden Darbietungen der Ratte) also *Fluchtverhalten* - eine Reaktionskomponente, die nicht Bestandteil der UCR war. (Eine genauere Erörterung von Diskrepanzen zwischen UCR und CR findet sich bei Rescorla und Holland, 1982.)

In einer anschließenden Phase des Experiments überprüften Watson und Rayner ihre zweite Frage, inwieweit es nämlich zu einem "Transfer" (Reizgeneralisierung) kommt, das heißt, inwieweit die Furchtreaktion auch durch solche Reize ausgelöst wird, die dem konditionierten Reiz mehr oder weniger ähnlich sind. Der kleine Albert wurde fünf Tage später noch einmal mit der Ratte konfrontiert sowie mit ihm bekannten Bauklötzchen, mit einem Kaninchen, einem Hund, einem Pelzmantel aus Seehundfell, mit Baumwolle, dem Haar von Watson und von zwei weiteren Beobachtern und mit einer bärtigen Nikolausmaske. Albert zeigte erneut eine starke Furchtreaktion vor der Ratte, darüber hinaus aber auch vor dem Kaninchen, dem Hund und dem Pelzmantel; eine "negative" Reaktion außerdem auf die Nikolausmaske (vgl. Abbildung 2.6, S. 63) und auf Watsons Haar (!;

nicht dagegen auf das der beiden anderen Beobachter, mit deren Haar er spielte). Eine leichte Furchtreaktion zeigte er auch auf die Baumwolle hin. Der Raum, in dem die Versuche stattfanden, sowie die Bauklötzchen lösten dagegen bei Albert keine Furcht aus. Die Furchtreaktion hatte sich also nur auf solche Reize generalisiert, die dem ursprünglichen konditionierten Stimulus besonders ähnlich waren.

Abbildung 2.6
Eine Nikolausmaske löst eine Furchtreaktion aus (aus Watson, 1928, S. 28)

Eine weitere Phase des Experiments galt der dritten Frage, welche Wirkung nämlich die Zeit auf die Furchtreaktion hat. Nach 31 Tagen, in denen keinerlei Tests stattfanden, wurde der kleine Albert erneut mit den beschriebenen Objekten konfrontiert. Wieder zeigte er Furcht vor der Ratte und darüber hinaus auch vor der Nikolausmaske, dem Pelzmantel, dem Kaninchen und dem Hund.

Das vierte Anliegen von Watson und Rayner war es, wie erwähnt, festzustellen, ob man die erlernte Furchtreaktion experimentell beseitigen kann, wenn sie nicht von alleine verschwindet (was bei Albert offenbar nicht der Fall war). Die Autoren berichten, daß es nicht mehr möglich gewesen sei, dies festzustellen, da Albert mit seiner Mutter das Heim am selben Tag verließ, an dem die Wirkung der Zeit auf die Furchtreaktion überprüft wurde.

Watson und Rayner beenden ihren Bericht über die Experimente mit dem kleinen Albert mit folgendem Seitenhieb auf die Psychoanalyse Freuds:

> "Wenn die Freudianer von nun an in zwanzig Jahren – es sei denn, ihre Hypothesen ändern sich – dazu kommen, Alberts Furcht vor einem Pelzmantel aus Seehundfell zu analysieren (angenommen, er begibt sich in diesem Alter in die Analyse), dann werden sie aus ihm wahrscheinlich die Schilderung eines Traums hervorlocken, der aufgrund ihrer Analyse zeigen wird, daß Albert im Alter von drei Jahren versuchte, mit dem Schamhaar seiner Mutter zu spielen und dafür heftig gescholten wurde. ... Falls der Analytiker Albert hinreichend vorbereitet hat, solch einen Traum, nachdem er zur Erklärung seiner Meidetendenzen gefunden wurde, zu akzeptieren, und wenn der Analytiker die Autorität und Persönlichkeit hat, dies an den Mann zu bringen, dann mag Albert vollständig überzeugt sein, daß der Traum getreulich diejenigen Faktoren offenbart hat, die zu seiner Furcht führten" (Watson & Rayner, 1920, S. 14).

Zusammenfassend demonstrierten Watson und Rayner, daß es (1) mittels der beschriebenen Konditionierungsprozedur möglich ist, einen Reiz, der ursprünglich keine Furchtreaktion auslöst, in einen konditionierten Reiz zu verwandeln, der Furcht als konditionierte Reaktion auslöst; (2) daß in der Folge auch andere Reize, die diesem konditionierten Reiz ähnlich sind, eine Furchtreaktion auslösen können; sowie (3), daß die Furchtreaktionen auf den konditionierten Reiz (Ratte) und auf ähnliche Reize eine gewisse zeitliche Beständigkeit aufweisen.

Beseitigung von Furchtreaktionen: Der kleine Peter

Watson und Rayner beabsichtigten – wie berichtet –, die Furchtreaktionen des kleinen Albert in der letzten Phase der Studie zu "therapieren". Dies wurde dadurch verhindert, daß Albert mit seiner Mutter frühzeitig das Heim verließ, in dem die Studie durchgeführt wurde. Eine sozusagen natürliche Fortsetzung der Studie ergab sich jedoch durch den kleinen, fast drei Jahre alten Peter, der – ebenso wie Albert – vor einer weißen Ratte Furchtreaktionen aufwies (Jones, 1924a, b; vgl. auch Jones 1974, 1975). Anders als bei Albert war bei Peter jedoch unbekannt, wie er diese Furchtreaktionen erworben hatte. Peter hatte nicht nur vor einer weißen Ratte Angst; ähnlich wie bei Albert "breitete sich die Furcht auf ein Kaninchen, einen Pelzmantel, eine Feder, Baumwolle etc. aus, nicht aber auf Bauklötze und ähnliches Spielzeug" (Jones, 1924a, S. 309).

Mary Cover Jones versuchte unter Aufsicht von Watson, die Furcht des kleinen Peter zu therapieren. Die von ihr angewandte Therapiemethode nannte sie "direktes Konditionieren". Darunter verstand sie den Versuch, "mit dem Furchtobjekt einen ganz bestimmten Reiz zu assoziieren, der in der Lage ist, eine positive (angenehme) Reaktion auszulösen" (Jones, 1924b, S. 388). Durch wiederholte Paarung des furchtauslösenden Reizes mit dem angenehmen Reiz sollte ersterer schließlich nicht mehr Furcht, sondern eine positive Reaktion auslösen. In der Therapie verwendete Jones ein Kaninchen als furchtauslösenden Reiz und Essen als positiven Reiz. Der kleine Peter wurde in sein Stühlchen gesetzt und erhielt Essen, das er besonders gerne mochte. Während Peter aß, betrat die Experimentatorin mit dem Kaninchen, das in einem Käfig saß, den Raum. Sie näherte sich Peter stets nur so weit, daß die Furchtreaktion zu gering war, um mit dem Essen zu interferieren. Peter wurde auf diese Weise ein- oder zweimal täglich behandelt, und zwar zwei Monate lang. Im Laufe der Therapie wurde das Kaninchen schrittweise immer näher an Peter herangebracht. Am Ende der Therapie war Peter dann in der Lage, das Kaninchen zu streicheln, mit ihm zu spielen und es an seinen Fingern knabbern zu lassen. Jones (1924b, S. 389) führte dies darauf zurück, daß das ursprüngliche "Furchtobjekt in eine Quelle positiver Reaktion transformiert" worden ist.

Systematische Desensibilisierung

Die systematische Desensibilisierung ist eine häufig verwendete Technik der Verhaltenstherapie (vgl. z. B. Davison & Neale, 1986), in der ganz ähnliche Prinzipien zur Anwendung kommen wie bei Mary Cover Jones. Die Bezeichnung *systematische Desensibilisierung* (systematic desensitization) wurde von Wolpe (1958) eingeführt, der als Begründer dieser Technik angesehen wird. Sie wird vor allem bei emotionalen Störungen angewendet, insbesondere bei Personen, die unter Ängsten leiden. Die Technik beruht - ganz ähnlich wie die Methode der "direkten Konditionierung" von Jones - auf der Annahme, daß man eine "negative" Reaktion (z. B. Furcht) auf einen ganz bestimmten Reiz (z. B. ein Kaninchen) dadurch abbauen kann, daß man in Anwesenheit dieses Reizes eine andere, positive Reaktion auslöst. Bei der systematischen Desensibilisierung ist diese positive Reaktion in der Regel Entspannung. Im Unterschied zu Jones ist bei der systematischen Desensibilisierung jedoch der Reiz, der die negative emotionale Reaktion auslöst, in der Regel nicht tatsächlich anwesend, sondern die Patienten haben sich diesen Reiz bloß vorzustellen.

In einem ersten Therapieschritt hat der Patient das Objekt bzw. die Klasse von Objekten oder Ereignissen zu bestimmen, die (Angst-) Reaktionen auslösen. Danach wird zusammen mit dem Therapeuten eine sogenannte *Angsthierarchie* erstellt. Sie besteht aus Situationen oder Ereignissen, die mit dem angstauslösenden Reiz in Beziehung stehen, wobei diese Situationen oder Ereignisse in eine Rangfolge entsprechend dem Grad gebracht sind, in dem sie Angst auslösen. Ganz oben in der Hierarchie steht diejenige Situation, die mit der stärksten Angst verknüpft ist. So mag zum Beispiel bei einem Patienten, der unter Angst vor Eingeschlossensein leidet, an der Spitze der Hierarchie die Situation stehen, in einem Fahrstuhl steckenzubleiben und dort eingeschlossen zu sein, während weiter unten steht, daß man einen Bericht über Bergleute unter Tage liest oder einen engen Ring am Finger trägt.

In einem nächsten Schritt lernt der Patient, sich tief zu entspannen. Entspannung - so nimmt man an - ist mit der Angstreaktion unvereinbar; sie hemmt diese. Der Patient wird dann angewiesen, sich im Zustand der Entspannung die angstauslösenden Situationen vorzustellen - beginnend mit der am wenigsten angstbelasteten Situation. (Jones begann entsprechend mit einer weiten Entfernung des Kaninchens vom kleinen Peter.) Wenn es dem Patienten gelingt, auf diesen angstauslösenden Reiz Entspannung zu zeigen, dann ist die Angstreaktion auf diesen Reiz beseitigt. Der Patient hat sich dann die in der Angsthierarchie nächsthöhere Situation vorzustellen, usw.

Falls im Laufe der Therapie bei der Vorstellung einer Situation im entspannten Zustand dennoch Angst aufkommt, wird die Vorstellung abgebrochen; der Patient entspannt sich erneut und stellt sich dann dieselbe Situation nochmals vor oder aber eine andere, die in der Angsthierarchie weiter unten steht. Auf diese Weise wird im Laufe der Therapie die gesamte Angsthierarchie bearbeitet, bis schließlich auch diejenige Situation, die in der Hierarchie ganz oben steht, angstfrei vorgestellt werden kann.

Abschließende Bemerkungen zu den Untersuchungen Watsons

Gegen die Arbeit von Watson und Rayner (1920), aber auch gegen die von Jones (1924a) sind verschiedentlich Einwände vorgetragen worden (vgl. Bolles, 1975; Delprato, 1980; Harris, 1979; Seligman, 1971).

Ein Einwand lautet, daß es jeweils nur einen Versuchsteilnehmer gab (Albert bzw. Peter) und es daher unklar bleibe, inwieweit man die Ergebnisse beider Studien verallgemeinern könne. Ferner wird von einigen Kritikern (z. B. Delprato, 1980; Seligman, 1971) auf Arbeiten verwiesen, die die Ergebnisse von Watson und Rayner nicht replizieren konnten (z. B. Bregman, 1934; English, 1929; Valentine, 1956).

Diese älteren Arbeiten sind bei genauerer Betrachtung jedoch kaum geeignet, die Ergebnisse von Watson und Rayner in Frage zu stellen oder zu schwächen. English (1929) zum Beispiel gelang es nicht, bei einem 14 Monate alten Kind eine Furchtreaktion an eine Spielzeugente aus Holz zu konditionieren. Ähnlich wie bei Watson und Rayner wurde in dem Augenblick, als das Kind die Ente berührte, auf eine große Metallstange geschlagen. Wie English jedoch berichtet, löste das laute Geräusch bei dem Kind gar keine Furchtreaktion aus. Das heißt, es gab hier gar keinen unkonditionierten Reiz (UCS), der die unkonditionierte Reaktion (UCR) "Furcht" auslöste, so daß die Ente auch nicht zu einem konditionierten Reiz (CS) werden konnte. Bregman (1934) untersuchte in ihrer Studie 15 Kinder im Alter zwischen 8 und 16 Monaten. Auch ihr gelang es nicht, eine konditionierte Furchtreaktion herzustellen. Allerdings war das experimentelle Vorgehen - ohne darauf hier im einzelnen einzugehen - so angelegt, daß es tatsächlich eher verwunderlich gewesen wäre, wenn die Furchtkonditionierung gelungen wäre.

Ein weiterer Einwand speziell gegen das Experiment von Watson und Rayner (1920) lautet, daß es sich dabei nicht um einen reinen Fall klassischen Konditionierens gehandelt habe, sondern um eine Vermengung von klassischem Konditionieren mit sogenanntem operantem Konditionieren (vgl. Bolles, 1975; Overmier & Archer, 1989). Ein wesentliches Kennzeichen *klassischen Konditionierens* ist, daß die Reize (UCS, NS) vollständig unabhängig vom Verhalten des Versuchstiers oder der Versuchsperson dargeboten werden; das Individuum kann also durch sein Verhalten die Reizdarbietung nicht kontrollieren. Charakteristisch für *operantes (oder instrumentelles) Konditionieren* ist dagegen, daß die Darbietung eines UCS (oder eines anderen kritischen Ereignisses) davon abhängig ist, was das Individuum tut. Erst dann, wenn es sich in einer bestimmten Weise verhält (z. B. die Ratte berührt), wird der UCS präsentiert (z. B. ein lautes Geräusch als Bestrafung). Das heißt, beim operanten Konditionieren kann das Individuum das Eintreten des UCS (oder eines anderen kritischen Ereignisses) durch sein Verhalten kontrollieren (vgl. Bolles, 1975).

Watson und Rayner berichten an verschiedenen Stellen (vgl. oben), daß die Darbietung des UCS (lautes Geräusch) tatsächlich vom Verhalten des kleinen Albert abhängig war: Der UCS wurde nämlich *erst dann* präsentiert, wenn Albert die Ratte *mit der Hand berührte*. Ob dies allerdings *immer* der Fall war, geht aus dem Bericht der Autoren nicht hervor. Das Experiment mit dem kleinen Albert war daher anscheinend kein reiner Fall von klassischem Konditionieren, da es auch Elemente operanten Konditionierens aufwies.

Unabhängig von der Frage, ob bei Watson und Rayner nun "rein" klassisches Konditionieren oder eine Vermengung von klassischem mit operantem Konditionieren vorlag, zeigte die Arbeit jedoch, daß beim Menschen durch diese Konditionierungsprozeduren Furchtreaktionen an ursprünglich neutrale Reize "gebunden" werden können, daß Furcht also gelernt werden kann.

Wie wir auch im folgenden Abschnitt sehen werden, kann - trotz der Kritik an der Untersuchung von Watson und Rayner (1920) - wenig Zweifel daran bestehen, daß es beim Menschen möglich ist, ursprünglich neutrale Reize zu konditionierten Auslösern emotionaler Reaktionen (zumindest von Furcht) zu machen (vgl. auch Rachman, 1977; Siddle & Bond, 1988). Diese Möglichkeit des Furchterwerbs unterliegt allerdings gewissen Einschränkungen, auf die wir im folgenden Abschnitt eingehen.

Sind Emotionen beliebig konditionierbar?

Watson war der Ansicht, daß *jeder beliebige* ursprünglich neutrale Stimulus (NS) durch gleichzeitige Darbietung mit einem unkonditionierten emotionalen Stimulus (UCS) in einen konditionierten emotionalen Stimulus (CS) verwandelt werden kann, der eine konditionierte emotionale Reaktion (CR) auslöst:

> "Durch [unsere] Methode können wir, soweit wir wissen, jedes Objekt in der Welt dazu bringen, eine konditionierte Furchtreaktion auszulösen. Alles, was wir zu tun haben, ist, dem Kind irgendein Objekt zu zeigen und im gleichen Augenblick ein lautes Geräusch zu erzeugen" (Watson, 1928, S. 53).

Die Annahme, daß beliebige NS und UCS mit ungefähr gleicher Leichtigkeit konditioniert werden können, fand sich lange Zeit auch bei anderen Autoren (vgl. dazu Seligman, 1970). In Frage gestellt wurde diese Annahme zuerst durch inzwischen klassische Arbeiten von John Garcia und Mitarbeitern. In diesen Untersuchungen zeigte sich nämlich, daß Versuchstiere bestimmte NS sehr viel leichter mit der durch einen bestimmten UCS ausgelösten UCR verknüpfen als andere NS. Bolles (1975) hat diesen Befund später als "Garcia-Effekt" bezeichnet. Und Seligman (1970) hat - unter anderem mit Bezug auf die Ergebnisse von Garcia und Mitarbeitern - die Hypothese der "preparedness" (Bereitschaft) vorgeschlagen. Lassen Sie uns zunächst den Garcia-Effekt und die Hypothese der preparedness kurz betrachten, um anschließend auf dieser Grundlage die Ausgangsfrage dieses Abschnittes zu beantworten, inwieweit nämlich Furchtreaktionen beliebig konditionierbar sind. Die Leserinnen und die Leser mögen beachten, daß wir im folgenden nicht mehr streng zwischen NS und CS unterscheiden, sondern - dem amerikanischen Sprachgebrauch folgend - beide gleichermaßen als CS bezeichnen. Dadurch wird die Darstellung erheblich vereinfacht. Die Leserin und der Leser sollten "CS" im folgenden daher als "potentieller oder tatsächlicher CS" interpretieren.

Der Garcia-Effekt

Eines der ersten Experimente zum später so genannten Garcia-Effekt wurde von Garcia und Koelling (1966) durchgeführt. Dieses Experiment wird hier etwas vereinfacht dargestellt. Die Autoren boten Ratten beim Wassertrinken gleichzeitig einen audiovisuellen und einen Geschmacksreiz dar. Der audiovisuelle Reiz bestand in einem Ton (laut) und in Licht (hell); beides löste die Ratte beim Berühren des Trinkröhrchens mit der Zunge aus. Der Geschmacksreiz (süß oder salzig) wurde dadurch hergestellt, daß dem Wasser entsprechende Geschmacksstoffe beigefügt waren. In der sogenannten Erwerbsphase wurde eine Gruppe von Ratten (Gruppe 1, vgl. Tabelle 2.2) bestraft, während sie das gleichzeitig "laute", "helle" und "süße" bzw. "salzige" Wasser trank, und zwar dadurch, daß den Tieren an den Füßen ein elektrischer Schock verabreicht wurde. Das heißt, in der Versuchsgruppe 1 wurden in der Erwerbsphase der UCS (Schock) und zwei CS (audiovisuell, Geschmack) gleichzeitig dargeboten. Gruppe 2 nahm in der Erwerbsphase mit dem Trinken des lauten, hellen und süßen bzw. salzigen Wassers eine toxische Substanz auf, die Übelkeit und andere Krankheitssymptome verursachte. Das heißt, in der Versuchsgruppe 2 wurde ein anderer UCS (Übelkeit) mit dem Verbund der gleichen CS wie in Gruppe 1 kombiniert.

Tabelle 2.2
Vereinfachte zusammenfassende Darstellung des Vorgehens und der Ergebnisse von Garcia und Koelling (1966)

Erwerbsphase	Testphase	Verhalten in der Testphase
Gruppe 1 CS: audiovisuell Geschmack UCS: Schock	*Gruppe 1a* nur audiovisueller CS	Meiden
	Gruppe 1b nur Geschmacks-CS	—
Gruppe 2 CS: audiovisuell Geschmack UCS: Übelkeit	*Gruppe 2a* nur audiovisueller CS	—
	Gruppe 2b nur Geschmacks-CS	Meiden

Diese beiden Gruppen wurden in einer anschließenden Testphase weiter unterteilt (vgl. Tabelle 2.2). Den Tieren der Gruppe 1, die vorauslaufend Schocks erhalten hatten, wurde beim Trinken nun entweder nur der audiovisuelle Reiz (Gruppe 1a) oder nur der Geschmacksreiz (Gruppe 1b) dargeboten. Schocks wurden nicht verabreicht. Den Tieren der Gruppe 2, die krank gemacht worden waren, wurde nun ebenfalls entweder nur der audiovisuelle Reiz (Gruppe 2a) oder nur der Geschmacksreiz (Gruppe 2b) beim Trinken dargeboten. Eine toxische Substanz wurde nicht verabreicht. Als abhängige Variable wurde in allen vier Gruppen die Menge des getrunkenen Wassers erfaßt. Sie diente als Indikator für Vermeidungsverhalten; eine kleinere Menge getrunkenen Wassers bedeutete ausgeprägteres Meiden.

Nimmt man an, daß die in der Erwerbsphase gleichzeitig dargebotenen CS (audiovisuell, Geschmack) in gleicher Weise mit den aversiven UCS (Schock bzw. durch die toxische Substanz hervorgerufene Übelkeit) verknüpft wurden, so müßten diese CS, wenn man sie in der nachfolgenden Testphase gesondert darbietet, auch in gleicher Weise wirken: Die alleinige Darbietung des audiovisuellen CS (in den Gruppen 1a und 2a) und die alleinige Darbietung des Geschmacks-CS (in den Gruppen 1b und 2b) müßten in der Testphase jeweils ungefähr gleiches Vermeidungsverhalten hervorrufen. Wie die in Tabelle 2.2 aufgeführten Versuchsergebnisse zeigen, ist dies jedoch nicht der Fall. Betrachtet man zunächst die beiden Gruppen, die in der Erwerbsphase mit elektrischen Schocks behandelt worden waren (1a, 1b), so zeigte sich Vermeidungsverhalten (geringe Wasseraufnahme) in der Testphase nur dann, wenn der audiovisuelle CS dargeboten wurde. In den beiden anderen Gruppen, die in der Erwerbsphase eine toxische Substanz zu sich nahmen (2a, 2b), trat Vermeidungsverhalten dagegen nur dann auf, wenn in der Testphase der Geschmacksreiz dargeboten wurde.

Diese Ergebnisse stehen offensichtlich nicht mit der Annahme in Einklang, daß *beliebige* Reize in gleicher Weise als CS wirken können. Ratten verknüpfen offenbar nur den Geschmacksreiz mit Übelkeit, nicht jedoch den audiovisuellen Reiz. Umgekehrt verknüpfen sie nur den audiovisuellen Reiz mit den durch den Schock verursachten Reaktionen, nicht jedoch den Geschmacksreiz. Das heißt, zu einer Verknüpfung und daher zu Meidungsverhalten kommt es anscheinend nur dann, *wenn CS und UCS zueinander "passen"* – wenn also der

CS (Geschmack) und der UCS (Übelkeit) entweder das Verdauungssystem betreffen oder wenn es sich bei beiden um äußere Ereignisse handelt (CS: Ton/Licht, UCS: Schock).

Garcia und Koelling führen die bevorzugte Verknüpfung von Geschmacksreiz und Übelkeit auf die evolutionäre Geschichte von Ratten zurück: Ratten haben durch "natürliche Selektion" einen Mechanismus ausgebildet, der eben diese Verknüpfung begünstigt. Ganz ähnlich sind für Seligman (1970) diese Befunde ein Beleg dafür, daß Organismen in ihrer langen evolutionären Geschichte eine artspezifische Bereitschaft (*preparedness*) ausgebildet haben, ganz bestimmte CS mit den durch ganz bestimmte UCS ausgelösten Reaktionen zu verknüpfen und daher ganz bestimmte konditionierte Reaktionen zu erwerben. Da Ratten Allesfresser sind, müssen sie einen Mechanismus haben, der sie vor Vergiftungen schützt. Dieser Mechanismus besteht in der Bereitschaft, Geschmacksreize und nachfolgende Krankheitsempfindungen miteinander zu verknüpfen. Eine derartige Verknüpfung ist für das Überleben dieser Tiere von großer Bedeutung. Ratten verfügen dagegen über keine Bereitschaft oder sogar über eine Gegendisposition (*contrapreparedness*), audiovisuelle Reize (Licht und Ton) mit Übelkeit zu verknüpfen.

Nach Seligman (1970) läßt sich das Ausmaß an Bereitschaft (preparedness) anhand des "Inputs" bestimmen (z. B. Anzahl der Paarungen von CS und UCS), der erforderlich ist, damit ein bestimmter "Output" (eine bestimmte Reaktion) auftritt. Wenn ein Organismus die in Frage stehende Reaktion in konsistenter Weise bereits nach der ersten Paarung von CS und UCS zeigt, dann weist dies auf ein sehr hohes Maß an Bereitschaft hin. Wenn dagegen sehr viele gemeinsame Darbietungen von CS und UCS notwendig sind, damit die in Frage stehende Reaktion auftritt, dann hat der Organismus ein sehr geringes Maß an Bereitschaft oder er besitzt sogar eine Gegendisposition, den CS mit dieser Reaktion zu verknüpfen.

Bereitschaft zu phobischem Verhalten

Lassen Sie uns nun zur Frage zurückkehren, inwieweit Emotionen des Menschen beliebig konditionierbar sind - oder genauer: ob beliebige Reize mit gleicher Leichtigkeit zu konditionierten Auslösern (CS) emotionaler Reaktionen beim Menschen werden können. Wie wir sehen werden, scheint dies - was Phobien betrifft - nicht der Fall zu sein. Dafür wurden unter anderem von Seligman (1971) und Öhman (1987a; Öhman, Dimberg & Öst, 1985) evolutionsbiologische Erklärungen vorgetragen, in denen das Konzept der "preparedness" zentral ist. Ganz ähnliche Überlegungen finden sich im übrigen bereits früher bei Marks (1969).

Eine Phobie ist eine spezifische Form von Furcht, die durch ganz bestimmte Objekte und Situationen ausgelöst wird und zu deren Meidung führt. Phobien sind insofern irrational, als die Furchtreaktion in keinem angemessenen Verhältnis zur tatsächlichen Gefährlichkeit der auslösenden Objekte steht und durch das Wissen um die Ungefährlichkeit des phobischen Reizes wenig oder gar nicht beeinflußt werden kann (vgl. dazu im einzelnen Marks, 1969).

Von besonderer Bedeutung in unserem Zusammenhang ist, daß Phobien nicht von beliebigen Objekten oder Situationen hervorgerufen werden. Phobien betreffen vielmehr insbesondere offene Plätze, Dunkelheit, Höhe und auch bestimmte Tiere wie Schlangen, Insekten oder Spinnen. Dagegen finden sich nur sehr selten Phobien vor Gegenständen, die tatsächlich potentiell gefährlich sind, wie vor elektrischen Geräten oder Autos. Man hat daraus die Vermutung abgeleitet, daß in unserer stammesgeschichtlichen Entwicklung eine Disposition oder Bereitschaft (preparedness) entstanden ist, gegenüber bestimmten Objekten besonders leicht Furchtreaktionen bzw. Phobien zu *erwerben*. Es ist demnach also nicht die aufgrund der Stammesgeschichte (Phylogenese) entstandene genetische Ausstattung allein, die Phobien zugrundeliegt:

> "Phylogenetische Einflüsse betreffen zum Beispiel das Vermeiden von wahrgenommener Tiefe bei vielen Arten sobald sie mobil sind, einschließlich des Menschen; die Furcht vor Fremden, die man bei Primaten und Menschen nach dem ersten Stadium sozialer Annäherung findet; und die Furcht bei älteren Kindern vor Objekten, die sich windend oder ruckweise plötzlich auf sie zu bewegen. Ob diese verschiedenen Arten von Furcht zu andauernden Phobien vor Höhe, Fremden oder Tieren werden, hängt weniger von ihrer angeborenen Grundlage ab als vielmehr von der Art und Weise, wie solche Mechanismen durch nachfolgende Erfahrungen ausgearbeitet werden. Dies sollte betont werden. *Angeborene Mechanismen produzieren wahrscheinlich nicht selbst Phobien, sondern sie machen bestimmte Situationen*

> *zu bevorzugten Zielscheiben von Phobien, wenn andere Bedingungen hinzukommen*" (Marks, 1969, S. 73; Hervorhebungen hinzugefügt).

Diese "anderen Bedingungen" bestehen unter anderem in intensiven aversiven Erfahrungen (Lernen), die man in solchen Situationen macht, welche aufgrund der genetischen Ausstattung des Menschen die Entstehung von Phobien begünstigen. Dagegen führt die gleiche Erfahrung in anderen Situationen nicht zu Phobien (vgl. Seligmans Hypothese der preparedness). Dieses angenommene Zusammenwirken einer genetischen Komponente und einer Lernkomponente würde den Tatbestand erklären, daß (aufgrund einer unterschiedlichen Lerngeschichte) nicht jeder von uns zum Beispiel eine Höhenphobie oder eine Phobie vor Spinnen aufweist.

Ähnliche Überlegungen wie bei Marks finden sich bei Öhman (1987a), der seine Analyse phobischer Reaktionen "transaktional" nennt.

> "Transaktional ist die Analyse in dem Sinne, daß sie Phobien als das Ergebnis spezifischer Person-Umwelt Interaktionen betrachtet. Es wird angenommen, daß Phobien ihren Ursprung in biologischen Prädispositionen haben, Furcht mit ganz bestimmten Ereignissen oder Situationen zu verknüpfen. Wenn prädisponierte Individuen zufällig aversiven Erfahrungen in solchen biologisch vorbereiteten Situationen ausgesetzt sind, dann ist es wahrscheinlich, daß sich intensive Furcht vor dieser Situation ergibt" (Öhman, 1987a, S. 143).

In diese Wechselwirkung von biologischer Disposition und aversiven Erfahrungen greifen nach Öhman eine Reihe weiterer Faktoren ein. Ein solcher Faktor ist eine "latente Hemmung", die gegen Furchtreaktionen bzw. Phobien immunisieren kann. Latente Hemmung geht darauf zurück, daß man mit dem potentiell phobischen Reiz (z. B. einer Spinne) vorauslaufend häufig unter ganz gewöhnlichen, unbedrohlichen Umständen konfrontiert war und mit ihm vielleicht sogar positive Erfahrungen gemacht hat. Wenn dies der Fall war, dann ist die Wahrscheinlichkeit herabgesetzt, daß eine nachfolgende Verknüpfung dieses Reizes mit einer aversiven Erfahrung zu einer Phobie führt.

Empirische Evidenz

Öhman und Mitarbeiter haben auf der Grundlage dieser evolutionsbiologischen Spekulationen eine Serie von Experimenten durchgeführt (zsf. Öhman, 1987a, 1992). Diesen Arbeiten lag folgende Überlegung zugrunde: Wenn es zutreffend ist, daß bestimmte Reize aufgrund einer biologischen Disposition besonders leicht mit Furcht bzw. mit phobischen Reaktionen verknüpft werden können, dann müßten diese "phobischen" Reize - nachdem man sie im Experiment zunächst mit aversiven, furchtauslösenden UCS dargeboten hat - nach Weglassen der aversiven UCS sehr viel leichter und beständiger eine konditionierte Furchtreaktion auslösen, als andere "neutrale" Reize es nach der gleichen Prozedur tun.

Öhman, Frederikson und Hugdahl (1978) zeigten einer Gruppe von Versuchspersonen Dias mit "phobischen" Reizen (Schlangen und Spinnen) und einer zweiten Gruppe von Versuchspersonen "neutrale" Reize (Blumen und Pilze). Der unkonditionierte aversive Stimulus (UCS) bestand in beiden Gruppen aus einem leichten elektrischen Schock, der an den Fingern verabreicht wurde. In der Erwerbsphase des Experiments wurde der UCS (Schock) mit den dargebotenen phobischen bzw. neutralen Reizen in folgender Weise gepaart: In der ersten Gruppe wurde bei Darbietung eines der beiden phobischen Reize (CS+) stets ein Schock verabreicht, bei Darbietung des anderen phobischen Reizes (CS–) dagegen nicht. Einige Versuchsteilnehmer in dieser Gruppe erhielten also immer bei Darbietung einer Spinne (CS+) einen Schock, nicht dagegen bei Darbietung einer Schlange (CS–). Andere Versuchsteilnehmer in dieser Gruppe erhielten bei Darbietung einer Schlange einen Schock (CS+), nicht dagegen bei Darbietung einer Spinne (CS–). In analoger Weise wurde in der zweiten Gruppe in bezug auf die neutralen Stimuli vorgegangen. In der anschließenden *Löschungsphase* wurden nur noch die CS dargeboten, ohne daß ein Fingerschock erfolgte. Als Indikator für die Furchtreaktion wurde die elektrische Hautleitfähigkeit an der Hand gemessen (für die die Schweißdrüsen-Aktivität von besonderer Bedeutung ist).

Die Ergebnisse dieses Experiments sind in Abbildung 2.7 (S. 76) zusammengefaßt. Betrachtet man zunächst die Hautleitfähigkeit in der Habituationsphase (das ist diejenige Phase, in der noch keine Schocks verabreicht wurden), so finden sich in den beiden Gruppen mit phobischen und mit neutralen Stimuli keine Unterschiede zwischen der

Reaktion auf solche Reize, die nachfolgend mit Schock verknüpft wurden (CS+) und solche, die nicht mit Schock verknüpft wurden (CS-). In der Erwerbsphase dagegen gibt es - insbesondere in der Gruppe mit phobischem Reizmaterial - deutliche Unterschiede in der Furchtreaktion zwischen Reizen, die in dieser Phase mit Schock gepaart (CS+) bzw. nicht mit Schock gepaart wurden (CS-). Wie die Abbildung weiterhin zeigt, bleiben diese Unterschiede in der Gruppe mit phobischem Reizmaterial auch in der Löschungsphase bestehen, also auch dann, wenn gar kein Schock mehr verabreicht wird, sondern nur die CS+ bzw. CS- allein dargeboten werden. In der Gruppe mit neutralem Reizmaterial dagegen bricht dieser Unterschied in der Löschungsphase sehr schnell zusammen. Die Autoren werten diese Befunde als Stütze für die Annahme, daß ganz bestimmte ("phobische") Reize aufgrund biologischer Prädispositionen besonders leicht und dauerhaft mit Furcht verknüpft werden.

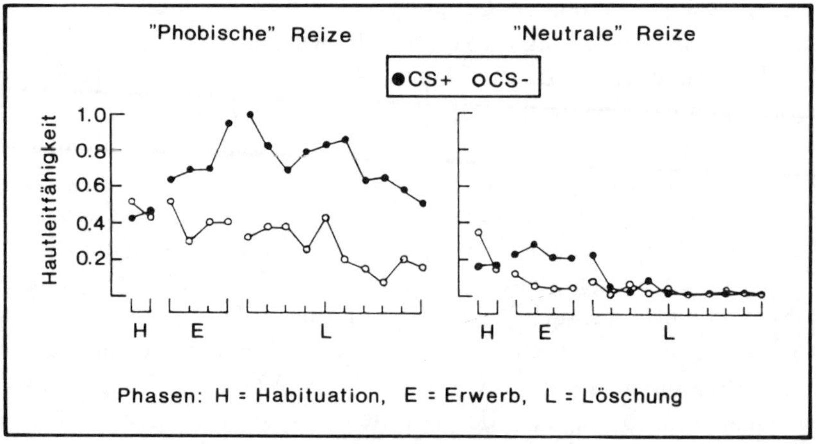

Abbildung 2.7
Veränderung der Hautleitfähigkeit. Erläuterungen im Text
(nach Öhman, 1987a, S. 146)

Gegen diese Interpretation ähnlicher Ergebnisse anderer Untersuchungen hat Bandura (1977, S. 72ff.) den Einwand erhoben, daß das Fortbestehen der Furchtreaktion in der Löschungsphase bei phobischen CS+ nicht auf biologisch determiniertes Lernen zurückgehen müsse, sondern mit den Erfahrungen zusammenhängen könne, die man mit phobischen bzw. neutralen Reizen gemacht habe. Mit neutralen Reizen (wie Blumen und Pilzen) mache man im Alltag neutrale, positive und negative Erfahrungen; auf Schlangen und Spinnen dagegen werde in aller Regel nur in negativer Weise Bezug genommen. Die unterschiedliche Löschungsresistenz der konditionierten Furchtreaktion bei phobischen und neutralen CS+ spiegele daher möglicherweise eher diese unterschiedlichen Erfahrungen wider als daß sie auf biologisch determiniertes Lernen hinweise.

Um diesen Einwand zu entkräften, haben Hugdahl und Kärker (1981) ein weiteres Experiment durchgeführt, dessen Vorgehen dem der gerade beschriebenen Studie von Öhman et al. (1978) weitgehend ähnelt. Hugdahl und Kärker benutzten neben phobischen (Schlangen und Spinnen) und neutralen Reizen (geometrischen Figuren) auch solche Reize, von denen man annehmen kann, daß sie erfahrungsbedingt negativ sind, ohne daß dabei biologische Faktoren eine Rolle spielen. Bei diesen erfahrungsbedingt negativen Reizen handelte es sich um defekte elektrische Ausrüstungen wie gebrochene Kabel und beschädigte Schalter. Es zeigte sich, daß die konditionierte Furchtreaktion (ebenfalls gemessen anhand der Hautleitfähigkeit) in der Löschungsphase bei Verwendung eines phobischen CS+ beständiger (löschungsresistenter) war als bei Verwendung eines biologisch neutralen CS+ *und* als bei Verwendung defekter elektrischer Ausrüstungen als CS+. Darüber hinaus berichten Hugdahl und Kärker über Ergebisse anderer Autoren, wonach sich größere Löschungsresistenz der konditionierten Furchtreaktion bei einem phobischen CS+ fand als dann, wenn der CS+ eine Waffe war. Eine neuere Untersuchung von Hugdahl und Johnsen (1989) legt allerdings nahe, daß der "preparedness"-Effekt doch nicht auf evolutionäre Furchtreize beschränkt ist. Diese Autoren fanden nämlich dann eine erhöhte Konditionierbarkeit von Waffen als CS, wenn die Waffen auf den Beobachter gerichtet waren.

Öhman und Mitarbeiter konnten weiterhin zeigen (vgl. Öhman, 1987a), daß die in der Löschungsphase gemachte Mitteilung, es werde nun kein Schock mehr verabreicht, unterschiedliche Wirkungen auf die konditionierte Furchtreaktion bei einem phobischen und neutralen CS+ hatte: Diese Mitteilung führte zu einer sofortigen Löschung der Reaktion auf den neutralen CS+; sie beeinflußte dagegen die

Furchtreaktion auf den phobischen CS+ nur wenig.

Zusammenfassend weisen die Ergebnisse einer Reihe von Arbeiten darauf hin, daß man beim Menschen eine (konditionierte) Furchtreaktion an unterschiedliche Reize koppeln kann. Dies hatten bereits Watson und Rayner (1920) nachgewiesen. Die hier referierten Ergebnisse legen aber darüber hinaus nahe, daß die Konditionierung von Furcht bei bestimmten Reizen leichter möglich ist als bei anderen, und daß die Furchtreaktion bei diesen spezifischen Reizen vergleichsweise beständiger (löschungsresistenter) ist. Dieser Befund wurde von Marks (1969) und nachfolgend von anderen Autoren (Seligman, 1971; Öhman, 1987a) mit einer in der Phylogenese erworbenen Bereitschaft erklärt, bestimmte zunächst neutrale Reize bevorzugt mit Furcht zu assoziieren. Einschränkend muß allerdings darauf hingewiesen werden, daß der Befund einer besseren Konditionierbarkeit potentiell "phobischer" Reize in einigen Untersuchungen nicht repliziert werden konnte (vgl. McNally, 1987; Öhman, 1992). Anscheinend ist dieser Effekt also weniger robust als zunächst angenommen wurde, bzw. er tritt nur unter bestimmten Randbedingungen auf (Öhman, 1992).

Das Konditionieren emotionaler Bedeutungen

Das Prinzip des klassischen Konditionierens wurde von Staats und Staats (1957; Staats & Staats, 1958) herangezogen, um den Erwerb des emotionalen Bedeutungsgehalts von Wörtern zu erklären. Betrachtet man zum Beispiel die Wörter *glücklich*, *Freund* und *schön*, so zeichnen sie sich bei aller Unterschiedlichkeit dadurch aus, daß sie eine positive emotionale Bedeutung haben. Wenn man nun solche emotional positiven Wörter - so die Überlegungen von Staats und Staats - zusammen mit einem in emotionaler Hinsicht neutralen Wort wiederholt gemeinsam darbietet, dann wird möglicherweise die den ersten Wörtern gemeinsame emotionale Bedeutung auf das neutrale Wort konditioniert.

Die Autoren benutzten in einem ihrer Experimente (Staats & Staats, 1958, Experiment 2) als emotional neutrale Stimuli Vornamen (z. B. *Tom* und *Bill*). Unmittelbar im Anschluß an die Darbietung eines Vornamens wurde ein anderes, emotional positives oder negatives Wort präsentiert. In einer Gruppe von Versuchspersonen (Gruppe 1) folgte auf den Vornamen *Tom* stets ein Wort mit positiver Bedeutung (z. B. *glücklich*; insgesamt 18 positive Wörter); auf den Vornamen *Bill* folgte stets ein Wort mit negativer emotionaler Bedeutung (z. B. *häßlich*; insgesamt 18 negative Wörter). In einer zweiten Gruppe (Gruppe 2) wurde *Tom* mit den 18 negativen und *Bill* mit den 18 positiven Wörtern gekoppelt. Um den emotionalen Bedeutungsgehalt der beiden Wörter Tom und Bill nach dieser Prozedur überprüfen zu können, hatten die Versuchspersonen jedes Wort auf einer 7-Punkte-Skala einzustufen, deren Endpunkte mit "angenehm" (1) und "unangenehm" (7) bezeichnet waren. Darüber hinaus war anzugeben, was Absicht des Experiments gewesen sei und was man während der Versuchsdurchführung gedacht habe. In die Auswertung wurden nur diejenigen Versuchspersonen einbezogen, denen die Absicht des Experiments und die Konditionierungsprozedur anscheinend nicht bewußt waren (genaueres dazu unten).

Die Ergebnisse der Studie zeigten folgendes: In der Gruppe 1, in der *Tom* mit emotional positiven und *Bill* mit emotional negativen Wörtern gekoppelt war, erwies sich der emotionale Bedeutungsgehalt des Wortes Tom im Mittel entsprechend positiver (2.71) als der des Wortes Bill (4.12). In der Gruppe 2 mit der umgekehrten Koppelung war das Ergebnismuster entsprechend umgekehrt (3.42 vs. 1.79). Ähnliche Ergebnisse erzielten Staats und Staats (1958), wenn sie Nationalitätennamen anstelle von Vornamen verwendeten. Der emotionale Bedeutungsgehalt des Wortes *schwedisch* war positiver, wenn es zuvor mit emotional positiven als wenn es mit emotional negativen Wörtern gepaart worden war (1.83 vs. 3.42). Staats und Staats zogen aus ihren Ergebnissen den Schluß,

> "daß die Herausbildung und Änderung von Einstellungen durch Kommunikation auf der Grundlage dieser Konditionierungsprinzipien erfolgt. Der Satz 'Holländer sind ehrliche Leute' zum Beispiel konditioniert die positive Bedeutung, die durch 'ehrlich' angeregt wird, auf 'Holländer'... Wenn nun in der Lebensgeschichte einer Person viele Wörter, die eine positive Einstellung anregen, mit 'Holländer' gepaart wurden, dann würde eine sehr positive Einstellung gegenüber dieser Nationalität entstehen" (Staats & Staats, 1958, S. 40).

Die Autoren gehen weiterhin davon aus, daß sich dieser Konditionierungsprozeß "automatisch" vollziehen kann, das heißt ohne daß der Person die Kontingenzen zwischen den neutralen Reizen (z. B. *Tom* und *Bill*) und den emotional positiven und negativen Reizen bewußt sind (vgl. dazu Ertel, Oldenburg, Vormfelde-Siry & Vormfelde, 1971; Page, 1969; Staats, 1969).

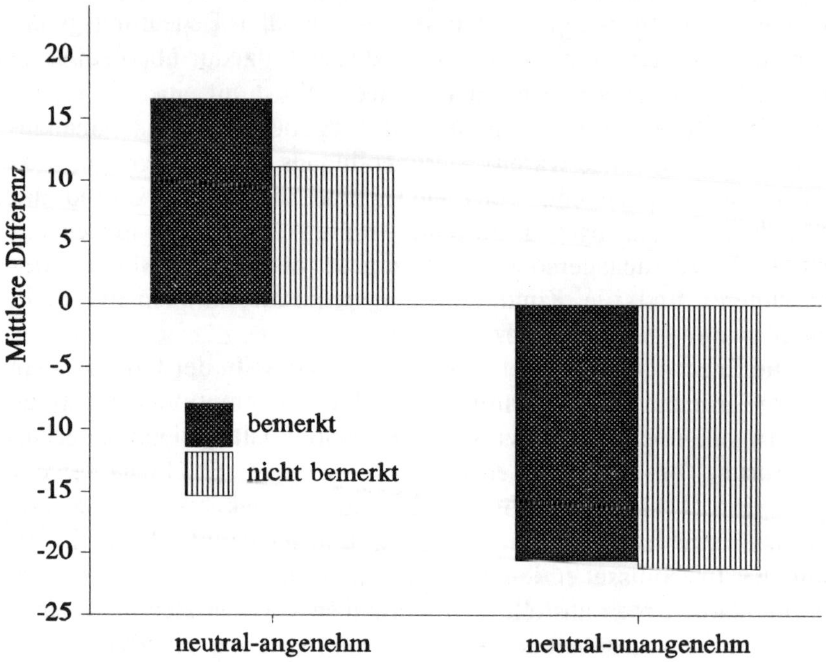

Abbildung 2.8
Mittlere Bewertungsdifferenzen (nach Baeyens et al., 1990)

Die Frage nach der Rolle der Bewußtheit beim Konditionieren emotionaler Bedeutungen wurde kürzlich von Baeyens, Eelen und van den Bergh (1990) wieder aufgegriffen. Die Autoren knüpften an Arbeiten von Martin und Levey an (zsf. Martin & Levey, 1987), die ebenfalls annehmen, daß das Konditionieren von emotionalen Bedeutungen ein automatischer Prozeß ist, der nicht notwendigerweise ein bewußtes Bemerken der Kontingenzen zwischen den Reizen voraussetzt. Die Studie von Baeyens et al. zeichnet sich dadurch aus, daß hier sorgfältiger als in früheren Arbeiten erfaßt wurde, ob die Kontingenzen bemerkt wurden oder nicht.

Den Versuchspersonen wurden zunächst als Reize Bilder mit Gesichtern vorgelegt, die auf einer Skala danach zu bewerten waren, inwieweit sie angenehm, unangenehm oder neutral waren. Einige der als neutral bewerteten Reize wurden anschließend wiederholt zusammen mit einem als unangenehm bewerteten Reiz dargeboten, andere mit einem als angenehm bewerteten Reiz. Nach dieser Konditionierungsphase waren die Reize erneut auf Angenehmheit hin zu bewerten. In Abbildung 2.8 (S. 80) sind die mittleren Differenzen zwischen den Bewertungen der anfänglich neutralen Reize vor und nach der Konditionierung dargestellt. Wie die Abbildung zeigt, wurden neutrale Reize, die mit einem angenehmen Reiz gepaart worden waren, nun als angenehmer beurteilt, während neutrale Reize, die mit einem unangenehmen Reiz gepaart worden waren, als unangenehmer beurteilt wurden. Diese Veränderungen in den Bewertungen traten unabhängig davon auf, ob die Versuchspersonen die Kontingenzen zwischen neutralen und positiven bzw. negativen Reizen bemerkt hatten oder nicht (vgl. Abbildung 2.8).

Allerdings haben Shanks und Dickinson (1990) gegen bestimmte methodische Aspekte der Arbeit von Baeyens et al. Einwände vorgebracht, so daß die Rolle der Bewußtheit beim Konditionieren emotionaler Bedeutungen weiterhin ungeklärt erscheint. Gut gesichert ist jedoch der Befund, daß ein emotional neutraler Reiz durch wiederholte Koppelung mit einem emotional positiven (oder negativen) Reiz seinerseits zu einem emotional positiven (oder negativen) Reiz werden kann.

Abschließende Bemerkungen

Wir haben im einleitenden Kapitel darauf hingewiesen, daß der Behaviorismus seit dem Beginn der sechziger Jahren dieses Jahrhunderts seine beherrschende Stellung in der Psychologie - einschließlich der Emotionspsychologie - verloren hat. Dies ist zum einen darauf zurückzuführen, daß sich die philosophischen Grundlagen des Behaviorismus in der Zwischenzeit als fragwürdig herausgestellt haben (Fodor, 1968; Margolis, 1984), zum anderen darauf, daß die mittels dieses Ansatzes erzielten Resultate unbefriedigend waren. Insbesondere setzte sich die Auffassung durch, daß man zur Erklärung und Vorhersage von Verhalten auf die Annahme "innerer" Zustände der Person nicht verzichten kann (vgl. Bandura, 1969; Mahoney, 1974). Darüber hinaus betrachten zeitgenössische kognitive Psychologen die Vorhersage des Verhaltens nur als eine Aufgabe der Psychologie unter mehreren. Als eine mindestens ebenso wichtige Aufgabe sehen sie es an, die Funktionsweise des "mentalen Mechanismus" zu erklären, der Verhalten und Erleben hervorbringt (vgl. Anderson, 1988; Neisser, 1967).

Um besser zu verstehen, weshalb die Mehrheit der heutigen Psychologen eine behavioristische Analyse von Emotionen nicht mehr als erfolgversprechend betrachtet, seien einige der Probleme dieses Ansatzes anhand der Emotionstheorie von Watson kurz angedeutet.

Watsons Definition von Emotionen als beobachtbare Reaktionsmuster war, wie erwähnt, primär durch die behavioristische Forderung motiviert, die wissenschaftliche Psychologie habe sich ausschließlich mit beobachtbaren Reizen und Reaktionen zu beschäftigen. Watson war klar, daß er sich mit seiner behavioristischen Emotionsdefinition vom Alltagsverständnis entfernte; deshalb wollte er seine drei Grundemotionen ja am liebsten als "X", "Y" und "Z" bezeichnen. Watson versuchte also nicht aufzuklären, worin die Natur derjenigen Zustände besteht, die wir im Alltag als Emotionen bezeichnen; er plädierte vielmehr dafür, die Alltagssicht von Emotionen durch eine bestimmte wissenschaftliche Definition zu *ersetzen* - nämlich eine, in der nur auf beobachtbare Reize und Reaktionen Bezug genommen wird.

Man kann sich dann allerdings fragen, mit welcher Berechtigung Watson die von ihm beschriebenen Reaktionsmuster überhaupt als *Emotionen* bezeichnete. Wenn eine Grundemotion einfach ein bestimmtes "chaotisches" Reaktionsmuster ist, das durch bestimmte Reize verläßlich ausgelöst wird (vgl. die früher angegebene Emotionsdefinition Watsons), weshalb sind dann zum Beispiel die "chaotischen" Reaktionsmuster, die durch die Einnahme von bestimmten Drogen oder durch einen Schlag auf den Kopf zuverlässig ausgelöst werden, keine Emotionen? Und mit welcher Berechtigung werden "chaotische" Reaktionsmuster als Emotionen bezeichnet und von den adaptiven Reaktionsmustern der "Instinkte" abgegrenzt? Mit anderen Worten, was macht eigentlich bestimmte körperliche Reaktionsmuster zu "emotionalen" Reaktionsmustern und bestimmte auslösende Reize zu "emotionalen" Reizen (vgl. auch Duffy, 1934)? Watson kann nicht sagen, daß emotionale Reize bzw. emotionale Reaktionsmuster solche sind, die Gefühle verursachen bzw. mit Gefühlen einhergehen. Denn dann würde er sich ja in der Definition von Emotionen erneut auf das subjektive Erleben beziehen.

Watson könnte allerdings argumentieren, daß die Bezeichnung eines bestimmten Reaktionsmusters als "emotional" versus "nichtemotional" für ihn ganz unwichtig sei. Dann bleibt aber immer noch die Frage, mit welcher Berechtigung er aus der Gruppe der durch bestimmte Reize verläßlich ausgelösten Reaktionsmuster eine kleine Gruppe aussondert und dieser einen besonderen Status zuweist - zumal Watsons Auffassung wenig plausibel ist, das unterscheidende Merkmal von Emotionen bestünde darin, daß sie keine adaptiven Funktionen hätten, sondern primär desorganisierend wirkten (Leeper, 1948; Frijda, 1986; vgl. auch Kapitel 4).

Aber selbst wenn man Watsons behavioristische Position und seine Definition von Emotionen akzeptiert, bleiben zumindest zwei Probleme: (1) Wie erwähnt, verschwinden nach Watson (1919) beim Erwachsenen die ererbten Reaktionsmuster weitgehend. Wenn dies zutrifft, dann ist jedoch beim Erwachsenen im allgemeinen eine verläßliche Identifizierung auch nur der Grundemotionen nicht möglich (dazu müßte man ja die komplexe Lerngeschichte jedes einzelnen Individuums kennen). (2) Wie ebenfalls bereits erwähnt, läßt Watson die Frage weitgehend unbeantwortet, wie aufgrund der drei angeborenen emotionalen Reaktionsmuster die zahlreichen weiteren beim Erwachsenen vorhandenen Emotionen entstehen sollen. Watson nahm zwar an, daß die Differenzierung von Emotionen ebenfalls durch Konditionierungsprozesse erklärt werden könne, hat diesen Gedanken aber nicht näher ausgeführt.

Was schließlich Watsons Theorie des Erwerbs von Emotionen durch die Konditionierung ungelernter Reaktionsmuster an zunächst neutrale Reize betrifft, so muß einschränkend zweierlei gesagt werden. Zum einen wurde diese Möglichkeit des Emotionserwerbs von Watson und späteren Forschern - sieht man einmal von der Konditionierung emotionaler Bedeutungen ab - ausschließlich für Furchtreaktionen nachgewiesen. Zum andern beschreibt Watsons Theorie des Furchterwerbs durch klassisches Konditionieren zwar sicherlich *einen* möglichen Weg des Erlernens von Furchtreaktionen. Es ist aber, wie Rachman (1977) in einem einflußreichen Artikel dargelegt hat, höchst zweifelhaft, daß sie als *umfassende* Erklärung für das Entstehen menschlicher Furchtreaktionen betrachtet werden kann (vgl. auch Bandura, 1977, sowie Siddle & Bond, 1988 für eine gegenteilige Ansicht). Furcht kann zum Beispiel auch durch Beobachtung erlernt werden (Bandura, 1969) oder durch direkte verbale Mitteilungen (z. B. durch die Androhung von Bestrafung) hervorgerufen werden. Es ist zwar versucht worden, auch solche Fälle mit Hilfe von Konditionierungsprinzipien zu erklären; diese Versuche sind aber wenig überzeugend (vgl. Bandura, 1969; Mahoney, 1974).

Ungeachtet der vorangehenden kritischen Bemerkungen wäre es jedoch falsch zu sagen, daß der behavioristische Ansatz in der Emotionsforschung heute keinerlei Bedeutung mehr hat, oder daß er nicht eine Reihe von wertvollen Beiträgen zur Emotionspsychologie geleistet hat. Auch heute noch vertreten einige Emotionspsychologen - vor allem in der Tierpsychologie - explizit behavioristische Positionen (z. B. Gray, 1975). Und auch unter den heutigen Forschern, die sich mit dem klassischem Konditionieren autonomer Reaktionen beim Menschen befassen, finden sich Vertreter eines strengen Behaviorismus (z. B. Furedy, 1988; Siddle & Bond, 1988). Nach Grays (1975) Auffassung war es sogar primär die behavioristisch orientierte, lerntheoretische Forschung, aus der "allmählich ein Verständnis von Emotionen hervorgegangen ist" (S. 75).

Darüber hinaus ist die methodische Grundhaltung vieler heutiger Emotionsforscher, die sich selbst nicht als Behavioristen bezeichnen würden, in starkem Maße vom Behaviorismus geprägt worden. Dies äußert sich zum Beispiel in einer großen Skepsis vieler Forscher gegenüber introspektiven Selbstberichten und in der Bevorzugung von physiologischen Daten oder Verhaltensdaten. Aber auch diejenigen Emotionspsychologen, die diese Skepsis nicht teilen, sind keineswegs einfach zur Introspektionspsychologie zurückgekehrt. Vielmehr spielen in der modernen Emotionspsychologie systematisches Experimentieren mit größeren Gruppen sowie - neben Selbstberichten - physiologische Daten und Verhaltensdaten eine hervorragende Rolle. Dies war sicher zum Teil das Verdienst des Behaviorismus. Darüber hinaus führen, wie wir gesehen haben, eine ganze Reihe von Psychologen die von den Behavioristen begonnenen Forschungen weiter (z. B. zur

Konditionierung von Ängsten oder von emotionalen Bedeutungen), obwohl ihre theoretische Analyse dieser Phänomene meist nicht behavioristisch ist (vgl. z. B. Öhman, 1992). Die Probleme, mit denen sich Watson und andere behavioristisch orientierte Emotionspsychologen beschäftigt haben, bleiben bestehen, auch wenn deren theoretische Analyse dieser Probleme heute von der Mehrheit der Psychologen als unzureichend angesehen wird.

Zusammenfassung

In diesem Kapitel haben wir die klassisch-behavioristische Theorie von Watson sowie einige der durch die Theorie angeregten neueren Hypothesen und Forschungsergebnisse besprochen.

Der Behaviorismus, dessen "klassische" Version vor allem von John Watson vertreten wurde, versuchte einen völligen Neuanfang in der Psychologie zu machen. Dieser Neuanfang war dadurch gekennzeichnet, daß nicht mehr das Erleben als zentraler Forschungsgegenstand der Psychologie betrachtet wurde, sondern ausschließlich das intersubjektiv beobachtbare Verhalten (Reaktionen) und die Umweltgegebenheiten (Reize), die dieses Verhalten auslösen. Das Schwergewicht der behavioristischen Forschung lag zwar nicht auf Emotionen, sondern auf Lernen und Motivation (vgl. Hilgard & Bower, 1966; Weiner, 1984), aber einige Behavioristen, darunter Watson selbst, beschäftigten sich auch mit Emotionen.

In Übereinstimmung mit dem behavioristischen Grundsatz, sich auf Beobachtbares zu beschränken, definierte Watson Emotionen als angeborene, vor allem viszerale Reaktionsmuster, die durch bestimmte Reize verläßlich ausgelöst werden und den Organismus zumindest kurzfristig in einen "chaotischen" Zustand versetzen. Aufgrund von Beobachtungen an Säuglingen und Kleinkindern kam Watson zu dem Schluß, daß es drei solcher Reaktionsmuster gibt, die er als X, Y und Z (Furcht, Wut und Liebe) bezeichnete. Ursprünglich neutrale Reize können auf der Basis von klassischem Konditionieren die Fähigkeit erwerben, diese Reaktionen ebenfalls auszulösen (d.h. zu konditionierten emotionalen Reizen werden). Auch weitere, über die drei Grundemotionen hinausgehende Emotionen sollen durch Konditionierungsprozesse aus diesen Grundemotionen aufgebaut werden; Watson machte dazu jedoch keine genaueren Angaben.

Watsons Hypothese, unkonditionierte Furchtreaktionen könnten mittels Konditionieren an zunächst neutrale Reize gebunden werden, wurde von ihm und Rosalie Rayner durch das bekannte, wenn auch ethisch fragwürdige Experiment mit dem kleinen Albert belegt. In einer weiteren Studie (mit dem kleinen Peter) konnte darüber hinaus gezeigt werden, daß Furchtreaktionen mittels der Methode des "direkten Konditionierens", die heutige verhaltenstherapeutische Verfahren vorwegnahm, wieder zum Verschwinden gebracht werden können. Obwohl nachfolgend methodische Kritik an diesen Experimenten geübt wurde, kann kaum bezweifelt werden, daß Furchtreaktionen durch Konditionieren erlernt werden können.

Anders als Watson meinte, scheinen Furchtreaktionen jedoch nicht an beliebige Reize mit gleicher Leichtigkeit konditionierbar zu sein. Vielmehr scheint es eine genetische Prädisposition zu geben, Reize, die für das Überleben der Art vermutlich besonders wichtig waren, leichter mit Furchtreaktionen zu verknüpfen als andere.

Die Methode des klassischen Konditionierens wurde auch auf das Erlernen von emotionalen Bedeutungen von Wörtern und Bildern angewendet. Obwohl gut gesichert zu sein scheint, daß durch diese Methode emotionale Bedeutungen erworben werden können, ist bis heute umstritten, ob dieser Lernprozeß voraussetzt, daß der Person die Kontingenzen zwischen den dargebotenen Reizen bewußt werden, oder ob der Konditionierungsprozeß vollständig unbewußt ablaufen kann.

Abschließend haben wir auf einige Probleme des behavioristischen Ansatzes hingewiesen, die dafür mitverantwortlich waren, daß dieser Ansatz in der heutigen Emotionspsychologie keine bedeutsame Rolle mehr spielt. Die Fragestellungen und Forschungsergebnisse, die aus der behavioristischen Tradition hervorgingen, sind jedoch bis heute von Bedeutung geblieben.

Weiterführende Literatur

Watsons (1919) Theorie der Emotion und seine Untersuchungen zum Erwerb und zur Beseitigung von Furchtreaktionen sind keineswegs die einzigen Beiträge behavioristischer Psychologen zur Emotionspsychologie. Allgemeine Übersichten über die behavioristisch orientierte Emotionsforschung mit Literaturangaben finden die Leserin und der Leser bei Euler (1983) sowie bei Baltes und Reisenzein (1985). Zu weiteren Informationen über verhaltenstherapeutische Methoden zur Behandlung von Angst und Phobien sei zum Beispiel auf Butollo (1979), Kanfer und Phillips (1970) oder Reinecker (1986) verwiesen. Zusammenfassende Diskussionen der Hypothese der "preparedness" beim Entstehen von Ängsten und Phobien finden sich bei McNally (1987) und Öhman (1992).

Kapitel 3

KOGNITIV-PHYSIOLOGISCHE THEORIEN DER EMOTIONEN

Eine der bekanntesten Emotionstheorien wurde von Schachter (1964, 1971; Schachter & Singer, 1962) entwickelt. Diese Theorie wird häufig als kognitiv-physiologische Theorie oder Zwei-Faktoren-Theorie der Emotion bezeichnet, und zwar deshalb, weil ihre zentrale Annahme lautet, daß die beiden Faktoren *Kognition* und (wahrgenommene) *physiologische Erregung* die Grundlage des emotionalen Erlebens bilden. Schachters Theorie war nach ihrem Erscheinen für ungefähr 20 Jahre die wohl einflußreichste Emotionstheorie. Sie wird in vielen Einführungstexten in die Psychologie dargestellt, und es gibt kaum ein Lehrbuch der Sozialpsychologie und natürlich auch der Emotionspsychologie, in der ihr nicht breiter Raum gewidmet ist. In der Sozialpsychologie scheint Schachters Theorie - wie Wallbott (1991) anmerkt - auch heute noch manchmal als *die* Emotionstheorie zu gelten, trotz der Tatsache, daß sie, wie wir sehen werden, vielfach kritisiert wurde und ihr empirischer Bestätigungsgrad gering ist.

Wie immer man dazu stehen mag: Schachters Theorie ist auf jeden Fall ein Meilenstein in der Geschichte der Emotionspsychologie (vgl. Leventhal, 1974), unter anderem deswegen, weil sie die Aufmerksamkeit auf die Rolle von Kognitionen beim Entstehen von Emotionen richtete und weil sie - im Gegensatz zu zahlreichen anderen Emotionstheorien - außerordentlich viele Forschungsarbeiten anregte (vgl. Reisenzein, 1983; Leventhal & Tomarken, 1986). Diese aus historischer Perspektive zentrale Stellung der Theorie ist einer der Gründe dafür, daß sie hier trotz vieler kritischer Stellungnahmen ausführlich dargestellt wird. Der zweite Grund ist folgender: Die Theorie Schachters stellt in gewisser Hinsicht eine Weiterentwicklung anderer, historisch früherer Emotionstheorien dar, insbesondere der

Emotionstheorie von William James. Die Erörterung der Schachterschen Theorie bietet daher die Gelegenheit, diese älteren Theorien - die zum Teil bis in die Gegenwart nachwirken - darzustellen und ihre Beziehung zu gegenwärtigen Formulierungen aufzuzeigen.

Die Emotionstheorie von William James

Vor nun mehr als 100 Jahren veröffentlichte William James (1884; vgl. auch den Kasten 3.1, S. 91) eine provokative Arbeit mit dem Titel "What is an emotion?". In dieser Arbeit vertrat James eine Theorie der Emotionen, die, wie er selbst betonte, der Alltagsauffassung zuwiderläuft. Während die alltägliche Auffassung besagt, daß die bei Emotionen auftretenden körperlichen Veränderungen (z. B. Weinen) die *Folgen* des Erlebens der Emotion (z. B. Trauer) sind, kehrte James diese Beziehung um. Er behauptete, daß die körperlichen Veränderungen den Emotionen *vorangehen* und daß die Emotion nichts anderes sei als das Empfinden der körperlichen Veränderungen. (Ich bin traurig, weil ich weine.) Die Kontraintuitivität dieser Theorie mag mit ein Grund dafür gewesen sein, daß sie große Beachtung fand und auch heute noch findet. Darüber hinaus verdankt die Theorie ihre Popularität sicher auch ihrer brillanten sprachlichen Darstellung.

James war im übrigen keineswegs der erste, der diese Theorie der Emotion vertrat. Titchener (1914) hat darauf hingewiesen, daß sich ähnliche Überlegungen bereits bei zahlreichen älteren Autoren finden lassen (die James auch bekannt waren). Titchener erwähnt in diesem Zusammenhang unter anderem die Schriften von Aristoteles, Descartes, Spinoza, Malebranche, Lotze, Maudsley und Henle.

Im Jahr 1885, also ein Jahr nach dem Erscheinen von "What is an emotion?", stellte der dänische Physiologe Carl Lange in seinem Buch "Über Gemüthsbewegungen" eine Emotionstheorie vor, die in wesentlichen Aspekten mit der von James übereinstimmte. In der Literatur werden deshalb beide Theorien häufig unter der Bezeichnung "James-Lange-Theorie" der Emotionen zusammengefaßt (vgl. auch Lange & James, 1922). Die Theorien von James und Lange unterscheiden sich jedoch insofern voneinander, als James für das Entstehen einer Emotion vor allem *viszerale* Reaktionen (also Reaktionen der Eingeweide, wie z. B. Herz, Lunge und Magen) verantwort-

Kasten 3.1. William James

William James wurde am 11. Januar 1842 im damals luxuriösesten Hotel New Yorks, dem Astor House, geboren. Sein Vater, Henry James sen., hatte ein Vermögen geerbt, das es ihm ermöglichte, für den Lebensunterhalt nicht sorgen zu müssen. Dafür widmete er sich umso intensiver der Erziehung seiner Kinder. Henry James sen. glaubte, in seinem ältesten Sohn William bereits früh eine Begabung für eine wissenschaftliche Karriere entdeckt zu haben, die er mit allen Mitteln förderte.

Zwischen 1847 und 1860 schickte er William auf zahlreiche öffentliche und private Schulen, unter anderem in New York, London, Paris, Genf und Bonn. Darüber hinaus erhielt William James Unterricht von Privatlehrern. Häufig dauerte der Besuch einer bestimmten Schule bzw. die Anstellung eines Privatlehrers jedoch nur wenige Monate oder Wochen, entweder weil der Vater mit den jeweiligen Erziehungsmethoden unzufrieden war, oder aber weil seine fast zwanghafte Ruhelosigkeit zu häufigen Ortswechseln führte.

Im Wintersemester 1861 begann William James zunächst ein Studium der Chemie an der Lawrence Scientific School in Harvard. James, der keinen Schulabschluß vorweisen konnte, entschied sich unter anderem deswegen für Harvard, weil dort weder ein solcher Abschluß noch eine Aufnahmeprüfung erforderlich war. Bereits ein Jahr später wechselte William James das Fach und studierte vergleichende Anatomie. Im Frühjahr 1864 schließlich nahm er ein Medizinstudium auf, das er fünf Jahre später mit einer mündlichen Prüfung abschloß.

William James mußte sein Studium immer wieder wegen Depressionen und wegen eines Rückenleidens unterbrechen. Linderung erhoffte er sich von Kuren in Heilbädern in Deutschland. Bei einem seiner Deutschlandaufenthalte im Jahr 1867 besuchte er physiologische und auch psychologische Vorlesungen an der Universität Berlin. Aber gesundheitliche Probleme zwangen ihn wiederum zur Unterbrechung seines Studiums.

William James lehrte von 1872 bis 1907 an der Harvard-Universität, zunächst als Dozent, ab 1876 als Assistenzprofessor für Physiologie und schließlich ab 1885 als Professor für Philosophie. Von seinen Studenten wurde er als warmherziger, humorvoller und unkonventioneller Lehrer sehr geschätzt. Er war einer der wenigen Professoren seiner Zeit, der in Lehrveranstaltungen Zwischenfragen zuließ und den man auch auf dem Campus ansprechen durfte.

Im Jahr 1890 wurden die "Principles of Psychology" veröffentlicht, das zweibändige psychologische Hauptwerk von William James. In den "Principles", wie sie häufig kurz genannt werden, handelte James neben einem Kapitel über Emotionen in 27 weiteren Kapitel so unterschiedliche psychologische Themen wie Instinkte, Aufmerksamkeit, Raum- und Zeitwahrnehmung, Gedächtnis, Wille, Gewohnheiten und Funktionen des Gehirns ab. Die "Principles" machten William James mit einem Schlag weltweit bekannt. Sie wurden an vielen Universitäten das Standardwerk der Psychologie, das ins Französische, Italienische, Russische und auch ins Deutsche übersetzt wurde.

In den Jahren nach der Veröffentlichung der "Principles" interessierte William James sich zunehmend mehr für die praktische Nutzanwendung psychologischen Wissens, insbesondere dafür, wie die Psychologie zur Linderung bzw. Beseitigung psychischer Leiden beitragen könnte. Man kann darüber spekulieren, inwieweit das Interesse an Methoden zur Linderung bzw. Beseitigung psychischer Leiden auf der eigenen Leidensgeschichte beruhte.

In den letzten 15 Jahren seines Lebens widmete sich William James religiösen und philosophischen Fragen. Er begründete gemeinsam mit dem Philosophen Charles Peirce den Pragmatismus. William James starb am 26. August 1910 in seinem Landhaus in Chocorua, New Hampshire.

lich machte, während Lange ausschließlich *vasomotorische* Reaktionen (also Erweiterung und Verengung der Blutgefäße und damit einhergehend die unterschiedliche Versorgung des Gehirns und anderer Körperorgane mit Blut) für die Emotionsentstehung als bedeutsam betrachtete. Im folgenden wird nur die Theorie von William James ausführlicher dargestellt.

In bezug auf die Theorie von James muß unterschieden werden zwischen der ursprünglichen Fassung der Theorie, die James 1884 und - in einer ausführlicheren Darstellung - 1890 veröffentlichte, und einer präzisierten Fassung der Theorie, die James 1894 vorschlug, um verschiedenen Einwänden einer Reihe von Kritikern Rechnung zu tragen.

Die ursprüngliche Fassung der Theorie von James

Für James (1884, 1890/1950) waren Emotionen eng mit *Instinkten* verknüpft. Unter Instinkten bzw. instinktiven Reaktionen verstand er ungelernte, reflexartige Reaktionen, die gesetzmäßig von bestimmten Sinneseindrücken ausgelöst werden und der Erreichung eines bestimmten Ziels dienen. Die enge Verknüpfung zwischen Instinkt und Emotion sah James darin begründet, daß "jeder Gegenstand, der einen Instinkt auslöst, auch eine Emotion hervorruft" (James, 1890/1950, S. 442). Eine weitere Gemeinsamkeit von Emotionen und Instinkten besteht nach James darin, daß Emotionen - ebenso wie Instinkte - "ihren körperlichen 'Ausdruck' [haben], der (wie zum Beispiel bei der Furcht und dem Zorn) eine starke Muskeltätigkeit einschließen kann" (James, 1909, S. 373; Original 1892).

Emotionen unterscheiden sich jedoch auch von Instinkten, und zwar erstens insofern, als

> "die als emotional bezeichnete Reaktion in dem eigenen Körper des Subjekts endigt, während die instinktiv genannte Reaktion geneigt ist, weiter zu gehen und in praktische Beziehungen zu dem erregenden Gegenstand zu treten" (James, 1909, S. 374; Original 1892).

Zweitens werden Emotionen - im Unterschied zu Instinkten - zusätzlich auch von solchen "Gegenständen" hervorgerufen, zu denen wir keine "praktische Beziehung" haben. James meinte damit beispielsweise lustige Ereignisse, die uns zwar zum Lachen bringen, aber keine auf sie bezogenen Handlungen verlangen.

Innerhalb der Emotionen unterschied James gröbere und feinere. Zu den *gröberen Emotionen* rechnete er beispielsweise Zorn, Furcht, Liebe, Haß, Freude, Kummer, Scham und Stolz. Als gröbere Emotionen bezeichnete er diese Gefühle deshalb, weil sie seiner Meinung nach mit "relativ starken körperlichen Rückwirkungen verbunden sind" (James, 1909, S. 374; Original 1892). Die *feineren Emotionen* umfassen die moralischen, intellektuellen und ästhetischen Gefühle, wie zum Beispiel Genugtuung, Dankbarkeit, Wißbegierde, Erleichterung nach der Lösung eines Problems oder Bewunderung; diese Emotionen sollen nur von schwachen körperlichen Reaktionen begleitet sein.

Die Emotionstheorie von James bezog sich im wesentlichen auf die gröberen Emotionen, mit denen wir uns in diesem Abschnitt ausschließlich befassen werden. Bei der Lektüre der folgenden Abschnitte sollten die Leserin und der Leser ferner im Auge behalten, daß die Theorie von James - ganz im Gegensatz zu der im vorangegangenen Kapitel besprochenen Theorie von Watson - den *Erlebensaspekt* von Emotionen zum Gegenstand hat, das heißt, sie beschäftigt sich mit der Natur und Entstehung der *Gefühle* von Freude, Zorn, Stolz usw.

James war davon überzeugt, daß seine Emotionstheorie umgehend auf Ablehnung stoßen werde, weil sie gegen den "gesunden Menschenverstand" verstoße. Seiner Ansicht nach besagt der gesunde Menschenverstand, daß die Wahrnehmung eines erregenden Objekts oder Sachverhalts eine Emotion (Gefühlserlebnis) hervorruft, die dann ihrerseits bestimmte körperliche Reaktionen auslöst. Das heißt, Emotionen werden gewöhnlich als die *Ursachen* von körperlichen Reaktionen betrachtet. James dagegen kehrte diese Reihenfolge um: Seiner Ansicht nach sind die körperlichen Veränderungen die Ursachen von Emotionen. Seine Theorie besagt,

> "daß die körperlichen Veränderungen unmittelbar auf die Wahrnehmung der erregenden Tatsache folgen und daß die Empfindung [unser bewußtes Erleben] eben dieser Veränderungen zum Zeitpunkt ihres Auftretens die Emotion IST." (James, 1890/1950, S. 449).

Das Alltagsverständnis von Emotionen besagt beispielsweise, daß wir weinen, weil wir über den Verlust unseres Vermögens traurig sind;

daß wir davonlaufen, weil wir uns vor dem Bären fürchten; oder daß wir unseren Rivalen attackieren, weil uns seine Beleidigung verärgert hat (vgl. Abbildung 3.1, S. 95). James dagegen postuliert gerade die umgekehrte kausale Reihenfolge, das heißt, er behauptete, daß wir deswegen traurig über den Verlust unseres Vermögens sind, weil wir weinen; uns deswegen vor dem Bären fürchten, weil wir vor ihm davonlaufen; und deswegen über die Beleidigung durch unseren Rivalen verärgert sind, weil wir ihn attackieren (vgl. Abbildung 3.1, die ursprüngliche Fassung der Theorie).

Die Emotionstheorie von William James beinhaltet drei zentrale Annahmen: (1) Die bloße Wahrnehmung einer erregenden Tatsache ist hinreichende Bedingung für das Auftreten körperlicher Veränderungen. (2) Diese körperlichen Veränderungen sind emotionsspezifisch, und wir sind auch in der Lage, sie in differenzierter Weise bewußt zu erleben. (3) Das bewußte Erleben (die Empfindung) der körperlichen Veränderungen IST die Emotion. Betrachten wir diese Annahmen etwas näher.

Die Auslösung der körperlichen Veränderungen

James war davon überzeugt, daß die körperlichen Veränderungen, die seiner Meinung nach einer Emotion vorangehen, *unmittelbar* durch die Wahrnehmung eines bestimmten Gegenstands oder eines bestimmten Sachverhalts verursacht werden, das heißt ohne daß andere geistige Prozesse zwischen Wahrnehmung und körperlichen Veränderungen vermitteln. Damit ist gemeint, daß die bloße Wahrnehmung, beispielsweise eines Bären, *reflexartig* diejenigen körperlichen Veränderungen bewirkt, die wir dann als Furcht empfinden, ohne daß zwischen der Wahrnehmung des Bären und den für Furcht charakteristischen Reaktionen etwa ein Bewertungsprozeß hinsichtlich der Bedrohlichkeit des Bären stattfinden muß.

> "Wenn wir plötzlich eine dunkle, sich bewegende Gestalt im Wald sehen, bleibt uns sofort das Herz stehen und wir halten den Atem an, noch ehe eine deutliche Vorstellung der Gefahr auftreten kann" (James, 1884, S. 196).

Als Beleg für diesen einfachen Auslösemechanismus führte James eine Kindheitserinnerung an. Als er im Alter von sieben oder acht Jahren dem Aderlaß eines Pferdes beiwohnte, rührte er mit einem Stock das

Das Alltagsverständnis von Emotionen

Wahrnehmung einer erregenden Tatsache → Emotion → körperliche Veränderungen

Die ursprüngliche Fassung der Theorie von James

Wahrnehmung einer erregenden Tatsache → emotionsspezifische körperliche Veränderungen
a) willkürliche Reaktionen
b) unwillkürliche, insbesondere viszerale Reaktionen
→ Empfindung der körperlichen Veränderungen = Emotion

Die präzisierte Fassung der Theorie von James

Idee des lebenswichtigsten Elements einer Gesamtsituation → emotionsspezifische viszerale Veränderungen → Empfindung der viszeralen Veränderungen = Emotion

Abbildung 3.1
Das Alltagsverständnis von Emotionen sowie die ursprüngliche und die präzisierte Fassung der Theorie von James

Blut des Pferdes in einem Eimer und sah es von seinem Stock heruntertropfen. Dabei empfand er zunächst nichts anderes als das Gefühl kindlicher Neugierde. Plötzlich wurde ihm jedoch schwarz vor Augen, es sauste ihm in den Ohren, und er verlor das Bewußtsein. All dies geschah, obwohl er niemals zuvor davon gehört hatte, daß der bloße Anblick von Blut Ohnmacht auslöst. Irons (1894) hat allerdings zu Recht darauf hingewiesen, daß in diesem Fall offenbar gar keine Emotion auftrat.

Die körperlichen Veränderungen und ihr bewußtes Erleben

Nach James sind die körperlichen Veränderungen, die auf diese Art ausgelöst werden,

> "so unendlich zahlreich und fein abgestuft, daß man den gesamten Organismus einen Resonanzboden nennen könnte, den jede Änderung des Bewußtseins, und sei sie noch so klein, in Schwingungen versetzt" (James 1890/1950, S. 450).

Die Vielfalt der körperlichen Veränderungen und ihre zahlreichen Kombinationsmöglichkeiten sind also nach der Theorie von James die Grundlage für unser reiches emotionales Erleben. Mit anderen Worten, die Emotionen der Freude, Wut, Furcht etc. fühlen sich deshalb so unterschiedlich an, weil ihnen ganz unterschiedliche (*emotionsspezifische*) Muster von körperlichen Veränderungen zugrundeliegen.

Bereits in der ursprünglichen Fassung seiner Emotionstheorie verstand James unter körperlichen Veränderungen in erster Linie Reaktionen des autonomen Nervensystems (*viszerale Reaktionen*). Zu den die Furcht kennzeichnenden körperlichen Reaktionen rechnete er beispielsweise erhöhte Herzrate, flachen Atem, Zittern der Lippen, Gänsehaut und "Aufruhr in den Eingeweiden" (James, 1909, S. 380; Original 1892). Für Wut dagegen soll unter anderem Schwellen der Brust und Blutandrang im Gesicht charakteristisch sein.

Jedoch waren die dem Erleben einer Emotion angeblich vorausgehenden körperlichen Veränderungen in der ursprünglichen Fassung der Theorie nicht auf die unwillkürlichen Reaktionen des autonomen Nervensystems beschränkt. Vielmehr betrachtete James auch bestimmte willkürliche *motorische* Reaktionen als Bestandteil der körperlichen Grundlagen von Emotionen, so zum Beispiel das Davonlaufen als Element der körperlichen Grundlage von Furcht oder das Zuschlagen und andere impulsive Reaktionen als Bestandteil der körperlichen Grundlage von Ärger und Wut.

Über die Bedeutung des *Ausdrucksverhaltens* (Mimik, Gestik, Körperhaltung) für das emotionale Erleben war sich James dagegen offenbar unschlüssig. Aufgrund von Berichten, wonach professionelle Schauspieler in der Lage seien, das für bestimmte Emotionen charakteristische Ausdrucksverhalten in nahezu perfekter Weise nachzustellen, ohne dabei die betreffende Emotion auch nur im geringsten zu empfinden, kam James einerseits zu dem Schluß, daß zumindest willkürliche Ausdrucksreaktionen (vor allem willkürliche mimische Reaktionen) keinen eigenständigen Beitrag zum Erleben einer Emotion leisten (vgl. dazu jedoch Leventhal, 1980). Andererseits rechnete er (in Anlehnung an Darwin, 1872) zum Beispiel das Hochziehen der Augenbrauen, die Vergrößerung der Augen und das Öffnen des Mundes zu den körperlichen Reaktionen, die dem Erleben von Überraschung oder Erstaunen vorausgehen und dieses mitbestimmen sollen.

Obwohl sich James also offenbar über die Bedeutung von Ausdrucksverhalten als *Ursache* des emotionalen Erlebens unschlüssig war, so war er doch davon überzeugt, daß bestimmte mimische und gestische Reaktionen sowie Körperhaltungen das Empfinden einer Emotion entweder verstärken oder abschwächen und unter Umständen sogar vollständig unterdrücken können. Wer zum Beispiel im Zustand der Trauer die Mundwinkel herunterzieht, die Augen schließt, seufzt, mit schwacher Stimme spricht und den Kopf hängen läßt, der wird - so James - noch trauriger. Wer stattdessen die Mundwinkel zu einem Lachen nach oben zieht, die Stirn glättet, die Augen weit öffnet, mit erhobener Stimme spricht und seinen Körper aufrichtet, der kann seine Trauer abschwächen und unter Umständen sogar zum Verschwinden bringen.

Für die Emotionstheorie von James reicht es allerdings nicht aus, daß unterschiedliche Emotionen mit unterschiedlichen körperlichen Reaktionen verbunden sind; die Person muß darüber hinaus auch in der Lage sein, diese differenzierten körperlichen Reaktionen *wahrzunehmen*. Um sich davon zu überzeugen, daß man dazu tatsächlich in der Lage ist, genügt es nach James, aufmerksam Introspektion zu betreiben.

Emotion = Empfindung körperlicher Veränderungen

Von der Kernannahme seiner Theorie, daß nämlich die Emotion nichts anderes ist als die Empfindung körperlicher Veränderungen zum Zeitpunkt ihres Auftretens, versuchte James zweifelnde Leserinnen und Leser mit Hilfe des folgenden Gedankenexperiments zu überzeugen:

> *"Wenn wir uns irgendeine starke Emotion vorstellen und dann versuchen, von unserem Erleben alle Empfindungen ihrer körperlichen Symptome abzuziehen, dann finden wir, daß wir nichts übrig behalten*, kein 'psychisches Material', aus dem die Emotion aufgebaut werden kann, und alles, was übrig bleibt, ist ein kalter und neutraler Zustand intellektueller Wahrnehmung." Und weiter: "Welche Art von Furcht übrigbleiben würde, wenn weder die Empfindung eines schnelleren Herzschlags noch die eines flachen Atems, weder die Empfindung zitternder Lippen noch die der Gliederschwäche, weder die Empfindung der Gänsehaut noch die der Aufruhr in den Eingeweiden vorhanden wäre, das kann ich mir überhaupt nicht vorstellen." (James 1890/1950, S. 451f).

James war also der festen Überzeugung, daß "eine rein körperlose Emotion ein Nicht-Ding [ist]" (James, 1890/1950, S. 452).

Die präzisierte Fassung der Theorie von James

Bereits wenige Jahre nach Erscheinen der Emotionstheorie von James häuften sich kritische Stellungnahmen (z. B. Dewey, 1894; Irons, 1894; Lehmann, 1892; Worcester, 1893; Wundt, 1891). Diese veranlaßten James (1894) zu einer Revision bzw. Präzisierung der ursprünglichen Fassung seiner Theorie, womit er vor allem zwei Einwänden seiner Kritiker begegnen wollte.

Der *erste Einwand* richtete sich gegen die Annahme von James, die bloße Wahrnehmung bestimmter Objekte sei hinreichend für Emotionen bzw. – nach James – für die Auslösung derjenigen körperlichen Veränderungen, die unserem emotionalen Erleben vorausgehen. Worcester (1893) zum Beispiel räumte zwar ein, daß einige wenige emotionale Reaktionen unmittelbar auf die Wahrnehmung eines Reizes folgen können, wie zum Beispiel die Schreckreaktion auf ein lautes und unerwartetes Geräusch (falls Schreck überhaupt eine Emotion sei). Für die meisten emotionalen Reaktionen jedoch – so Worcester – sei die bloße Wahrnehmung eines bestimmten Objekts nicht hinreichend. So führe etwa der Anblick eines Bären nicht notwendigerweise zu den für Furcht charakteristischen Reaktionen wie Davonlaufen, flacher Atem oder beschleunigter Herzschlag:

> "Ein angeketteter oder im Käfig gefangener Bär löst möglicherweise nur Gefühle der Neugierde aus, und ein gut bewaffneter Jäger empfindet vielleicht nur angenehme Gefühle, wenn er im Wald auf einen freilaufenden [Bären] trifft. Es ist demnach also nicht die [bloße] Wahrnehmung des Bären, die die Furchtreaktionen auslöst. Wir laufen vor dem Bär nur dann davon, wenn wir annehmen, daß er uns körperlichen Schaden zufügen kann" (Worcester, 1893, S. 287).

In diesem Beispiel tritt also zwischen die Wahrnehmung des Bären und die körperlichen Reaktionen, die nach James den Emotionen zugrunde liegen, ein vermittelnder Prozeß, nämlich eine *Bewertung des Bären hinsichtlich seiner Bedrohlichkeit für unser Wohlergehen*: Nur wenn wir den Bär als eine Gefahr für unsere körperliche Unversehrtheit ansehen, reagieren wir mit den für Furcht charakteristischen körperlichen Veränderungen wie zum Beispiel Davonlaufen. Wenn wir dagegen zu der Überzeugung gelangen, daß der Bär für uns keine Bedrohung darstellt, dann treten diese körperlichen Veränderungen nicht auf und wir erleben möglicherweise Neugierde oder sogar Freude. Folgt man Worcester, dann ist es also die *Bewertung* eines wahrgenommenen Sachverhalts und nicht - wie bei James - die bloße Wahrnehmung des Sachverhalts, die die den Emotionen zugrundeliegenden körperlichen Reaktionen verursacht.

Der *zweite Einwand* richtete sich gegen die von James angenommene Beziehung zwischen Emotionen und willkürlichen Handlungen. In der ursprünglichen Fassung der Theorie können dem Empfinden einer Emotion entweder ganz bestimmte willkürliche Handlungen und/oder charakteristische Muster unwillkürlicher Reaktionen vorausgehen (vgl. dazu auch Abbildung 3.1, S. 95). Laut James sind willkürliche Handlungen somit zumindest eine hinreichende, wenn auch keine notwendige Bedingung von Emotionen (z. B.: Wir fürchten uns vor dem Bär, weil wir davonlaufen). Worcester wies demgegenüber darauf hin, daß ein und dieselbe Emotion mit ganz unterschiedlichen willkürlichen Handlungen verbunden sein kann:

> "Wenn ich einen Regenschauer aufziehen sehe und laufe, um mich unterzustellen, dann ist die Emotion offensichtlich die

> gleiche, wenn vielleicht auch weniger stark ausgeprägt, wie im Fall des Mannes, der vor dem Bär davonläuft. Folgt man Professor James, dann fürchte ich, naß zu werden, weil ich laufe. Aber angenommen, statt zu laufen, betrete ich ein Geschäft und kaufe einen Regenschirm. Die Emotion ist noch immer die gleiche. Ich fürchte, naß zu werden. Soweit ich sehen kann, besteht die Furcht in diesem Fall im Kauf des Regenschirms. In gleicher Weise besteht Furcht vor Hunger möglicherweise im Anlegen eines Vorrats; Furcht vor Armut im Schaufeln von Dreck für einen Dollar am Tag" (Worcester, 1893, S. 291).

Worcester schloß aus diesem Beispiel, daß die willkürliche Reaktion des Davonlaufens nicht die körperliche Grundlage der Emotion Furcht sein kann, weil in Verbindung mit Furcht auch ganz andere willkürliche Reaktionen auftreten können, die dem Davonlaufen vollkommen unähnlich sind. Dies steht aber im Widerspruch zur Emotionstheorie von James: Wenn bestimmte willkürliche Reaktionen die Grundlage spezifischer Emotionen darstellen ("Wir fürchten uns vor dem Bär, weil wir davonlaufen"), dann muß es eine *eindeutige* Zuordnung von spezifischen willkürlichen Reaktionen und spezifischen Emotionen geben.

Dem ersten Einwand zu begegnen, war für James - wie er formulierte - "die einfachste Sache in der Welt" (James, 1894, S. 518). Er räumte ein, daß derselbe Gegenstand bzw. Sachverhalt durchaus unterschiedliche emotionale Reaktionen hervorrufen könne. Dies sei jedoch deswegen so, weil die emotionalen Reaktionen nicht von der Wahrnehmung der "nackten Anwesenheit" eines bestimmten Sachverhalts ausgelöst würden, sondern vielmehr von der Wahrnehmung der gesamten Situation abhängig seien, in der der erregende Sachverhalt nur ein Element unter mehreren anderen ist. Die emotionalen Reaktionen würden letztendlich von demjenigen Element der Gesamtsituation ausgelöst, das uns

> "als das lebenswichtigste auffällt. Der gleiche Bär kann uns in der Tat entweder zum Kampf oder zur Flucht anregen, in Abhängigkeit davon, ob er eine überwältigende 'Idee' nahelegt, daß er uns tötet, oder aber daß wir ihn töten" (James, 1894, S. 518).

Nun ist es also nicht mehr die bloße Wahrnehmung einer bestimmten Tatsache, die eine emotionale Reaktion auslöst, sondern vielmehr die *Idee des lebenswichtigsten Elements einer Gesamtsituation.* Arnold (1960) hat zu Recht darauf hingewiesen, der Begriff "Idee" verschleiere bloß die Tatsache, daß es sich bei dieser "Idee" von einem Bär eben keineswegs mehr um eine einfache Wahrnehmung des Bären als einen Bären handelt, die unabhängig von seinen vermuteten Intentionen uns gegenüber oder unseren Intentionen ihm gegenüber ist. Die "Idee" sei vielmehr das Ergebnis einer *Einschätzung* (Bewertung), den Bären bekämpfen zu können oder vor ihm fliehen zu müssen.

Den zweiten Einwand führt James (1894) auf sprachlich begründete Mißverständnisse zurück, die unter anderem wegen seiner nachlässigen Formulierung "wir fürchten uns, weil wir davonlaufen" zustande gekommen seien.

> "Doch lassen Sie das Wort 'davonlaufen' dafür stehen, wofür es stehen sollte, nämlich für viele andere Bewegungen in uns, von denen unsichtbare viszerale [Reaktionen] die bei weitem wichtigsten zu sein scheinen; unterscheiden Sie zwischen verschiedenen Abstufungen einer Emotion, die wir mit einem Wort benennen, und unsere Theorie hält ihren Kopf wieder hoch. 'Furcht' naß zu werden ist nicht die gleiche Furcht wie die Furcht vor einem Bär. Sie mag sich auf die Vorahnung der Unannehmlichkeit einer nassen Haut oder von verschmutzter Kleidung beschränken, was uns möglicherweise veranlaßt, absichtlich zu rennen oder einen Schirm zu kaufen, wobei nur ein äußerstes Minimum an echter emotionaler Erregung hervorgerufen wird. Was immer die Furcht in solch einem Fall sein mag, sie wird nicht durch eine willkürliche Handlung konstituiert" (James, 1894, S. 519).

James' Erwiderung auf den zweiten Einwand bestand also darin, daß er nun den unwillkürlichen viszeralen Reaktionen zu Lasten der willkürlichen Handlungen eine weit stärkere Bedeutung für das emotionale Erleben zuschrieb.

Zusammenfassend hat James (1894) seine ursprüngliche Emotionstheorie also in zwei Punkten präzisiert (vgl. dazu auch Stumpf, 1899). Erstens werden die emotionalen Reaktionen nicht mehr von der bloßen Wahrnehmung eines erregenden Sachverhalts ausgelöst, sondern von der *Idee* des lebenswichtigsten Elements der jeweiligen Gesamtsituation. Wie oben erörtert impliziert diese Annahme jedoch, daß die emotionale Reaktion durch eine über die bloße Wahrnehmung hinausgehende *Bewertung* des Sachverhalts im Kontext der Gesamtsituation verursacht wird. Zweitens sind die *viszeralen Reaktionen* nun die bei weitem wichtigsten Konstituenten der körperlichen Reaktionen, deren Empfindung die Emotion sein soll. Die präzisierte Fassung der Emotionstheorie von James ist in Abbildung 3.1 (S. 95) schematisch dargestellt.

Mit der präzisierten Fassung seiner Emotionstheorie näherte sich James bereits den später besprochenen kognitiv-physiologischen Theorien der Emotion an. Diese Fassung der Theorie ist in der Folge jedoch weitgehend unbeachtet geblieben (vgl. Winton, 1990); sowohl die Kritiker als auch die Verteidiger von James identifizierten seine Emotionstheorie meist mit ihrer ursprünglichen Fassung.

Ein weiterer Einwand gegen die Emotionstheorie von James, der sowohl die ursprüngliche als auch die präzisierte Fassung der Theorie betrifft, wurde von Stumpf (1899) vorgebracht. Dieser Einwand bezieht sich auf die von James gegebene Definition von Emotionen als Empfindungen körperlicher Veränderungen. Stumpf (1899) schreibt dazu:

> "Vor Allem muß eine Definition *umkehrbar* sein. Sind die Affecte [Emotionen] Organempfindungen,... so sind auch die Organempfindungen Affecte. Man sieht dann nicht ein, warum wir Magendrücken, Hunger und Sättigungsgefühl, Hitzegefühl und Frösteln in einzelnen Körpertheilen oder im ganzen Körper nicht unter dem Begriff der Gemüthsbewegung [Emotion] subsumiren sollen. Warum entschließt man sich nicht zu der Verallgemeinerung? Weil uns eben zu deutlich das Bewußtsein sagt, daß zwischen den sonst so genannten Gemüthsbewegungen und jenen bloßen Organempfindungen ein Wesensunterschied besteht. Oder sollen wir nur eine besondere Classe oder nur besondere Combinationen von Organempfindungen Affecte nennen? Wie man's auch anfängt, die Schwierigkeit kehrt wieder: man wird dann eben fragen, wie diese besondere Classe oder Combination dazu gekommen ist, von jeher als besondere abgetrennt und mit einem ganz anderen Namen belegt zu werden; und man müßte, nachdem dies als unberechtigt erkannt wäre, auch den Namen der Gemüthsbewegungen in Zukunft auf alle Classen und Combinationen ausdehnen" (Stumpf, 1899, S. 84).

Stumpf wirft mit diesem Einwand also die Frage auf, mit welcher Berechtigung James Empfindungen von körperlichen Veränderungen oder eine bestimmte Klasse derselben als emotional bezeichnet. (In ähnlicher Weise haben wir bereits im Kapitel 2 nach der Berechtigung gefragt, mit der Watson einer bestimmten Klasse von Reaktionen, die verläßlich von einer bestimmten Klasse von Reizen ausgelöst werden, den besonderen Status "emotionale Reaktionen" zuweist.) Diese Frage ist bis heute unbeantwortet geblieben.

Auch die im folgenden erörterte Kritik von Cannon (1927, 1929) ist für die präzisierte Fassung der Theorie genau so relevant wie für ihre ursprüngliche Fassung.

Cannons Kritik an der Theorie von James

Die wohl bekannteste Kritik der Emotionstheorie von James stammt von Walter Cannon (1927, 1929 [deutsch 1975], 1931). Sie umfaßt insgesamt fünf Punkte, die sich alle gegen die Annahme richten, viszerale Reaktionen seien die Grundlage von Emotionen:

1. Die vollständige Trennung der Viszera (Eingeweide) vom Zentralnervensystem führt zu keiner Veränderung im emotionalen Verhalten.
2. Dieselben viszeralen Veränderungen treten bei sehr verschiedenartigen emotionalen und auch bei nichtemotionalen Zuständen auf.
3. Die Eingeweide sind relativ unempfindliche Organe (d. h. sie verfügen nur über wenige Rezeptoren und Nervenfasern).
4. Viszerale Veränderungen sind zu langsam, um als Ursache des Gefühlserlebens in Frage zu kommen.
5. Die künstliche Herbeiführung der für starke Emotionen typischen viszeralen Veränderungen führt nicht zum Auftreten dieser Emotionen. Wir wollen diese Einwände im folgenden etwas näher betrachten.

1. Die vollständige Trennung der Viszera vom Zentralnervensystem führt zu keiner Veränderung im emotionalen Verhalten. James (1884) wies selbst darauf hin, daß eine Möglichkeit zur empirischen Überprüfung seiner Emotionstheorie darin besteht, Emotionen von Personen zu untersuchen, die aufgrund einer organischen Krankheit oder eines Unfalls einerseits vollständig empfindungslos hinsichtlich viszeraler Reaktionen sind, deren geistige und motorische Fähigkeiten aber andererseits nicht beeinträchtigt sind (James, 1884). Folgt man James, dann dürften diese Personen keine Emotionen erleben. Allerdings sind Personen, die diese Bedingungen erfüllen, kein alltäglicher Fall, sondern (glücklicherweise) sehr selten.

Erste systematische und kontrollierte Untersuchungen zu dieser Frage stammen folglich aus tierexperimentellen Untersuchungen, bei denen durch einen chirurgischen Eingriff vollständige Empfindungslosigkeit hinsichtlich viszeraler und anderer körperlicher Veränderungen herbeigeführt wurde. Beispielsweise durchtrennte Sherrington (1900) bei Hunden das Rückenmark und die Vagusnerven (Lungen-Magen-Nerven). Dadurch wurde jede Verbindung des Gehirns zu den Viszera unterbrochen, also zum Herzen, den Lungen, dem Magen, der Milz, der Leber und anderen Bauchorganen - denjenigen Organen also, deren Reaktionen nach James dem emotionalen Erleben zugrundeliegen sollen. Sherrington beobachtete bei einer Hündin mit einem "starken emotionalen Temperament" nach einem solchen Eingriff keine auffallende Veränderung des emotionalen Verhaltens. "Ihre Wut, ihre Freude, ihr Abscheu, und ihre Furcht, wenn eine Gefahr aufzog, waren so überzeugend wie zuvor" (zitiert nach Cannon, 1975, S. 204; Original 1929). Zu den gleichen Schlußfolgerungen gelangten Cannon, Lewis und Britton (1927), die über mehrere Monate hinweg Katzen beobachteten, denen sie den gesamten sympathischen Anteil des autonomen Nervensystems entfernt hatten. Mit diesem Eingriff wurde - ebenso wie bei Sherrington - die nach James für das Erleben einer Emotion notwendige Rückmeldung viszeraler Reaktionen weitgehend verhindert.

> "Bei den Katzen ... blieben alle oberflächlichen Zeichen der Wut in Gegenwart eines bellenden Hundes erhalten. Diese Katzen fauchten, knurrten, legten die Ohren zurück, entblößten die Zähne und streckten die Krallen für einen Angriff aus" (Cannon, 1975, S. 204; Original 1929).

Diese Beobachtungen stehen allerdings nicht notwendigerweise im Widerspruch zur Theorie von James. Denn James behauptete nicht, daß das *Ausdrucksverhalten* einer Emotion von der Rückmeldung über viszerale Veränderungen abhängig sei, sondern er bezog sich auf das *Erleben* einer Emotion. Ob Sherringtons Hunde oder Cannons Katzen aber auch die Emotionen *gefühlt* haben, die sie in ihrem Verhalten auszudrücken schienen, wissen wir nicht mit Sicherheit. Um zu entscheiden, ob die Unterbindung viszeraler Veränderungen (oder der Rückmeldung dieser Veränderungen) auch das *Erleben* von Emotionen unbeeinflußt läßt, wären Untersuchungen beim Menschen erforderlich. Solche Untersuchungen existieren tatsächlich; wir kommen auf sie später zu sprechen.

2. Dieselben viszeralen Veränderungen treten bei sehr verschiedenartigen emotionalen und auch bei nichtemotionalen Zuständen auf. Folgt man James (1890/1950), dann fühlen sich Emotionen wie Wut und Furcht deshalb so unterschiedlich an, weil ihnen jeweils unterschiedliche emotionsspezifische Muster viszeraler Veränderungen zugrundeliegen. Gegen diese Annahme führte Cannon folgende Befunde eigener experimenteller Untersuchungen ins Feld. Reizt man das sympathische Nervensystem, dann findet man folgende viszerale Veränderungen:

> "Beschleunigung des Herzschlags, Kontraktion der Arteriolen [feine Arterien in einzelnen Organen], eine Erweiterung der Bronchiolen [feine Verzweigungen der Luftröhrenäste], Erhöhung des Blutzuckers, Hemmung der Tätigkeit der Verdauungsdrüsen, Hemmung der Magen-Darm-Peristaltik, Schwitzen, Ausschüttung von Adrenalin, Erweiterung der Pupillen und Aufrichten der Haare" (Cannon, 1975, S. 206; Original 1929).

Diese viszeralen Veränderungen treten - so Cannon - nicht nur im Zustand der Wut auf; die gleichen Reaktionen lassen sich auch bei Furcht beobachten. Darüber hinaus finden sich die meisten dieser viszeralen Veränderungen auch bei nichtemotionalen Zuständen wie zum Beispiel bei Frösteln oder bei Ausbruch von Fieber. Wenn nun aber die gleichen viszeralen Veränderungen sowohl bei unterschiedlichen Emotionen auftreten, als auch nicht-emotionale Zustände begleiten, dann - so Cannon - kann das Erleben einer bestimmten Emotion nicht durch viszerale Veränderungen determiniert sein.

Gegen diesen Kritikpunkt wandte allerdings Grossman (1967) ein:

> "Um die Hypothese [emotionsspezifischer Muster viszeraler Veränderungen] zu widerlegen, müßte man zeigen, daß das gesamte *Muster* physiologischer Veränderungen bei unterschiedlichen Emotionen unverändert bleibt und daß genau dieses Muster in eindeutig nichtemotionalen Situationen auftritt. Einen derartigen Beweis hat Cannon nicht vorgelegt" (Grossman, 1967, S. 501).

Ferner gibt es eine Reihe empirischer Untersuchungen, welche die Annahme emotionsspezifischer Muster physiologischer Erregung zu stützen scheinen (Ax, 1953; Ekman, Levenson & Friesen, 1983; Funkenstein, King & Drolette, 1957; Schachter, 1957; Schwartz, Weinberger & Singer, 1981; Stemmler, 1989; Weerts & Roberts, 1976; einen Überblick bietet Levenson, 1988). Ax (1953) und Weerts und Roberts (1976) fanden beispielsweise bei Furcht und Ärger unterschiedliche Muster physiologischer Erregung, und Schwartz, Weinberger und Singer (1981) fanden kardiovaskuläre Unterschiede zwischen Freude, Traurigkeit, Ärger und Furcht. Jedoch waren die in verschiedenen Untersuchungen festgestellten emotionsspezifischen Muster physiologischer Erregung teilweise widersprüchlich (vgl. Stemmler, 1989), und die gefundenen physiologischen Unterschiede zwischen Emotionen waren meist gering und wurden nur für sehr wenige Emotionen nachgewiesen. Daher kann man sagen: Auch wenn Cannons zweiter Kritikpunkt an der Theorie von James heute nicht mehr in voller Strenge aufrechterhalten werden kann, so wurde er doch durch die neueren Forschungsergebnisse keineswegs in einer für die Theorie von James ausreichenden Weise widerlegt. Denn James' Theorie erfordert ja, daß jedem unterschiedlichen Gefühl (wie Ärger, Mitleid, Stolz, Freude, Schuld usw.) ein ganz spezifisches Muster physiologischer Erregung entspricht.

3. Die Eingeweide sind relativ unempfindliche Organe. Cannon zufolge sind unsere Eingeweide insofern "relativ unempfindliche Organe", als sie nur mit wenigen Rezeptoren und entsprechend wenigen Nervenfasern ausgestattet sind. Als Folge dieser Unempfindlichkeit sind die Vorgänge in unseren Eingeweiden, wie beispielsweise Prozesse der Verdauung im Magen, des Stoffwechsels in der Leber und der Atmung in der Lunge, normalerweise nicht differenziert wahrnehmbar. Hieraus zieht Cannon folgenden Schluß: Wenn die Eingeweide derart unempfindlich sind, dann können sie auch nicht für unser reichhaltiges emotionales Erleben verantwortlich sein.

Gegen diesen Kritikpunkt Cannons wurde später eingewendet, daß die Eingeweide nicht ganz so unempfindlich sind, wie Cannon angenommen hatte. Heute sind Dehnungs-, Druck- und Temperaturrezeptoren in den Eingeweiden bekannt, deren Rückmeldungen den bei Emotionen auftretenden Körperempfindungen wie dem "Kloß im Hals" oder den "Schmetterlingen im Bauch" zugrundeliegen könnten (Fehr & Stern, 1970; Grossman, 1967). Untersuchungen zur Wahrnehmung von peripher-physiologischen Vorgängen stützen jedoch Cannons Ansicht, daß solche Vorgänge im allgemeinen nur sehr schlecht diskriminiert werden können (vgl. z. B. Cacioppo, Tassinary, Stonebraker & Petty, 1987; Mandler, 1984; Zillmann, 1978). Auch in bezug auf den dritten Einwand Cannons kann man daher sagen, daß er zwar nur mit Einschränkungen aufrechterhalten werden kann, aber auch keineswegs in einer für die Theorie von James ausreichenden Weise widerlegt worden ist.

4. Viszerale Veränderungen sind zu langsam, um als Ursache des Gefühlserlebens in Frage zu kommen. Die Latenz (das ist die Zeit von der Reizeinwirkung bis zum Einsetzen einer Reaktion) der glatten Muskulatur der Eingeweide ist vergleichsweise lang. Cannon berichtet von Latenzen, die zwischen 0.25 Sekunden bei Katzen und 0.8 Sekunden bei Pferden variieren. Die Latenzen der Drüsen der Eingeweide, die ebenfalls den Viszera zugerechnet werden, sind noch länger. Und bis es zum *Erleben* von viszeralen Veränderungen (den Emotionen nach James) kommen kann, vergeht zusätzlich Zeit. Denn zur Latenz der glatten Muskulatur kommt noch die Zeit hinzu, die benötigt wird, um die viszeralen Veränderungen an das Gehirn rückzumelden und wahrzunehmen. Im Gegensatz zu diesen langen Verzögerungen, die eintreten, bis es zum Empfinden viszeraler Veränderungen kommt, berichtet Cannon Befunde einer Studie von Wells (1925), wonach die Latenz (angeblich) affektiver Reaktionen auf Bilder von Männern und Frauen weniger als 0.8 Sekunden beträgt. Wenn die affektiven Reaktionen aber bereits begonnen haben, bevor die viszeralen Veränderungen, die ihnen zugrundeliegen sollen, überhaupt wahrnehmbar sind, dann können die viszeralen Veränderungen - so Cannon - nicht die Ursache der affektiven Reaktionen sein.

Gegen diesen Einwand kann man allerdings vorbringen, daß die von Wells (1925) berichteten Befunde nur Attraktivitätsbeurteilungen betrafen und daß keineswegs gesichert ist, daß diese Beurteilungen auf dem Erleben von durch die Bilder ausgelösten Emotionen beruhen; sie könnten - wie Wells übrigens selbst einräumt - auch auf vollständig "nichtemotionale" Weise zustande gekommen sein. Um die Berechtigung des vierten Einwands Cannons gegen die Theorie von James zu beurteilen, müßte man die Latenzen echter Gefühlserlebnisse wie Angst oder Ärger kennen. Zu dieser Frage gibt es jedoch bis heute kaum empirische Befunde, hauptsächlich wohl deshalb, weil es schwierig ist, die Latenz von Gefühlen exakt zu messen.

5. Die künstliche Herbeiführung der für starke Emotionen typischen viszeralen Veränderungen führt nicht zum Auftreten dieser Emotionen. Wie erwähnt treten physiologische Veränderungen nicht nur bei Emotionen auf, sondern in ähnlicher Form zum Beispiel auch bei Fieber. Darüber hinaus können solche Veränderungen auch künstlich herbeigeführt werden, zum Beispiel durch Injektion von Adrenalin. Adrenalin wirkt im Körper wie eine Entladung des sympathischen Nervensystems. Es führt zur Erweiterung der Bronchiolen, Verengung der Blutgefäße, Freisetzung von Zucker aus der Leber, zum Aussetzen der Magen-Darm-Funktionen und zu anderen viszeralen Veränderungen, die mit dem Erleben starker Emotionen einhergehen. Wenn man diese Veränderungen durch eine Adrenalininjektion künstlich herbeiführt, dann sollte dies der Theorie von James zufolge zum Erleben von Emotionen führen. Nach Ergebnissen des spanischen Physiologen Gregorio Marañon (1924), auf die sich Cannon in diesem Zusammenhang berief, führt eine Adrenalininjektion meistens jedoch *nicht* zu Emotionen, sondern lediglich zu einem unbestimmten und "kalten" Erregungszustand und zu sogenannten "Als-ob-Gefühlen".

Im folgenden Abschnitt wollen wir die Untersuchungen Marañons und die Schlußfolgerungen, die er daraus zog, näher betrachten, denn Schachter (1964; Schachter & Singer, 1962), über dessen Emotionstheorie wir anschließend berichten, baute unmittelbar auf den Untersuchungen von Marañon auf, und auch seine Theorie ist derjenigen von Marañon sehr ähnlich (vgl. Cornelius, 1991).

Die Emotionstheorie von Marañon

Gregorio Marañon (1887-1960) führte - wie Cornelius (1991) berichtet - endokrinologische Forschungen durch. Er schrieb mehrere Lehrbücher über klinische Medizin und machte sich auch als Essayist und Literaturhistoriker einen Namen. In der Psychologie ist er vor allem aufgrund seiner eben erwähnten Untersuchungen über die psychologischen Wirkungen von Adrenalininjektionen bekannt geworden.

Marañon (1924) injizierte 210 gesunden und kranken Personen unterschiedliche Dosen von Adrenalin und beobachtete die Latenz, Dauer, Intensität und Form der darauffolgenden Reaktionen. Er fand, daß sich die Reaktionen seiner Versuchspersonen in zwei Klassen einteilen ließen. Die meisten Personen (ca. 70%) berichteten über körperliche Empfindungen, die starke Emotionen begleiten können, zum Beispiel über "Empfindungen von ... diffusem Pochen der Arterien, von Drucksensationen in der Brust und einem Gefühl der Enge in der Kehle sowie von Zittern, Kältegefühl, Trockenheit des Mundes, Nervosität, Übelkeit und Schwäche" (zitiert nach Cannon,

1975, S. 208; Original 1929). Diese Personen erlebten ihre Empfindungen als unbestimmten und "kalten" Erregungszustand; häufig berichteten sie auch über ein "Als-ob-Gefühl":

> "Ich fühle mich, 'als ob ich Angst hätte', 'als ob mich eine große Freude erwarten würde', 'als ob ich innerlich bewegt wäre', 'als ob ich anfinge zu weinen, ohne zu wissen warum', 'als ob ich große Furcht hätte, nur, daß ich ganz ruhig bin'" (Marañon, 1924, S. 306; zitiert nach Cornelius, 1991, S. 66).

Ein kleinerer Teil der Versuchspersonen (30%) berichtete dagegen über das Erleben einer "vollständigen" Emotion: "Die Person, die eine Injektion erhalten hat, nimmt nicht nur die körperlichen Veränderungen einer Emotion wahr, sondern fühlt sich ... überwältigt durch die Flut der Emotion" (Marañon, 1924, S. 307; zitiert nach Cornelius, 1991, S. 66). Die meisten dieser Personen berichteten über negative Gefühle wie Ärger oder Trauer, wobei letzteres Gefühl häufig von Schluchzen und Weinen begleitet war. Einige Personen konnten keinen Grund für ihre Emotion angeben. Andere berichteten jedoch, daß sie sich gleichzeitig mit der Wahrnehmung der körperlichen Veränderungen zum Beispiel an den Tod oder die Abwesenheit ihrer Freunde oder Geliebten oder an traurige Ereignisse in ihrem Leben erinnerten.

Marañon gelang es auch, Emotionen gezielt herzustellen (zu induzieren). Er berichtet,

> "daß er in der Tat in der Lage war, 'echte' Emotionen hervorzurufen, indem er die Versuchspersonen aufforderte, nachdem sie eine Injektion erhalten hatten und das Adrenalin seine Wirkung getan hatte, an ihre kranken Kinder oder verstorbenen Eltern zu denken. Dieselbe Aufforderung hatte vor der Injektion keinen Effekt" (Cornelius, 1991, S. 66).

Auf der Grundlage dieser Befunde - die in späteren vergleichbaren Untersuchungen zu den psychologischen Wirkungen von Adrenalininjektionen weitgehend bestätigt wurden (zsf. Breggin, 1964) - kritisierte Marañon die Emotionstheorie von James (1884). Seiner Ansicht nach ist die Wahrnehmung von körperlichen Veränderungen keine hinreichende Bedingung für das Erleben einer Emotion, wie das in der Ein-Komponenten-Theorie von James der Fall ist. Marañon formulierte daher eine Zwei-Komponenten-Theorie der Emotion. Die *körperliche Komponente,* die er *l'émotion végétative* nannte, besteht in den körperlichen Veränderungen, die mit Erregung des sympathischen Nervensystems einhergehen (und die subjektiv als beschleunigter Herzschlag, kalte Hände, trockener Mund etc. wahrgenommen werden). Die *psychische Komponente*, die Marañon *l'émotion psychique* nannte, beinhaltet Kognitionen über die Ereignisse, die zu den körperlichen Veränderungen führen. Eine vollständige Emotion (*un état affective complet*) entsteht nach Marañon nur dann, wenn beide genannten Emotionskomponenten vorhanden sind. Er faßte seine Überlegungen folgendermaßen zusammen:

> "Zusammenfassend können wir den physiologischen Prozeß [der Entstehung] einer Emotion folgendermaßen schematisieren: 1. Ein anfängliches psychologisches Element (eine Empfindung, ein Gedanke, eine Erinnerung) [z.B. der Gedanke an ein verstorbenes Kind]; 2. das Erzeugen der peripheren oder vegetativen Emotion [erzeugt durch 1.]; 3. das bewußte Wahrnehmen dieser peripheren Emotion; 4. eine echte Emotion, wenn die Wahrnehmung der vegetativen Emotion mit dem ersten psychologischen Element verknüpft wird" (Marañon, 1924, S. 321-322; zitiert nach Cornelius, 1991, S. 67).

Wie wir im vorangegangenen Abschnitt gesehen haben, hatte Titchener (1914) James vorgeworfen, Annahmen älterer Autoren, die seinen Überlegungen ähnlich waren und ihm auch bekannt waren, nicht oder nicht hinreichend gewürdigt zu haben. Cornelius (1991) erhebt einen analogen Vorwurf gegenüber Schachter (1964): Dieser sei mit der Arbeit Marañons zwar vertraut gewesen (denn er referiert einige der Ergebnisse Marañons), sei jedoch auf deren interessantesten Aspekt, nämlich die *Emotionstheorie* Marañons, überhaupt nicht eingegangen. Cornelius schreibt:

> "Im allgemeinen ist nicht bekannt, daß Schachters Zwei-Faktoren-Theorie ungefähr 40 Jahre früher in der Arbeit von Gregorio Marañon vorweggenommen wurde. Marañons Untersuchungen über die psychologischen Wirkungen von Adrenalin-(Epinephrin)-Injektionen sind natürlich eine wichtige Fußnote in der Geschichte der Entwicklung kognitiver Theorien der Emotion. Berücksichtigt man jedoch die Differenziertheit seines Denkens über Emotionen und insbesondere die Rolle, die Kognitionen für das Erleben von Emotionen bei ihm spielen, dann kann man folgern, daß er in der Geschichte einen herausgehobeneren Platz als [den einer Fußnote] verdient" (Cornelius, 1991, S. 65).

In der Tat weist die ungefähr 40 Jahre später von Schachter formulierte Zwei-Faktoren-Theorie der Emotion, über die im folgenden Abschnitt berichtet wird, große Ähnlichkeit zu den Überlegungen Marañons auf.

Aber auch andere Autoren haben Schachters Theorie der Emotion vorweggenommen. Leventhal (1979) verweist in diesem Zusammenhang zum Beispiel auf Schriften von Sully (1902) und Bertrand Russell (1927/1960). Ein weiteres Beispiel ist Duffy (1941), die in einer bekannten Arbeit - ebenfalls unter Bezugnahme auf Untersuchungen zu den Effekten von Adrenalininjektionen auf das emotionale Erleben - folgendes schrieb:

> "Die subjektiven Qualitäten von 'Emotionen' scheinen aus zwei Quellen herzustammen: (a) Das Gewahrsein der körperlichen Veränderungen, die im Prozeß der Anpassung des Energieniveaus des Individuums an die Anforderungen der Situation auftreten; (b) das Gewahrsein der Reizsituation und der Bereitschaft zur Reaktion auf diese Situation ... Das Gewahrsein körperlicher Veränderungen macht nicht das Gesamte der Bewußtseinsqualität 'Emotion' aus. Die Empfindungen körperlicher Veränderungen ... werden von der Person als *durch eine bestimmte Situation verursacht betrachtet*. Sie sind Teil eines umfassenderen Ganzen, das die *Interpretation der Reizsituation*, Erwartungen zukünftiger Entwicklungen der Situation und die Bereitschaft des Individuums, auf diese Situation zu reagieren, beinhaltet. Ohne diesen charakteristischen Kontext für die viszeralen Empfindungen dürfte die Person, die viszerale Veränderungen erlebt, wahrscheinlich unsicher sein, ob sie eine 'Emotion' erlebt oder nicht. Experimente von Cantril und Hunt (1932) und von Landis und Hunt (1932) [zu den Effekten von Adrenalininjektionen] stützen diese Ansicht" (Duffy, 1941, S. 289-290; Hervorhebungen hinzugefügt).

Die Zwei-Faktoren-Theorie der Emotion von Schachter

Schachter (1964; Schachter & Singer, 1962; vgl. auch Schachter, 1970, 1971) akzeptierte drei der Kritikpunkte Cannons (1927, 1929) an James (1884, 1890/1950). Er stimmt mit Cannon darin überein, daß dieselben viszeralen Veränderungen bei sehr verschiedenartigen emotionalen und auch bei nichtemotionalen Zuständen auftreten (Cannons Kritikpunkt 2); daß die Eingeweide mit relativ wenigen

Rezeptoren ausgestattet sind, so daß Personen selbst bei Vorliegen emotionsspezifischer peripher-physiologischer Erregungsmuster diese Muster nicht differenzieren können (Cannons Kritikpunkt 3); und daß die künstliche Herbeiführung der für Emotionen typischen viszeralen Veränderungen nicht notwendigerweise zum Auftreten dieser Emotionen führt (Cannons Kritikpunkt 5; vgl. auch Marañon, 1924). Aus diesen Gründen können Empfindungen körperlicher Veränderungen nach Schachter weder für die Qualitätsunterschiede von Emotionen verantwortlich sein, noch können sie hinreichend für eine Emotion sein. Schachter hielt jedoch weiter daran fest, daß die Empfindung körperlicher Erregung *notwendig* für das Erleben von Emotionen ist. Daher konnte er Cannons restlichen zwei Kritikpunkten, die auch diese Annahme in Frage stellten und daher potentiell "genauso problematisch für die hier vertretene Theorie der Emotion wie für die Ansicht von James" (Schachter, 1964, S. 72) waren, nicht zustimmen.

Cannons Befund, daß die völlige Trennung der Eingeweide vom Zentralnervensystem bei Tieren zu keiner Veränderung im emotionalen *Verhalten* führe (Cannons Kritikpunkt 1), akzeptierte Schachter zwar, argumentierte jedoch - wie wir das oben auch getan haben - dies beweise nicht zwingend, daß auch das Erleben von *Gefühlen* unbeeinflußt bleibe. Cannons letzter Kritikpunkt, viszerale Veränderungen seien zu langsam, um als Basis des Gefühlserlebens in Frage zu kommen, wurde von Schachter nicht direkt zu widerlegen versucht (vgl. dazu auch Winton, 1990); wir haben jedoch bei der Diskussion dieses Kritikpunkts bereits darauf hingewiesen, daß die Befunde von Wells (1925) zur Latenz von Attraktivitätsurteilen, auf die sich Cannon berief, keine überzeugende Stütze für diese Kritik darstellen.

Nach Schachter sind also Empfindungen körperlicher Erregung, wie für James, notwendig für Emotionen; anders als für James sind sie jedoch nicht hinreichend. Schachter nimmt vielmehr - wie Marañon - an, daß zum Erleben einer Emotion darüber hinaus noch ein zweiter Faktor hinzukommen muß, nämlich eine Kognition über die erregungsauslösende Situation. Somit vertritt Schachter ebenso wie Marañon (1924) die Ansicht, daß Emotionen auf dem Zusammenwirken von zwei Faktoren beruhen, nämlich (a) *physiologischer Erregung* und (b) *Kognition*: "Ein emotionaler Zustand kann als Funktion eines physiologischen Erregungszustands und einer für diesen Erregungszustand 'passenden' Kognition angesehen werden"

(Schachter, 1964, S. 50-51). Diese Grundannahme seiner Theorie elaboriert Schachter wie folgt:

> "*Erstens*, wenn ein Zustand von physiologischer Erregung gegeben ist, für den das Individuum keine unmittelbare Erklärung hat, dann wird es seinen Zustand 'benennen' und seine Empfindungen im Sinne derjenigen Kognitionen beschreiben, die für es verfügbar sind ... In Abhängigkeit von den kognitiven Aspekten der Situation könnte genau derselbe Zustand physiologischer Erregung als 'Freude' oder 'Wut' bezeichnet oder mit irgendeiner anderen aus der großen Vielfalt emotionaler Bezeichnungen versehen werden. *Zweitens*, wenn ein Zustand von physiologischer Erregung gegeben ist, für den ein Individuum eine vollständig angemessene Erklärung hat (z. B. 'Ich fühle mich so, weil ich gerade eine Adrenalin-Injektion erhalten habe'), dann wird kein Erklärungsbedürfnis entstehen, und es ist unwahrscheinlich, daß das Individuum seine Empfindungen im Sinne alternativer verfügbarer Kognitionen benennen wird. ... *Drittens*, wenn dieselben kognitiven Gegebenheiten vorliegen, dann wird das Individuum nur insoweit emotional reagieren oder seine Empfindungen als Emotionen beschreiben, als es einen Zustand von physiologischer Erregung erlebt" (Schachter, 1964, S. 53; Hervorhebungen hinzugefügt).

Darüber hinaus nimmt Schachter an, daß die physiologische Erregung ausschließlich die *Intensität* (Stärke) der Emotion determiniert. Ob bei Vorliegen von physiologischer Erregung aber eine Emotion entsteht, und welche Emotion entsteht (*Qualität* der Emotion), hängt ausschließlich von der Kognition ab.

Was versteht Schachter unter Emotion, physiologischer Erregung und Kognition? Im Unterschied zu Watson (1919), der die drei von ihm postulierten, grundlegenden Emotionen explizit definierte (vgl. Kapitel 2), findet sich bei Schachter keine genaue *Emotionsdefinition*. Man kann seinen Arbeiten jedoch folgendes entnehmen: (1) Die Theorie bezieht sich - ebenso wie die von James - auf den Erlebensaspekt von Emotionen, also auf das *Gefühl* von Wut, Furcht oder Freude. (2) Das Vorhandensein von Erregung und einer geeigneten Kognition ist für Emotionen notwendig und hinreichend. Man könnte Emotionen daher zum Beispiel als einen Komplex von Erregungsempfindungen und Kognitionen auffassen (vgl. Ross, Rodin & Zimbardo, 1969) oder auch als einen aus einer Integration dieser Komponenten hervorgehenden Bewußtseinszustand (Leventhal, 1979; vgl. dazu auch die später in diesem Kapitel erörterte Emotionstheorie

Mandlers, 1984).

Der Faktor *physiologische Erregung* bezieht sich in erster Linie auf erhöhte Aktivität des sympathischen Nervensystems (Schachter, 1971, S. 47). Wenn das sympathische System aktiviert ist, erhöht sich zum Beispiel die Herzrate, die Atmung wird tiefer und schneller, die Pupillen weiten sich, und das Gesicht erwärmt sich. Wie bei James (1884) ist in der Theorie Schachters aber nicht primär die tatsächliche physiologische Erregung für das Erleben einer Emotion bedeutsam, sondern die subjektive Repräsentation dieser Erregung, das heißt die vom Individuum erlebten Erregungsempfindungen.

Was schließlich den Faktor *Kognition* betrifft, so findet sich auch diesbezüglich bei Schachter keine explizite Erläuterung. Aus den von ihm gegebenen Beispielen geht jedoch hervor, daß er mit "Kognition" (zumindest) zweierlei meint: (1) Eine emotionsrelevante Interpretation bzw. Bewertung einer Situation durch die Person, wie zum Beispiel "diese Situation ist gefährlich"; (2) die Überzeugung der Person, daß ihre wahrgenommene Erregung durch ihre emotionsrelevante Situationseinschätzung verursacht wurde. Eine Überzeugung über die Ursachen von Ereignissen nennt man in der Psychologie allgemein eine *Kausalattribution* (vgl. Kapitel 4). Die Übereinstimmung mit der früher besprochenen Theorie Marañons (1924) ist offensichtlich. Die emotionsrelevante Einschätzung einer Situation entspricht dem "anfänglichen psychologischen Element" in der Theorie Marañons (1924); die Kausalattribution entspricht der von Marañon postulierten "Verknüpfung der Wahrnehmung der vegetativen Emotion mit dem ersten psychologischen Element" (vgl. oben).

Genaugenommen postulieren also sowohl Marañon als auch Schachter, daß für eine Emotion zusätzlich zu Erregungsempfindungen *zwei* Arten von Kognitionen notwendig sind (wobei Schachter dies aber nicht explizit macht): Erstens eine *emotionsrelevante Einschätzung der Situation* und zweitens die *Kausalattribution der Erregung* auf diese Situationseinschätzung. Das bloße gleichzeitige Vorhandensein von Erregungsempfindungen und Situationseinschätzung reicht für eine Emotion also nicht aus. Eine Emotion entsteht nur dann, wenn die Erregung von der Person als durch ihre Einschätzung der Situation verursacht betrachtet wird (vgl. auch das auf S. 111 angegebene Zitat aus Duffy, 1941; wir sprechen im folgenden zur Vereinfachung auch von der Attribution der Erregung auf eine "emotionale Ursache" oder eine "emotionale Kognition"). Wenn die Person ihre durch eine Einschätzung verursachte Erregung dagegen - korrekter- oder irrtümlicherweise - auf eine "nichtemotionale" Ursache zurückführt (z. B. auf die Einnahme eines Medikaments), dann soll nach Schachter keine Emotion entstehen (vgl. Nisbett & Schachter, 1966). Wir kommen darauf später zurück.

Schachter unterscheidet zwei Wege, auf denen Emotionen entstehen können: einen alltäglichen Fall und einen eher atypischen Sonderfall. Letzterer hat in der Literatur große Aufmerksamkeit gefunden und wird in einschlägigen Texten häufig fälschlicherweise so dargestellt, als sei er von Schachter als prototypisch für den Prozeß der Emotionsentstehung im Alltag gemeint. Lassen Sie uns diese beiden Fälle näher betrachten.

Der alltägliche Fall der Emotionsentstehung

Dieser Fall ist dadurch charakterisiert, daß - wie Schachter und Singer (1962, S. 380) es ausdrücken - die beiden Faktoren physiologische Erregung und Kognition "vollständig miteinander verwoben sind". Das heißt: Diejenige Gegebenheit, die zu Erregung führt, legt gleichzeitig auch eine "emotionale" Kognition über die Ursachen der Erregung nahe (vgl. Abbildung 3.2, S. 116). Schachter hat zwar den Prozeß, der in dieser Situation zu einer Emotion führt, nicht im Detail beschrieben; die plausibelste Interpretation scheint uns jedoch die folgende zu sein. Stellen Sie sich vor, Sie gehen im Park spazieren, als plötzlich ein zähnefletschender Hund auf Sie zuläuft (*Situation* in Abbildung 3.2). Dieses Ereignis aktiviert Ihr aufgrund vorauslaufender Erfahrungen erworbenes *Wissen um die Situation;* dieses Wissen führt dann (möglicherweise) zu einer emotionsrelevanten Einschätzung der Situation (z. B. "Die Situation ist gefährlich"), und diese Einschätzung löst *physiologische Erregung* aus. (Aus Schachters Darstellung geht allerdings nicht hervor, ob die Entstehung physiologischer Erregung stets die *vollständige* emotionsrelevante Einschätzung der Situation voraussetzt, oder ob die Erregung bereits durch Teilergebnisse des Einschätzungsprozesses - zum Beispiel der Einschätzung eines Ereignisses als unerwartet [vgl. Mandler, 1984] - verursacht werden kann. Im letzteren Fall wäre es angemessener, sowohl die Erregung als auch die Einschätzung als durch die Aktivierung des

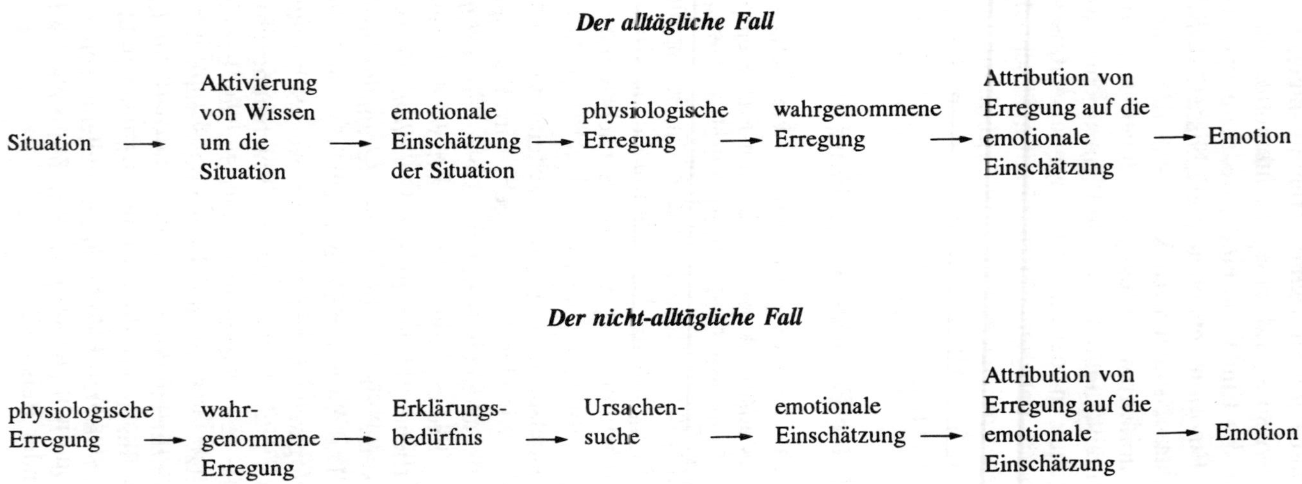

Abbildung 3.2
Der Prozeß des Entstehens einer Emotion in alltäglichen und nicht-alltäglichen Situationen (modifiziert nach Leventhal, 1974, und Reisenzein, 1983)

Situationswissens [vgl. Abbildung 3.2] verursacht zu bezeichnen). Schachter nimmt nun weiterhin an, daß die durch die physiologische Erregung verursachte Erregungsempfindung, das heißt die *wahrgenommene Erregung*, auf die Einschätzung der Situation zurückgeführt wird (*Attribution von Erregung auf eine emotionale Einschätzung;* "ich bin erregt, weil ich die Situation für gefährlich halte"). Als Resultat soll Furcht (*Emotion*) erlebt werden.

Möglicherweise laufen die beschriebenen Prozesse normalerweise sehr schnell und unbewußt ab (obwohl Schachter das nicht explizit sagt). Bewußt ist dem Individuum lediglich der resultierende emotionale Zustand, nämlich in unserem Beispiel das Gefühl von Furcht.

Der nicht-alltägliche Fall der Emotionsentstehung

Der nicht-alltägliche Fall der Emotionsentstehung liegt dann vor, wenn sich

> "eine Person in einem Zustand von physiologischer Erregung [befindet], für den keine unmittelbare Erklärung oder geeignete Kognitionen verfügbar ist. Solch ein Zustand könnte sich ergeben, wenn man einer Versuchsperson Adrenalin injiziert [ohne daß diese weiß, daß es sich um Adrenalin handelt] ... Unter solchen Bedingungen würde eine Versuchsperson bei sich Herzklopfen, Zittern, Glühen des Gesichts und die meisten derjenigen Symptome feststellen, die mit einer Entladung des sympathischen Nervensystems verbunden sind" (Schachter, 1964, S. 52).

Schachter nimmt an (vgl. Abbildung 3.2, S. 116), daß die *wahrgenommene Erregung*, für die die Person zunächst keine Erklärung hat, ein Bedürfnis anregt, "ihre körperlichen Empfindungen zu verstehen und zu benennen" (Schachter, 1964, S. 52; *Erklärungsbedürfnis,* "evaluative need"). Dies bewirkt eine Suche nach den Ursachen der Erregung *(Ursachensuche)*. Das Ergebnis dieser Suche kann eine plausible *emotionale Ursache* (das heißt eine emotionsrelevante Einschätzung) sein. Ist eine solche Kognition vorhanden und führt die Person ihre zunächst unerklärte Erregung auf diese Kognition zurück *(Attribution von Erregung auf die emotionale Einschätzung),* dann sollte sie - in Abhängigkeit von der Art der Einschätzung - zum Beispiel Furcht, Liebe oder Wut (*Emotion*) erleben.

Schachter veranschaulicht diesen Fall von zunächst unerklärter Erregung anhand folgender Beispiele:

> "Sollte [die Person] zu diesem Zeitpunkt [der Erregung] mit einer schönen Frau zusammensein, so mag sie entscheiden, daß sie heftig verliebt oder sexuell erregt war. Sollte sie sich auf einer vergnüglichen Party befinden, so mag sie aufgrund eines Vergleichs mit anderen entscheiden, daß sie extrem glücklich oder euphorisch war. Sollte sie sich mit der Ehefrau streiten, so mag sie vor Wut und Haß in die Luft gehen" (Schachter, 1964, S. 52).

Viele Darstellungen der Schachterschen Emotionstheorie gehen - wie erwähnt - davon aus, daß dieser Sonderfall der Attribution von zunächst unerklärter Erregung von Schachter als Modell für das Entstehen von Emotionen in alltäglichen Situationen vorgeschlagen worden sei. Dies ist aber keineswegs so. Im Regelfall (vgl. oben) wird nach Schachter kein Bedürfnis nach Erklärung angeregt, und es finden auch keine mehr oder weniger langandauernden Ursachensuchprozesse statt, da aufgrund unseres Wissens um die erregungsauslösende Situation eine emotionale Erklärung der Erregung meist unmittelbar vorhanden ist (vgl. dazu auch die Ausführungen zum Prozeß der Entstehung von Attributionen im Kapitel 4).

Emotionen als post-kognitive Phänomene

Emotionen (Gefühlszustände) sind nach Schachter also post-kognitive Phänomene, und zwar aus drei Gründen. Erstens hängt die *Qualität* der Emotionen - so die Theorie - von unseren subjektiven Bewertungen einer Situation ab. Zweitens ist auch die *Intensität* unserer Emotionen, die durch die Stärke der physiologischen Erregung determiniert sein soll (vgl. oben), nicht unabhängig von Kognitionen, denn auch die Intensität von Erregung wird zumindest im Normalfall der Emotionsentstehung wenigstens teilweise von der kognitiven Einschätzung der Situation determiniert. Und drittens ist für das Erleben einer Emotion eine weitere Kognition notwendig, nämlich die Attribution der Erregung auf eine emotionale Ursache.

Bei Schachter finden sich keinerlei Angaben darüber, welche Kognitionen zu spezifischen Emotionen führen - wie also die Kognitionen (speziell die Situationseinschätzungen) beschaffen sind, die dafür verantwortlich sind, daß wahrgenommene Erregung zum Beispiel als Furcht, Wut, Niedergeschlagenheit oder Stolz "interpretiert" wird. Andere Autoren (z. B. Ortony, Clore & Collins, 1988; Weiner,

1986) haben sich jedoch eingehend mit den kognitiven Determinanten von spezifischen Emotionen beschäftigt; auf Weiner kommen wir im Kapitel 4 zurück.

Das Experiment von Schachter und Singer

Schachter und Singer (1962) haben ein immer wieder zitiertes Experiment durchgeführt, um ihre Theorie zu überprüfen, und zwar den nicht-alltäglichen Fall des Entstehens einer Emotion. Wir werden dieses Experiment hier ausführlich darstellen, um der Leserin und dem Leser ein anschauliches Beispiel für theoriegeleitetes Experimentieren im Bereich der Emotionspsychologie zu geben.

Manipuliert wurden in dem Experiment drei Faktoren (unabhängige Variablen; vgl. Abbildung 3.2): (1) *Physiologische Erregung*. Dies geschah dadurch, daß den Versuchspersonen entweder Adrenalin injiziert wurde oder eine nicht zu Erregung führende Kochsalzlösung. Die subjektiven Symptome einer Adrenalininjektion sind Herzklopfen und Zittern sowie gelegentlich Glühen des Gesichts und beschleunigte Atmung. (2) *Erklärungsbedürfnis*. Dieser Faktor wurde dadurch manipuliert, daß die Versuchspersonen über die Wirkungen des Adrenalins entweder gar nicht, in zutreffender Weise oder in unzutreffender Weise informiert wurden. Im Fall der zutreffenden Information über die Wirkung des Adrenalins sollte kein Erklärungsbedürfnis bezüglich der wahrgenommenen Erregung entstehen, da durch diese Information bereits eine (nichtemotionale) Erklärung bezüglich des eigenen Zustandes bereitgestellt wird. Im Fall keiner oder einer unzutreffenden Information dagegen sollten die Versuchspersonen nach der Ursache des für sie unerklärten eigenen Zustandes suchen. (3) *Emotionale Kognition*. Dieser Faktor wurde dadurch manipuliert, daß die Versuchspersonen entweder mit einem euphorischen oder ärgerlichen Vertrauten des Versuchsleiters zusammengebracht wurden (in den Augen der Versuchspersonen war der Vertraute ebenfalls ein Teilnehmer am Experiment). Das euphorische bzw. ärgerliche Verhalten des Vertrauten sollte den Versuchspersonen eine Kognition, das heißt eine emotionale Einschätzung der Situation (z. B. "dieses Experiment ist eine Zumutung" in der Ärgerbedingung) als Ursache ihrer Erregung nahelegen. Wir werden auf diese Manipulationen gleich ausführlicher eingehen.

Beim Eintreffen der Versuchspersonen im Labor machte der Versuchsleiter zunächst eine falsche Mitteilung über den Zweck des Experimentes:

> "In diesem Experiment möchten wir verschiedene Sehtests mit Ihnen durchführen. Wir sind besonders daran interessiert, wie bestimmte Vitaminzusammensetzungen... die visuellen Fähigkeiten beeinflussen. Insbesondere möchten wir herausfinden, wie die Vitaminzusammensetzung 'Suproxin' Ihr Sehen beeinflußt. Daher möchten wir Ihnen, wenn Sie uns die Erlaubnis geben, eine kleine Dosis Suproxin injizieren. Die Injektion selbst ist schwach und harmlos ..." (Schachter & Singer, 1962, S. 382).

Von den insgesamt 185 Versuchspersonen lehnte nur eine die Injektion ab.

Manipulation der physiologischen Erregung

Unmittelbar nach der Instruktion betrat eine Ärztin den Raum, stellte den Puls der Versuchsperson fest und injizierte (angeblich) "Suproxin". Einem Teil der Versuchspersonen wurde Adrenalin injiziert, einem anderen Teil eine nicht zu Erregung führende Kochsalzlösung.

Manipulation des Erklärungsbedürfnisses

Dies geschah folgendermaßen: Diejenigen Versuchspersonen, denen Adrenalin injiziert worden war, wurden über dessen Wirkungen entweder korrekt informiert, nicht informiert oder falsch informiert.

Bedingung Adrenalin informiert. Die Versuchspersonen in dieser Bedingung erhielten folgende Information:

> "Ich sollte Ihnen auch sagen, daß einige unserer Versuchspersonen Nebenwirkungen des Suproxins verspürt haben. Diese Nebenwirkungen sind vorübergehend, das heißt, sie werden nur ungefähr 15 bis 20 Minuten dauern. Was vermutlich passieren wird ist, daß Ihre Hand zu zittern beginnt, Ihr Herz wird kräftig zu schlagen anfangen, und Ihr Gesicht mag warm und rot werden" (Schachter & Singer, 1962, S. 383).

In dieser Bedingung sollte kein Erklärungsbedürfnis entstehen, da die Versuchsperson aufgrund der zutreffenden Information über die Wirkungen des Adrenalins eine nichtemotionale Erklärung für ihren Erregungszustand hat, und es sollte daher auch keine Emotion auftreten.

Bedingung Adrenalin nichtinformiert. In dieser Versuchsbedingung teilte die Ärztin lediglich mit, daß die Injektion schwach und harmlos sei und keine Nebenwirkungen habe. Hier haben die Versuchspersonen zunächst keine Erklärung für ihre durch das Adrenalin hervorgerufene Erregung. Es sollte daher ein Erklärungsbedürfnis auftreten, weiterhin Ursachensuche, und bei Attribution der Erregung auf eine emotionale Kognition (Situationseinschätzung) sollte eine Emotion entstehen (vgl. Abbildung 3.2). Angemerkt sei, daß die Versuchspersonen hier über die Wirkungen des Adrenalins zwar nicht informiert wurden; da ihnen aber mitgeteilt wurde, die Injektion habe "keine Nebenwirkungen", liegt in dieser Bedingung - ebenso wie in der nachfolgend beschriebenen - eigentlich eine falsche Information vor. Denn das Adrenalin hatte ja bestimmte Wirkungen.

Bedingung Adrenalin falschinformiert. Hier teilte die Ärztin folgendes mit:

> "Ich sollte Ihnen auch sagen, daß einige unserer Versuchspersonen Nebenwirkungen des Suproxins verspürt haben. Diese Nebenwirkungen sind vorübergehend, das heißt, sie werden nur ungefähr 15 bis 20 Minuten dauern. Was vermutlich passieren wird ist, daß Ihre Füße taub werden, Sie werden eine Juckempfindung an manchen Stellen Ihres Körpers haben, und es kann sein, daß Sie leichte Kopfschmerzen bekommen" (Schachter & Singer, 1962, S. 383).

Keines dieser mitgeteilten Symptome ist Folge einer Adrenalin-Injektion. Wenn daher in dieser Bedingung die Wirkungen des Adrenalins eintreten, sollten die Versuchspersonen dafür keine Erklärung haben. Es sollte daher - ebenso wie in der Bedingung "Adrenalin nichtinformiert" - ein Erklärungsbedürfnis sowie Ursachensuche resultieren, und bei Attribution der Erregung auf eine emotionale Situationseinschätzung sollte eine Emotion entstehen (vgl. Abbildung 3.2).

Bedingung Placebo. Diejenigen Versuchspersonen, denen eine Kochsalzlösung (Placebo) injiziert worden war, erhielten dieselbe Instruktion wie die Teilnehmer in der Bedingung "Adrenalin nichtinformiert". Das heißt, es wurde ihnen mitgeteilt, daß das angebliche Vitaminpräparat keine Nebenwirkungen habe. In dieser Bedingung sollte es zu keiner Emotion kommen, da keine physiologische Erregung vorhanden ist.

Manipulation der emotionalen Kognition

Unmittelbar nach der Injektion und der Information durch die Ärztin kehrte der Versuchsleiter mit einem Vertrauten zurück. Er stellte den Vertrauten als eine andere Versuchsperson vor, die ebenfalls Suproxin erhalten habe. Die Versuchsperson und der Vertraute sollten nun 20 Minuten warten, bis das Suproxin seine Wirkung getan habe; danach wolle man mit dem (angeblichen) Sehtest beginnen. (Die Wirkungen des Adrenalins setzen nach Angaben von Schachter und Singer ungefähr 3 bis 5 Minuten nach der Injektion ein und halten zwischen 10 Minuten und 1 Stunde an.)

Der Vertraute des Versuchsleiters verhielt sich während des gemeinsamen Wartens entweder euphorisch oder ärgerlich, und dieses Verhalten sollte für die Versuchsperson eine emotionale Situationseinschätzung als Erklärung für ihre Erregung bereitstellen. In der Bedingung *Euphorie* knüllte der Vertraute zum Beispiel Papier zusammen und machte damit Wurfspiele, er bastelte ein Papierflugzeug und ließ es umherfliegen, und er entdeckte einen Hula-Hoop-Reifen im Raum und benutzte ihn. In der Bedingung *Ärger* hatten der Vertraute und die Versuchsperson einen Fragebogen auszufüllen, dessen Fragen zunehmend persönlicher und verletzender wurden. Eine Frage schließlich lautete: "Mit wievielen Männern hat ihre Mutter außereheliche Beziehungen gehabt?" Als Antwortalternativen waren "4 und weniger", "5 bis 9" sowie "10 und darüber" vorgegeben. Der Vertraute wurde während der Beantwortung des Fragebogens immer ärgerlicher, zerriß schließlich den Fragebogen nach dem Lesen dieser Frage und verließ den Raum.

Emotionserfassung

Als Emotionsmaß wurde zweierlei erhoben: (1) Das Verhalten der Versuchspersonen während des Zusammenseins mit dem Vertrauten wurde durch einen Einwegspiegel beobachtet, und es wurde registriert, inwieweit die Versuchsperson sich selbst euphorisch oder ärgerlich verhielt. (2) Die Gefühle der Versuchspersonen wurden anhand von zwei Fragen erfaßt: "Wie gut oder glücklich fühlen Sie sich augenblicklich?" und "Wie gereizt, ärgerlich oder verletzt fühlen Sie sich augenblicklich?". Diese beiden Fragen waren auf einer 5-Punkte-Skala zu beantworten; als Emotionsindex wurde der Differenzwert der beiden Skalierungen gebildet. Außerdem wurde die Versuchsperson nach wahrgenommenen Erregungssymptomen befragt, und als Maß für die tatsächliche Erregung wurde die Pulsfrequenz erfaßt.

Versuchsplan und Hypothesen

Lassen Sie uns, bevor wir auf die Ergebnisse zu sprechen kommen, noch einmal kurz den Versuchsplan des Experiments und die aus der Theorie abgeleiteten Hypothesen zusammenfassen. Der Versuchsplan umfaßte insgesamt 7 Bedingungskombinationen, das heißt 7 Gruppen von Versuchspersonen, die sich aus der (unvollständigen) Kombination der beschriebenen drei Manipulationen ergaben (vgl. Tabelle 3.1, S. 124). Vier dieser Gruppen wurden mit einem euphorischen Vertrauten konfrontiert, die restlichen drei Gruppen mit einem ärgerlichen Vertrauten. In der Ärger-Bedingung gab es keine Versuchspersonen, die über die Wirkungen des Adrenalins falsch informiert wurden.

In Tabelle 3.1 finden sich auch die Hypothesen über den erwarteten Ausgang des Experiments. In denjenigen Bedingungen, in denen ein Placebo verabreicht wurde bzw. die Versuchspersonen über die Wirkungen des Adrenalins korrekt informiert wurden, sollte eine vergleichsweise geringe oder keine Emotion auftreten; das heißt, in der Euphorie-Bedingung sollte nur geringe oder keine Freude und in der Ärger-Bedingung geringer oder kein Ärger auftreten, und zwar aus folgendem Grund: Wenn ein Placebo verabreicht wird, fehlt der für das Entstehen einer Emotion notwendige Faktor "physiologische Erregung"; wenn man auf der anderen Seite über die Wirkungen des Adrenalins korrekt informiert wurde, hat man eine nichtemotionale Erklärung für die wahrgenommene Erregung, so daß es auch hier zu keiner Emotion kommen sollte. In denjenigen Bedingungen dagegen, in denen die Versuchspersonen über die Wirkungen des Adrenalins entweder nicht oder falsch informiert wurden, sollten ausgeprägte Emotionen entstehen, da hier ein Erklärungsbedürfnis angeregt wird und durch das Verhalten des Vertrauten (euphorisch vs. ärgerlich) eine emotionale Erklärung für den eigenen Erregungszustand nahegelegt wird.

Ergebnisse

Die Ergebnisse zeigen zunächst, daß die Adrenalin-Injektion – verglichen mit der Placebo-Bedingung – zu physiologischer Erregung führ-

Tabelle 3.1
Versuchsplan, Hypothesen und Ergebnisse des Experiments von Schachter und Singer (1962)

	Placebo	Adrenalin		
		informiert	nicht informiert	falsch informiert
Euphorie				
Hypothesen	niedrig	niedrig	hoch	hoch
Skalierung	1.61	0.98	1.78	1.90
Verhalten	16.00	12.72	18.28	22.56
Ärger				
Hypothesen	niedrig	niedrig	hoch	
Skalierung	1.63	1.91	1.39	
Verhalten	0.79	-0.18	2.28	

te. Dies belegen zum einen die Messung der Pulsfrequenz (objektive Erregung) und zum anderen die Berichte der Versuchsteilnehmer über den eigenen Herzschlag und über Zittern der Hände, Arme und Beine (wahrgenommene Erregung).

In Tabelle 3.1 finden sich die Ergebnisse für die beiden Emotionsmaße. Die unter "Skalierung" aufgeführten Werte beziehen sich auf die Berichte der Versuchspersonen über den eigenen Gefühlszustand auf den oben beschriebenen zwei Skalen, genauer auf die Differenz der beiden Skalierungen. Je positiver dieser Wert ist, desto mehr überwiegt das positive Gefühl (gut und glücklich) das negative Gefühl (gereizt, ärgerlich und verletzt). Die in der Tabelle unter "Verhalten" aufgeführten Werte geben das Ausmaß wieder, in dem die Versuchspersonen euphorisches (in der Euphorie-Bedingung) bzw. ärgerliches (in der Ärger-Bedingung) Verhalten zeigten.

Vergleicht man zunächst die Skalierungen in den Euphorie- und den Ärger-Bedingungen, so fällt auf, daß die Werte in beiden Bedingungen positiv sind. Das heißt, auch in der Ärger-Bedingung überwog im Mittel das positive Gefühl. Schachter und Singer führten diesen unerwarteten Befund darauf zurück, daß die Versuchspersonen in dieser Bedingung dem Versuchsleiter gegenüber (der ja später Einblick in die ausgefüllten Fragebögen nahm) ihren Ärger nicht zugeben wollten.

Inwieweit entsprechen nun die Ergebnisse den Hypothesen? Betrachtet man die *Euphorie*-Bedingungen, so findet man bezüglich beider Emotionsmaße erwartungsgemäß die höheren Werte in denjenigen Bedingungen, in denen die Versuchspersonen über die Wirkungen des Adrenalins nicht bzw. falsch informiert wurden; die niedrigsten Werte treten in denjenigen Bedingungen auf, in denen eine korrekte Information über die Wirkungen des Adrenalins gegeben wurde (informiert) bzw. kein Adrenalin injiziert wurde (Placebo). Auffällig ist allerdings, daß zwischen der Placebo-Bedingung auf der einen Seite und den Bedingungen "nicht informiert" und "falsch informiert" auf der anderen Seite relativ geringe Unterschiede bestanden. Das heißt, auch in der Placebo-Bedingung (in der vergleichsweise wenig intensive, oder aber gar keine Emotionen erlebt worden sein sollten) fielen beide Emotionswerte relativ hoch aus. Tatsächlich waren die Unterschiede zwischen der Placebo-Bedingung einerseits und den anderen beiden Bedingungen andererseits weder in bezug auf die Selbstberichte noch auf das Verhalten statistisch signifikant, was den Hypothesen zuwiderläuft. Erwartungsgemäß signifikant (bzw. in einem Falle fast signifikant) waren allerdings die Unterschiede zwischen der Bedingung "Adrenalin informiert" einerseits und den Bedingungen "Adrenalin nicht informiert" und "Adrenalin falsch informiert" andererseits, und zwar in bezug auf beide Emotionsmaße. Das heißt, wenn physiologische Erregung induziert wurde, dann wirkten sich die durch die Information induzierten Kognitionen in erwartungsgemäßer Weise auf die Emotionen aus.

Betrachtet man die *Ärger*-Bedingungen, so finden sich zwischen den drei experimentellen Bedingungen keine signifikanten Unterschiede in bezug auf die Selbstberichte. Hypothesenkonforme Unterschiede treten jedoch in bezug auf das Verhalten auf. Ärgerliches Verhalten war ausgeprägter, wenn die Versuchspersonen über die Wirkungen des Adrenalins nicht informiert worden waren als in den beiden anderen Bedingungen. Darüber hinaus war - wie erwartet - der Unterschied zwischen den Bedingungen "Placebo" und "Adrenalin informiert" nicht signifikant.

Zusammenfassend bestätigten also diese Ergebnisse die Hypothesen von Schachter und Singer nur teilweise. Darüber hinaus waren die zwischen den unterschiedlichen Bedingungen erhaltenen Unterschiede relativ klein. Dies gilt insbesondere für die Selbstberichte: Wie Tabelle 3.1 zeigt, beträgt der größte Unterschied zwischen den Gruppen lediglich 0.9 Skalenpunkte bei einem maximal möglichen Unterschied von 9 Punkten.

Das Experiment von Schachter und Singer ist nachfolgend von verschiedenen Autoren kritisiert worden (z. B. Erdmann & Janke, 1978; Lazarus, 1968; Marshall & Zimbardo, 1979; Maslach, 1979; Plutchik & Ax, 1967). Gleichzeitig haben das Experiment und die Theorie jedoch eine Fülle von Forschungsarbeiten angeregt. Die Theorie wurde zum Beispiel herangezogen, um das Zustandekommen von Übergewicht zu erklären (Rodin, 1981; Schachter, 1971), um Angst zu reduzieren (z. B. Ross, Rodin & Zimbardo, 1969) und um Schlaflosigkeit zu therapieren (Storms & Nisbett, 1970), um nur einige Beispiele zu nennen. Ein Überblick über diese Arbeiten findet sich bei Reisenzein (1983) und bei Leventhal und Tomarken (1986).

In den nachfolgenden Abschnitten werden wir auf vier Aspekte eingehen. Wir werden *erstens* erörtern, wie im Anschluß an die

Arbeit von Schachter und Singer versucht wurde, Emotionen durch die Induktion von Fehlattributionen zu beeinflussen. Wir werden *zweitens* auf eine Modifikation der Schachterschen Zwei-Faktoren-Theorie durch Valins (1966) eingehen. *Drittens* werden wir uns mit einer Studie beschäftigen, deren Anliegen es war, die Ergebnisse von Schachter und Singer zu replizieren. Und *viertens* schließlich werden wir nochmals auf die Frage zu sprechen kommen, ob physiologische Erregungsempfindungen notwendig für Emotionen sind.

Die Beeinflussung von Emotionen durch Fehlattributionen

Aus der Zwei-Faktoren-Theorie läßt sich unter anderem folgende Vorhersage ableiten: Wenn eine Person ihre wahrgenommene Erregung auf eine falsche Ursache zurückführt (falsche Ursachenzuschreibung = Fehlattribution), dann sollte dies ganz bestimmte Konsequenzen für die Emotion haben. In der Tabelle 3.2 sind diese Konsequenzen von Fehlattributionen zusammengefaßt. Es wird davon ausgegan-

Tabelle 3.2
Konsequenzen von Fehlattributionen (Erläuterungen im Text)

Ursache, auf die die Erregung zurückgeführt wird	Wahre Ursache der Erregung: emotional	Wahre Ursache der Erregung: nichtemotional
emotional	*Veränderung* einer sich sonst ergebenden Emotion	*Herbeiführung* einer sich sonst nicht ergebenden Emotion
nichtemotional	*Verhinderung* einer sich sonst ergebenden Emotion	*Beibehaltung* eines nichtemotionalen Zustands

gen, daß die Person physiologisch erregt ist. Die Ursache der Erregung ist entweder emotionaler Natur (z. B. Ankündigung eines elektrischen Schocks) oder nichtemotionaler Natur (z. B. Treppensteigen).

Gleichzeitig wird der Person eine falsche Kognition bezüglich der Ursachen der Erregung nahegelegt. Das heißt, es wird ihr suggeriert, ihre Erregung sei durch eine andere Ursache hervorgerufen worden, die selbst wieder emotionaler oder nichtemotionaler Natur sein kann (vgl. Tabelle 3.2). Nehmen wir weiterhin an, daß die Person ihre Erregung auf eine falsche Ursache zurückführt (Fehlattribution).

1. Ist die wahre Ursache der Erregung emotionaler Natur und die Ursache, auf die die Erregung fälschlicherweise zurückgeführt wird, ebenfalls (linker oberer Quadrant), dann sollte eine Veränderung der sich sonst - das heißt ohne die Fehlattribution - ergebenden Emotion resultieren. Besteht die wahre Ursache der Erregung zum Beispiel in einem unerwartet großen Geschenk oder Gewinn, wurde die Person aber veranlaßt, ihre Erregung als Symptom einer schweren Krankheit zu interpretieren (Fehlattribution auf eine emotionale Ursache), dann sollte statt einer positiven Emotion (wenn Erregung auf das Geschenk zurückgeführt würde) eine negative Emotion entstehen.

2. Ist die wahre Ursache der Erregung emotionaler Natur und die Ursache, auf die die Erregung fälschlicherweise zurückgeführt wird, nichtemotionaler Natur (linker unterer Quadrant), dann sollte eine sich sonst - das heißt ohne die Fehlattribution - ergebende Emotion verhindert werden. Insbesondere dieser Fall hat in der Literatur relativ große Aufmerksamkeit gefunden, da er von praktisch-therapeutischer Bedeutsamkeit sein könnte, nämlich dann, wenn es durch die Induktion von Fehlattributionen gelingt, negative Emotionen wie beispielsweise Furcht oder Angst zu beseitigen (zu "therapieren"). Wir kommen darauf gleich zurück.

3. Ist die wahre Ursache der Erregung nichtemotionaler Natur und die Ursache, auf die die Erregung fälschlicherweise zurückgeführt wird, emotionaler Natur (rechter oberer Quadrant), dann sollte eine sich sonst nicht ergebende Emotion herbeigeführt werden. Dieser Fall lag in dem Experiment von Schachter und Singer (1962) vor. Die Adrenalin-Injektion als erregungsstiftendes Ereignis war nichtemotionaler Natur. In den Bedingungen "Adrenalin nicht informiert" und "Adrenalin falsch informiert" wurde den Versuchspersonen gleichzeitig eine falsche, emotionale Ursache der Erregung nahegelegt (das euphorische bzw. ärgerliche Verhalten des Vertrauten des Versuchsleiters bzw. die Situation, die zu diesem Verhalten führte).

4. Der rechte untere Quadrant schließlich resultiert aus der Kom-

bination einer nichtemotionalen Ursache der Erregung und einer falschen, nichtemotionalen Kognition über die Ursachen der Erregung. Dies sollte zur Beibehaltung eines auch sonst - ohne die Fehlattribution - auftretenden nichtemotionalen Zustandes führen.

Die aus der Schachterschen Theorie ableitbaren Vorhersagen über die Effekte fehlattribuierter Erregung haben eine intensive Forschung angeregt, die auch heute, mehr als 30 Jahre nach Erscheinen der Theorie (Schachter & Singer, 1962), noch nicht zum Abschluß gekommen ist (vgl. z. B. Olson, 1988). Ein Beispiel für die Effekte der Fehlattribution von aus einer nichtemotionalen Quelle stammender Erregung auf eine emotionale Ursache haben wir bereits besprochen (Schachter & Singer, 1962). Im folgenden soll ein Beispiel für die im linken unteren Quadranten beschriebene Situation gegeben werden. Wir werden dazu eine vielzitierte Arbeit näher betrachten, die die Verhinderung bzw. Abschwächung von Furcht zum Gegenstand hatte. Mit Hilfe vergleichbarer Methoden wurde im übrigen auch versucht, andere Phänomene wie Leistungsverhalten (Rodin, 1976), Schlaflosigkeit (Storms & Nisbett, 1970) oder herzneurotische Beschwerden (Liebhart, 1974) durch Fehlattributionen zu beeinflussen.

Beeinflussung von Furcht

Ross, Rodin und Zimbardo (1969) kündigten ihren Versuchspersonen an, sie würden während des Experiments Elektroschocks erhalten (emotionales, erregungsstiftendes Ereignis, vgl. Tabelle 3.2), was unter anderem dadurch glaubhaft gemacht wurde, daß der Versuchsleiter eine entsprechende Apparatur in den Versuchsraum schob, die er an den Tisch, an dem die Versuchsperson saß, anschloß. Tatsächlich erhielt die Versuchsperson aber keine Elektroschocks. Die entsprechende Mitteilung wurde nur gegeben, um Symptome von physiologischer Erregung zu erzeugen (beschleunigter Herzschlag, komisches Gefühl im Magen, beschleunigte Atmung, Zittern). Während des Experiments wurde die Versuchsperson zusätzlich starkem Lärm ausgesetzt, nachdem der Versuchsleiter sie über angebliche "Nebenwirkungen" des Lärms informiert hatte. Einer Gruppe (*Lärm-Attribution*) wurden als Nebenwirkungen die eben genannten Erregungssymptome beschrieben. Dieser Gruppe wurde also eine falsche nichtemotionale Ursache (Lärm) ihrer Erregung nahegelegt. Wenn die Erregung tatsächlich dieser falschen Ursache zugeschrieben wird (Fehlattribution), dann sollte nach Schachter in dieser Gruppe keine oder vergleichsweise wenig Furcht auftreten.

Einer zweiten Gruppe von Versuchsteilnehmern (*Schock-Attribution*) wurden als Nebenwirkungen des Lärms erregungsirrelevante Symptome genannt (Taubheit, Kopfschmerzen, Klingeln in den Ohren). In dieser Gruppe konnten daher die durch die Schockankündigung hervorgerufenen Symptome von Erregung (beschleunigter Herzschlag etc.) nicht auf den Lärm zurückgeführt werden; vielmehr blieb hier die Schockankündigung als zutreffende Ursache der Erregung bestehen. Nach Schachter sollte daher in dieser Gruppe vergleichsweise starke Furcht auftreten.

Als (indirekten) Index für das Ausmaß an Furcht verwendeten Ross et al. ein Verhaltensmaß. Die Versuchspersonen konnten an zwei Puzzles arbeiten. Die Lösung des einen Puzzles würde - so teilte man mit - die Vermeidung des Schocks zur Folge haben (Schockvermeidungs-Puzzle). Für die Lösung des anderen Puzzles würde man dagegen Geld erhalten. Den Versuchspersonen war es freigestellt, mit dem einen oder anderen Puzzle zu beginnen und jederzeit von dem einen zum anderen überzuwechseln. Beide Puzzles waren in Wirklichkeit unlösbar. Die Zeit, die eine Versuchsperson mit dem Schockvermeidungs-Puzzle zubrachte, stellte den Indikator der vorhandenen Furcht dar: Je länger sich die Versuchspersonen mit diesem Puzzle beschäftigten, um den Schock zu vermeiden, desto größer sollte ihre Furcht sein.

Die Hauptergebnisse der Arbeit von Ross et al. sind in Abbildung 3.3 (S. 131) dargestellt. Dort findet sich der Prozentsatz von Versuchspersonen in beiden Gruppen, der in aufeinanderfolgenden 10-Sekunden-Intervallen an dem Schockvermeidungs-Puzzle arbeitete. Es ist ersichtlich, daß sich zu Beginn der überwiegende Teil der Versuchspersonen beider Gruppen mit dem Vermeidungspuzzle beschäftigte, und daß nach ungefähr 30 Sekunden zunehmend größer werdende Unterschiede zwischen beiden Gruppen auftraten. Die meisten Personen der Schock-Attributions-Gruppe - der Gruppe also, die ihre Erregung der Schockankündigung zuschrieb - zeigten auch weiterhin Vermeidungsverhalten, das heißt, sie beschäftigten sich mit dem Puzzle (bzw. wechselten dazu über), durch dessen Lösung sie dem Schock entgehen konnten. Der Prozentsatz von Versuchspersonen aus der Lärm-Attributions-Gruppe (derjenigen Gruppe also, die ihre Erregung dem Lärm zuschrieb), die sich mit dem Vermeidungs-Puzzle beschäftigten, sank dagegen ständig ab. Nach ungefähr 80 Se-

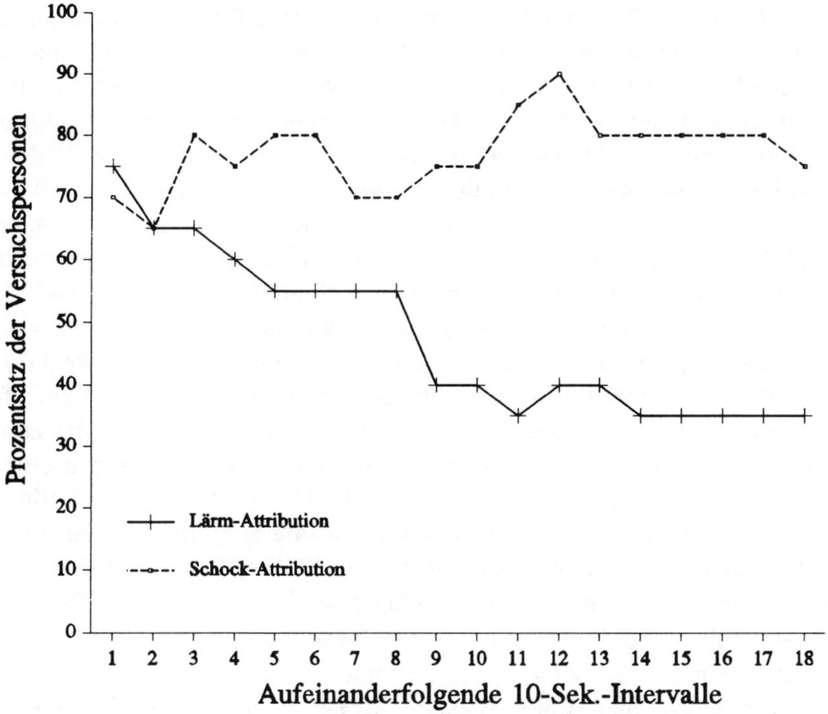

Abbildung 3.3
Prozentsatz von Versuchspersonen in zwei Gruppen (Schock-Attribution, Lärm-Attribution), die an dem Schockvermeidungs-Puzzle arbeiteten (aus Ross, Rodin & Zimbardo, 1969, S. 286)

kunden arbeitete weniger als die Hälfte der Versuchsteilnehmer dieser Gruppe an dem Vermeidungs-Puzzle; die meisten arbeiteten vielmehr an dem Puzzle, dessen Lösung angeblich zu einer Geldbelohnung führte. Es scheint in der Lärm-Attributions-Gruppe also gelungen zu sein, Furcht vor dem angekündigten Schock durch Fehlattribution von Erregung gar nicht erst aufkommen zu lassen oder abzumildern, was sich in vergleichsweise weniger ausgeprägtem Vermeidungsverhalten niederschlug.

Die Hypothese der vorbereitenden Information

Der Befund, daß sich Emotionen durch Attributionsmanipulationen, wie die im Experiment von Ross et al. (1969) verwendeten, beeinflussen lassen, ist ein relativ robustes Phänomen, das in unterschiedlichen Situationen und anhand verschiedener Emotionsindikatoren nachgewiesen wurde. Unklar ist jedoch, ob dieser Effekt tatsächlich durch Fehlattribution vermittelt ist, oder aber aufgrund anderer Faktoren zustandekommt, die mit der Attributionsmanipulation verbunden sind. Eine der vorgebrachten Alternativerklärungen ist die "Hypothese der vorbereitenden Information" von Calvert-Boyanowsky und Leventhal (1975). Die Autoren gehen von früheren Untersuchungen aus, welche nahelegen, daß man (zumindest negative) emotionale Reaktionen *allein* dadurch abschwächen kann, daß Versuchspersonen zutreffende Informationen über Symptome von Erregung erhalten, die zum Beispiel ein elektrischer Schock auslösen wird - verglichen mit einer anderen Gruppe, die diese Information nicht erhält (Staub & Kellett, 1972). Diese zutreffende Information - so die Hypothese - hat "vorbereitenden" Charakter, das heißt, sie macht die Symptome, wenn sie dann eintreten, weniger überraschend und unangenehm. Darüber hinaus führt die Information unter Umständen zu vorbereitenden Aktivitäten mit dem Ziel, die Symptome zu kontrollieren.

Betrachtet man unter diesem Aspekt noch einmal die beiden Gruppen "Lärm-Attribution" und "Schock-Attribution" des Experiments von Ross et al. (1969), so fällt auf, daß durch diese Gruppierung zwei Faktoren vermischt (konfundiert) sind. Die beiden Gruppen unterscheiden sich erstens durch den Faktor "Fehlattribution": Der Gruppe "Lärm-Attribution" wurde eine falsche Ursache für die durch die Schockankündigung hervorgerufenen Erregungssymptome nahegelegt; in der Gruppe "Schock-Attribution" war dies nicht der Fall. Darüber hinaus unterscheiden sich die beiden Gruppen zweitens durch den Faktor "Richtigkeit der Information über Erregungssymptome": Die Gruppe "Lärm-Attribution" erhielt eine zutreffende Information über die Symptome von Erregung, die Gruppe "Schock-Attribution" dagegen nicht. Aufgrund der Vermischung dieser zwei Faktoren bleibt unklar, worauf die zwischen den beiden Gruppen gefundenen Unterschiede in der Furcht (Vermeidungsverhalten) zurückgehen. Die geringere Furcht in der Gruppe "Lärm-Attribution" könnte ausschließlich durch den ersten Faktor bedingt sein, das heißt dadurch, daß nur in dieser Gruppe eine Fehlattribution der Erregungssymptome auf den Lärm nahegelegt wurde; dies ist die Interpretation von Ross et al. (1969). Die geringere Furcht in dieser Gruppe könnte aber ebensogut auch auf den zweiten Faktor zurückzuführen sein, also darauf, daß sie eine zutreffende Information über die Erregungssymptome erhielt; diese Interpretation wird durch die "Hypothese der vorbereitenden Information" nahegelegt.

Calvert-Boyanowsky und Leventhal (1975) wiederholten daher das Experiment von Ross et al. in veränderter Form, die es erlaubte, die beiden genannten Hypothesen zu differenzieren. Ihre Ergebnisse schienen - ebenso wie die einer Arbeit von Rodin (1976) - dafür zu sprechen, daß es die zutreffende Information über die Erregungssymptome und nicht die Fehlattribution dieser Symptome war, die die vergleichsweise geringere Furcht in der Gruppe "Lärm-Attribution" bewirkte.

Olson (1988; vgl. auch Olson, 1990) hat jedoch Befunde vorgelegt, die sich mit der "Hypothese der vorbereitenden Information" nicht erklären lassen. Er überprüfte die Wirkungen der Faktoren "Fehlattribution" und "Information über Erregungssymptome" auf Indikatoren von Sprechangst (z. B. Stottern, Versprecher), die während des Verlesens einer Rede vor einer laufenden Kamera auftraten. Olson fand folgendes: Wenn die Versuchspersonen eine unzutreffende, jedoch plausible "nichtemotionale" Erklärung für die Erregungssymptome hatten, die durch die Ankündigung des Verlesens der Rede vor laufender Kamera ausgelöst wurden (Fehlattribution), dann war das Ausmaß an Sprechangst vermindert. Eine korrekte Information über die Erregungssymptome dagegen wirkte sich nicht auf Sprechangst aus.

Zusammenfassend scheint es also unter bestimmten Bedingungen (vgl. dazu Ross & Olson, 1981) zu gelingen, Emotionen durch Fehlattribution von physiologischer Erregung zu beeinflussen. Olson (1988, S. 766) betrachtet daher die Fehlattributionshypothese und die Hypothese der vorbereitenden Information nicht als widerstreitende, sondern als komplementäre Erklärungen, welche zwei verschiedene

Möglichkeiten zur Beeinflussung von Emotionen reflektieren. Beide Hypothesen seien in ein umfassenderes Modell zu integrieren.

Die Modifikation der Zwei-Faktoren-Theorie durch Valins

Eine Reihe von Untersuchungen hat sich in kritischer Weise mit der Annahme Schachters auseinandergesetzt, daß *tatsächliche* physiologische Erregung bzw. die dadurch verursachten Erregungsempfindungen notwendig für das Entstehen einer Emotion seien. Diese Studien wurden von Valins und Mitarbeitern begonnen (vgl. Valins, 1966, 1967, 1974; Valins & Nisbett, 1971; Valins & Ray, 1967).

Den Ausgangspunkt der Überlegungen von Valins (1966) bildet die Beobachtung, daß kognitive Repräsentationen innerer, zum Beispiel körperlicher Vorgänge – einschließlich physiologischer Erregung – unzutreffend sein können. Es kann nämlich der Fall eintreten, so Valins, daß körperliche Vorgänge gar nicht wahrgenommen werden; sie können weiterhin fehlerhaft wahrgenommen werden, oder es kann der Fall eintreten, daß eine Person einen körperlichen Vorgang bei sich selbst festzustellen meint, der in Wirklichkeit gar nicht vorhanden ist. Valins postuliert nun, daß ausschließlich die *Meinungen* von Personen über ihre körperlichen Zustände für ihre Emotionen entscheidend sind. Daher, so Valins, sollten unzutreffende Meinungen über physiologische Veränderungen dieselben Wirkungen haben wie zutreffende (Valins, 1966, S. 401).

In einem weiten Sinn von "Wahrnehmung" nehmen also sowohl Schachter als auch Valins an, daß Emotionen die Wahrnehmung von Erregung voraussetzen. Während jedoch Schachter die – zumindest normalerweise – durch tatsächliche physiologische Erregung verursachten Erregungs*empfindungen* als unerläßlichen Bestandteil dieser Wahrnehmung betrachtet, postuliert Valins, daß für Emotionen *der bloße Glaube, erregt zu sein* (oder allgemeiner, physiologisch zu reagieren), genügt, ohne daß dieser Glaube auf den durch tatsächliche Erregung verursachten Erregungsempfindungen beruhen muß.

Um diese Annahme zu überprüfen, schuf Valins eine Versuchsanordnung, die der von Schachter und Singer (1962) zur Untersuchung der Effekte von zunächst unerklärter Erregung verwendeten analog sein sollte, jedoch mit dem wichtigen Unterschied, daß nicht die tatsächliche Erregung bzw. die dadurch verursachten Erregungsempfindungen beeinflußt werden sollten, sondern nur die Meinungen der Personen über ihren Erregungszustand. Dazu zeigte Valins männlichen Versuchspersonen Dias mit halbentkleideten Frauen aus der Zeitschrift *Playboy* und gab ihnen zugleich falsche Rückmeldungen über ihre physiologischen Reaktionen. Zwei Gruppen von Versuchspersonen (Experimentalgruppen) glaubten, während des Betrachtens der Dias die eigenen Herztöne zu hören (was in Wirklichkeit nicht der Fall war). Einer dieser beiden Gruppen wurde bei 5 Dias eine *Zunahme* der Herzrate rückgemeldet; bei den anderen 5 Dias gab es keine Veränderung der Herzrate. Der anderen Gruppe wurde bei 5 Dias eine *Abnahme* und bei den restlichen 5 Dias keine Veränderung der Herzrate rückgemeldet. Zwei parallele Kontrollgruppen hörten dieselben Signale; ihnen wurde jedoch mitgeteilt, daß es sich um gänzlich bedeutungslose Töne handele.

Als Emotionsindex wurde zweierlei erfaßt. Erstens hatten alle Versuchsteilnehmer nach der Prozedur die Attraktivität der gezeigten Frauen zu beurteilen. Darüber hinaus standen Bilder der gezeigten 10 Frauen zur Verfügung; die Versuchspersonen konnten sich fünf davon auswählen und (angeblich) mit nach Hause nehmen. Der Leser und die Leserin sollten im Auge behalten, daß diese Emotionsindizes - wie wir bereits im Zusammenhang mit der Untersuchung von Wells (1925) bemerkt haben - keineswegs unproblematisch sind. Denn es ist weder ganz klar, inwieweit Attraktivitätsbeurteilungen und Wahlen Emotionen anzeigen, noch (falls dies der Fall ist) welche Emotionen es sind, die durch diesen Index erfaßt werden.

Valins erwartete, daß in den beiden Experimentalgruppen die vermeintliche Veränderung der Herzrate auf Merkmale der gezeigten Frauen zurückgeführt wird. In diesen Gruppen sollten daher diejenigen fünf Frauen, bei denen eine Herzratenänderung rückgemeldet wurde, als attraktiver beurteilt werden und deren Bilder eher ausgewählt werden als diejenigen, bei denen keine Herzratenänderung rückgemeldet wurde. In den beiden Kontrollgruppen dagegen sollten die als irrelevant betrachteten Signale keinen Einfluß auf die Beurteilungen und die Wahl haben.

Die Ergebnisse des Experiments bestätigten diese Hypothesen. Die Versuchspersonen der Experimentalgruppen, die der Ansicht waren, ihre Herzrate habe sich beim Betrachten bestimmter Frauen verändert, beurteilten diese Frauen als attraktiver und wählten deren

Bilder häufiger - verglichen mit denjenigen Dias, bei denen keine Herzratenänderung rückgemeldet wurde. Innerhalb der Kontrollgruppen traten diese Unterschiede nicht auf. Postexperimentelle Interviews legten nahe, daß viele Versuchspersonen der Experimentalgruppen sich selbst "aktiv überredeten", daß diejenigen Frauen, bei denen sich ihre Herzrate vermeintlich veränderte, attraktiver seien als die anderen. Die Versuchspersonen berichteten,

> "daß sie das Dia genauer betrachteten, und es war offenkundig, daß sie die Rückmeldung [Herzraten-Veränderung] zu rechtfertigen versuchten, indem sie die positiven Charakteristika der Mädchen zu verstärken versuchten. Obwohl es diesen Versuchspersonen klar war, daß sie nach einer Erklärung für die Rückmeldung suchten, hatten sie nicht den Eindruck, daß sie das Dia entstellten" (Valins, 1966, S. 407).

Sofern man die Attraktivitätsbeurteilungen und Wahlen als Emotionsindikatoren akzeptiert, scheinen die Ergebnisse dieses Experiments also für die Annahme zu sprechen, daß Überzeugungen (d. h. Kognitionen) über physiologische Reaktionen als eine der Grundlagen von Emotionen ausreichen können, und daß das Entstehen von Emotionen daher nicht - wie Schachter annimmt - tatsächliche physiologische Reaktionen bzw. dadurch verursachte Empfindungen voraussetzt.

Wenn es zutreffend ist, daß die Effekte in dem Experiment von Valins (1966) unter anderem darauf zurückzuführen sind, daß die Versuchspersonen kognitive Aktivität investierten (vgl. "Ursachensuche" bei Schachter), um sich selbst zu überreden, daß die Frauen, bei denen sich die Herzrate vermeintlich veränderte, besonders attraktiv seien, dann sollte man dreierlei erwarten. Erstens sollten die Effekte wegen der eingehenden Analyse der kritischen Dias relativ zeitstabil sein. Sie sollten deshalb zweitens auch relativ änderungsresistent sein. Drittens sollten die Effekte dann *nicht* mehr auftreten, wenn den Versuchspersonen die Gelegenheit genommen wird, die kritischen Dias eingehend zu analysieren.

Hinweise auf die zeitliche Stabilität der Effekte lieferte bereits die Untersuchung von Valins (1966). Vier bis fünf Wochen nach dem Experiment hatten die Versuchspersonen die Dias noch einmal auf Attraktivität hin zu beurteilen. Es zeigte sich, daß auch nach dieser relativ großen Zeitspanne diejenigen Dias, bei denen sich die Herzrate zum ersten Zeitpunkt vermeintlich verändert hatte, als attraktiver eingestuft wurden als die restlichen Dias.

Die Änderungsresistenz der Effekte gegenüber einer Aufklärung darüber, daß die Herzraten-Rückmeldungen falsch waren, zeigte sich in einer anschließenden Arbeit von Valins (1974). Das Vorgehen in dieser Untersuchung glich dem der Studie von Valins (1966). Allerdings wurde eine Gruppe von Versuchspersonen nach der falschen Rückmeldung der Herzrate, jedoch vor der Attraktivitätsbeurteilung und der Wahl von Photos, vollständig darüber aufgeklärt, daß die Rückmeldungen falsch waren. Eine zweite Gruppe von Versuchspersonen erhielt diese Aufklärung nicht. Zwischen beiden Gruppen zeigten sich jedoch keine Unterschiede in den Attraktivitätsbeurteilungen und der Wahl von Photos, die man mit nach Hause nehmen konnte. Diejenigen Dias, bei denen sich die Herzrate vermeintlich verändert hatte, wurden von beiden Gruppen als attraktiver eingeschätzt als die Dias ohne Veränderung und wurden auch in beiden Gruppen bevorzugt gewählt. Anscheinend führte die falsche Rückmeldung dazu, daß die Versuchspersonen die entsprechenden Dias genauer betrachteten und auf positive Charakteristika der gezeigten Frauen hin untersuchten. Nachdem diese gefunden worden waren, vermochte auch die anschließende Aufklärung den Attraktivitätseindruck nicht mehr zu zerstören.

Die dritte Vorhersage besagt, daß die Effekte dann nicht auftreten sollten, wenn keine Gelegenheit besteht, die mit einer vermeintlichen Herzratenveränderung assoziierten Dias eingehend zu analysieren. Diese Hypothese konnte von Barefoot und Straub (1971) bestätigt werden. Auch in dieser Studie wurden 10 Dias von halbentkleideten Frauen gezeigt, während die Versuchspersonen an ein EKG-Gerät angeschlossen waren, das angeblich die Herztätigkeit registrierte. Nach einem ersten Betrachten der Dias zeigte der Versuchsleiter die Dias noch einmal, wobei er bei der Hälfte der Dias mitteilte, diese hätten eine ausgeprägte Herzschlagreaktion ausgelöst. Das Ausmaß der Gelegenheit zur Analyse wurde dadurch manipuliert, daß die Dias einer Gruppe von Versuchspersonen nur für einen kurzen Zeitraum dargeboten wurden (5 Sekunden), einer anderen Gruppe dagegen für einen längeren Zeitraum (20 Sekunden). Bei der kurzen Betrachtungszeit – so die Hypothese – sollte kaum Gelegenheit bestehen, diejenigen Frauen, bei denen angeblich eine ausgeprägte Herzschlagreaktion auftrat, genauer zu betrachten und auf Merkmale besonderer Attraktivität hin zu untersuchen; daher sollte bei kurzer Betrachtungszeit kein Unterschied zwischen den Attraktivitätsbeurteilungen der Dias mit und ohne ausgeprägter Herzschlagreaktion bestehen. Bei längerer Betrachtungszeit dagegen sollte Gelegenheit bestehen, nach Merkmalen besonderer Attraktivität zu suchen und solche zu finden, so daß sich hier die Attraktivitätsbeurteilungen der Dias mit und ohne starker Herzschlagreaktion unterscheiden sollten. In Übereinstimmung mit diesen Vorhersagen fanden Barefoot und Straub bei kurzer Betrachtungszeit keinen, bei längerer Betrachtungszeit dagegen den vorhergesagten Unterschied in den Attraktivitätsbeurteilungen. Allerdings konnte dieser Befund in einer neueren Untersuchung nicht repliziert werden (Beck, Gibson, Elliott, Simmons, Matteson & McDaniel, 1988).

Zusammenfassend legen diese Ergebnisse folgendes nahe: (1) Fiktive Rückmeldungen über Veränderungen der Herzrate (allgemeiner: physiologische Reaktionen), für die man keine unmittelbare Erklärung hat, scheinen zu ganz ähnlichen Prozessen (Suche nach der Ursache der physiologischen Veränderungen etc.) zu führen, wie sie von Schachter für den Fall "echter" unerklärter Erregung postuliert wurden. Dieser "nicht-alltägliche" Prozeß der Emotionsentstehung ist für falsche physiologische Rückmeldungen sogar besser belegt als für echte unerklärte Erregung (Liebhart, 1978; vgl. auch den nächsten Abschnitt). (2) Tatsächliche physiologische Reaktionen bzw. die dadurch verursachten Empfindungen scheinen - zumindest für diesen nicht-alltäglichen Sonderfall der Emotionsentstehung - keine notwendige Bedingung für Emotionen zu sein; vielmehr scheint der Glaube, physiologisch zu reagieren oder reagiert zu haben, zu genügen.

Diese zweite Schlußfolgerung gilt allerdings nur dann, wenn sichergestellt ist, daß die manipulierten physiologischen Rückmeldungen nicht auch zu tatsächlichen autonomen Veränderungen (Herzrate) führen, was verschiedentlich bezweifelt worden ist (vgl. das Sammelreferat von Harris & Katkin, 1975; vgl. auch Liebhart, 1978). Eine eingehende Analyse der bis 1978 vorliegenden relevanten Untersuchungen von Liebhart (1978) legt jedoch nahe, daß vieles für die Annahme von Valins (1966, S. 401) spricht, daß "unzutreffende Repräsentationen von physiologischen Veränderungen dieselben Wirkungen haben wie zutreffende". Zur weiteren Information verweisen wir auf die ausgezeichnete Arbeit von Liebhart (1978), in der auch ein Modell zur Erklärung der Wirkungen von falschen Rückmeldungen über physiologische Veränderungen vorgestellt wird.

Der Replikationsversuch von Marshall & Zimbardo

Bei der Beschreibung des Experiments von Schachter und Singer (1962) wurde darauf hingewiesen, daß dessen Ergebnisse die Theorie Schachters nur teilweise bestätigten, und daß verschiedene Aspekte des Experiments nachfolgend von einer Reihe von Autoren kritisiert wurden. Erstaunlicherweise dauerte es dann aber 17 Jahre, bis diese Studie in verbesserter Form wiederholt wurde. Diese Untersuchung wurde von Marshall und Zimbardo (1979) durchgeführt. Im gleichen Jahr erschien eine weitere Arbeit (Maslach, 1979), die ebenfalls - jedoch in stärker modifizierter Weise - versuchte, die Ergebnisse von Schachter und Singer zu replizieren. Wir werden uns in diesem Abschnitt nur mit der Studie von Marshall und Zimbardo ausführlicher beschäftigen, da diese den direkteren Replikationsversuch darstellt. Aus Gründen der Übersichtlichkeit und der leichteren Verständlichkeit werden wir nicht alle sechs experimentellen Bedingungen dieser Arbeit darstellen, sondern nur drei.

Ähnlich wie Schachter und Singer (1962) teilten Marshall und Zimbardo den Versuchspersonen zunächst mit, es handele sich um ein Experiment, in dem die Wirkung eines Vitaminpräparats auf das Sehen untersucht werden solle. Einer Gruppe von Versuchspersonen wurde (als angebliches Vitaminpräparat) destilliertes Wasser injiziert (Gruppe *Placebo*). Einer zweiten Gruppe wurde Adrenalin injiziert, und zwar - ebenso wie bei Schachter und Singer - in einer für alle Versuchsteilnehmer konstanten Dosierung (0.5 ml gelöstes Adrenalin; Gruppe *Adrenalin*). Einer dritten Gruppe schließlich wurde ebenfalls Adrenalin injiziert, dessen Menge jedoch durchschnittlich etwas größer war als die in der zweiten Gruppe und vom Körpergewicht der Versuchspersonen abhing (zwischen 0.55 und 0.82 ml; Gruppe *Adrenalin erhöhte Erregung*).

Alle drei Gruppen erhielten unzutreffende Mitteilungen über die Wirkungen des angeblichen Vitaminpräparats. Es wurde ihnen gesagt, das Präparat führe zu erregungsirrelevanten Symptomen wie zum Beispiel zu Trockenheit im Hals, zu leichten Kopfschmerzen und zu Kälteempfindungen in Zehen und Fingern. Die drei Gruppen wurden dann mit einem euphorisch agierenden Vertrauten des Versuchsleiters konfrontiert, der sich ähnlich verhielt wie der Vertraute in der Euphorie-Bedingung des Experiments von Schachter und Singer.

Als abhängige Variablen erfaßten Marshall und Zimbardo (1) die Herzrate als Indikator der tatsächlichen physiologischen Erregung. Darüber hinaus machten die Versuchspersonen (2) Angaben über wahrgenommene Erregungssymptome. Weiterhin waren (3) die gleichen Fragen zu beantworten, die Schachter und Singer ihren Versuchspersonen zur Emotionserfassung gestellt hatten (wie gut oder glücklich man sich fühlt; wie gereizt, ärgerlich oder verletzt man sich fühlt). Zusätzlich beantworteten die Versuchspersonen (4) elf weitere Fragen, die sich auf den momentanen emotionalen Zustand bezogen, und zwar das erste Mal vor der Injektion und dem Zusammensein mit

Tabelle 3.3
Ausgewählte Ergebnisse des Experiments von Marshall & Zimbardo (1979); Erläuterungen im Text

	Placebo	Adrenalin	Adrenalin erhöhte Erregung
Hypothesen über Emotionsindikatoren	gering	hoch	hoch
Herzschlag-änderung	-3.0	-2.3	+6.7
wahrgenommene Erregung	0.5	2.8	3.4
Schachter-Singer-Skalierung	1.5	1.4	0.9
Emotions-Skalierung	10.4	7.4	1.8
Differenz Emotions-Skalierung	+3.6	+0.2	-4.3
Verhalten	35.0	25.6	14.5

dem euphorischen Vertrauten, und ein zweites Mal danach. Und schließlich wurde (5) - ähnlich wie bei Schachter und Singer - das Verhalten der Versuchspersonen während des Zusammenseins mit dem euphorischen Vertrauten mittels Video (durch einen Einwegspiegel) aufgezeichnet und später daraufhin beurteilt, inwieweit die Versuchsperson euphorisches Verhalten zeigte.

In Tabelle 3.3 (S. 140) sind die Hypothesen und Ergebnisse für die drei Versuchsbedingungen dargestellt. Betrachtet man zunächst die Hypothesen, so sollte in der Bedingung "Placebo" das Ausmaß positiver Emotionen gering sein (im Vergleich zu den beiden anderen Bedingungen), da aufgrund der Injektion von destilliertem Wasser keine physiologische Erregung aufgetreten sein sollte. In den beiden anderen Bedingungen dagegen sollte das Ausmaß positiver Emotionen vergleichsweise hoch sein, da aufgrund der Adrenalin-Injektion physiologische Erregung vorhanden ist, für die zunächst keine unmittelbare Erklärung vorliegt. Daher sollte ein Erklärungsbedürfnis entstehen, und das euphorische Verhalten des Vertrauten sollte eine emotionale Ursache für den eigenen Erregungszustand nahelegen.

Die Ergebnisse (vgl. Tabelle 3.3) zeigten, daß sich in der Gruppe "Adrenalin erhöhte Erregung" ein statistisch bedeutsamer Anstieg der Herzrate als Folge der Injektion ergab. In den anderen beiden Gruppen trat dagegen ein leichter, statistisch unbedeutender Abfall der Herzrate ein. In den Index der wahrgenommenen Erregung gingen vier Fragen ein (feuchte Hände, beschleunigter Herzschlag, verstimmter Magen, beschleunigte Atmung). In der Tabelle finden sich die mittleren Häufigkeiten dieser vier Symptome. Wie erwartet, fanden sich in der Placebo-Bedingung kaum Symptome wahrgenommener Erregung; in den beiden anderen Gruppen, in denen Adrenalin injiziert wurde, wurde dagegen über solche Symptome berichtet.

Betrachtet man jedoch die vier Emotionsindizes in Tabelle 3.3, so zeigt sich, daß sich in *keinem Fall* eine Bestätigung der aus der Theorie Schachters abgeleiteten Hypothesen ergab. Die Befundstruktur ist vielmehr gegenläufig. Der erste Index (Schachter-Singer-Skalierung) bezieht sich auf die Differenz der beiden Fragen nach positiven und negativen Gefühlen, die auch Schachter und Singer in ihrer Studie gestellt hatten; je größer die Differenz, desto mehr überwiegt das positive Gefühl. Die höchsten Differenzwerte sollten in denjenigen Bedingungen auftreten, in denen Adrenalin injiziert wurde. Dies war jedoch - wie die Tabelle zeigt - nicht der Fall. Der zweite Emotionsindex (Emotions-Skalierung) resultiert aus der Beantwortung der elf zusätzlichen Fragen bezüglich des momentanen emotionalen Zustandes, nachdem man mit dem euphorischen Vertrauten konfrontiert worden war. Je höher dieser Wert, desto ausgeprägter ist das positive Gefühl. Diese Werte widersprechen den Hypothesen vollständig; denn der höchste Wert fand sich in der Placebo-Bedingung, in der der niedrigste Wert zu erwarten gewesen wäre. Der dritte Emotionsindex (Differenz Emotions-Skalierung) bezieht sich auf die Differenz in der Beantwortung der elf Fragen nach dem momentanen emotionalen Zustand (zweiter Index) zu zwei Zeitpunkten; die Versuchspersonen hatten - wie erwähnt - diese Fragen vor der Injektion und dem Zusammensein mit dem euphorischen Vertrauten des Versuchsleiters sowie danach zu beantworten. In der Bedingung "Adrenalin erhöhte Erregung", in der eine Veränderung des emotionalen Zustandes vom ersten zum zweiten Zeitpunkt in positiver Richtung zu erwarten gewesen wäre, zeigte sich ein gegenteiliger Befund, nämlich eine signifikante Veränderung in negativer Richtung. In der Bedingung "Placebo" dagegen zeigte sich eine signifikante Veränderung in positiver Richtung, was ebenfalls den Vorhersagen widerspricht. Ähnliches gilt für den vierten Index (Verhalten); entgegen den Erwartungen trat euphorisches Verhalten am ausgeprägtesten in der Placebo-Bedingung auf.

Insgesamt stellen diese Ergebnisse also keinerlei Bestätigung für die Theorie Schachters dar. Das Datenmuster zeigt vielmehr in konsistenter Weise, daß eine Adrenalin-Injektion - im Vergleich zur Placebo-Bedingung - zu negativeren emotionalen Zuständlichkeiten führt, und zwar trotz der Tatsache, daß die Versuchspersonen mit einem euphorischen Vertrauten zusammen waren. Ähnliche Ergebnisse fand Maslach (1979) in ihrer modifizierten Replikationsstudie. Maslach faßt ihre Befunde folgendermaßen zusammen:

> "Die Ergebnisse zeigen ein bemerkenswert konsistentes und kohärentes Muster der emotionalen Reaktionen ... das im Widerspruch zu dem interaktiven Muster steht, das von Schachter und Singer vorhergesagt wird. In allen Fällen berichteten Versuchspersonen, die eine für sie unerklärte Erregung erlebten, über negative Emotionen, und zwar unabhängig davon, ob der Vertraute [sich ärgerlich oder fröhlich verhielt]" (1979, S. 963).

Marshall und Zimbardo zogen aus ihren Ergebnissen die Schlußfolgerung, daß durch Adrenalin hervorgerufene unerklärte physiologische Erregung *nicht* die "emotionale Plastizität" aufweist, die Schachter behauptet. Das heißt: Unerklärte physiologische Erregung ist in Abhängigkeit vom Faktor "Kognition" *nicht* beliebig in positive oder negative Emotionen "ausformbar". Durch Adrenalin hervorgerufene unerklärte Erregung scheint vielmehr in konsistenter Weise mit negativen Emotionen verbunden zu sein (vgl. auch Erdmann & van Lindern, 1980; Rogers & Deckner, 1975). Marshall und Zimbardo führen dies darauf zurück, daß unter natürlichen Bedingungen eine erhöhte Adrenalin-Ausschüttung besonders bei Zuständen von Angst bzw. in bedrohlichen Situationen auftritt, und daß daher eine gelernte Verknüpfung zwischen dem durch Adrenalin hervorgerufenen Erregungsmuster und negativen Emotionen besteht. Wenn nun - wie in den hier beschriebenen Experimenten - dieses Erregungsmuster durch eine Injektion künstlich herbeigeführt wird, so führt dies aufgrund der gelernten Verknüpfung dazu, daß sich in den einzelnen Emotionsindizes negativere Werte finden als in der Placebo-Bedingung, in der keine Erregung induziert wurde.

Marshall und Zimbardo resümieren ihre Ergebnisse und die von Maslach folgendermaßen:

> "Es ist einigermaßen beruhigend, daß unsere echten Emotionen - insbesondere, wenn man deren möglichen Anpassungswert bedenkt - wohl zweckmäßiger bestimmt und weniger anfällig gegenüber flüchtigen oder sonderbaren situativen Faktoren sind, als es von Schachter und Singer nahegelegt wurde. Vielleicht sollten wir Sozialpsychologen die Bedeutung unserer biologischen 'hardware' höher einschätzen oder, um eine häufige Botschaft der Medien zu paraphrasieren, 'Es ist nicht so leicht, Mutter Natur zu täuschen'" (Marshall & Zimbardo, 1979, S. 983).

Die Emotionstheorie von Mandler

Als letzte Theorie in diesem Kapitel wollen wir die Emotionstheorie von George Mandler betrachten. Diese Theorie weist große Ähnlichkeiten zu derjenigen von Schachter (1964) bzw. Schachter und Singer (1962) auf. Auch Mandler nimmt an, daß Emotionen (1) auf physiologischer Erregung und (2) auf Kognitionen über die auslösende

Situation beruhen. Die ursprüngliche Fassung der Theorie Mandlers erschien in zwei Arbeiten, die 1962 bzw. 1964 publiziert wurden, also gleichzeitig mit den Arbeiten von Schachter und Singer (1962) bzw. Schachter (1964). Später hat Mandler seine Theorie erweitert und präzisiert (Mandler, 1975, 1980, 1984, 1992). Im Vergleich zur Emotionstheorie von Schachter hat Mandlers Theorie jedoch relativ wenig Aufmerksamkeit gefunden. Dies liegt zum einen sicher daran, daß diese Theorie auf der Untersuchung von Schachter und Singer (1962) basiert und der Theorie Schachters sehr stark ähnelt. Ein zweiter Grund besteht wohl darin, daß Mandler - im Gegensatz zu Schachter - seine Theorie keiner systematischen empirischen Überprüfung unterzogen hat.

Die ursprüngliche Fassung der Theorie

In seiner 1962 erschienenen Arbeit beschreibt Mandler zunächst ausführlich das Experiment von Schachter und Singer (1962) und resümiert dann: "Wir können nun, auf der Grundlage der Experimente von Schachter, die wichtigsten Variablen skizzieren, die für das Zustandekommen von emotionalem Verhalten verantwortlich sind" (Mandler, 1962, S. 289).

Mandler entwickelt dann eine - wie er sie nennt - *Musikautomaten-Theorie* der Emotionsentstehung, wobei er allerdings einschränkend anmerkt, daß die Analogie zwischen der Funktionsweise eines Musikautomaten und dem Entstehen einer Emotion beim Menschen nur annähernd gilt:

> "Die Ähnlichkeit zwischen beiden beruht darauf, daß die Funktionsweise eines Musikautomaten zwei Vorgänge beinhaltet - das Einwerfen einer Münze und die Auswahl einer Schallplatte. Wenn die Münze eingeworfen ist, kann jede der im Automaten vorhandenen Platten gespielt werden; solange aber keine Münze eingeworfen wurde, ist keine Platte verfügbar. Darüber hinaus bedeutet das Einwerfen einer Münze nicht, daß eine Melodie gegenüber einer anderen bevorzugt gewählt wird. Analog betrachten wir die Erzeugung von emotionalem Verhalten als einen zweistufigen Prozeß, wobei die Aktivierung der Viszera (möglicherweise des sympathischen Nervensystems) dem Einwerfen der Münze in den Musikautomaten vergleichbar ist. Die Auswahl der Schallplatte (das heißt, die Art des emotionalen Verhaltens, das erzeugt wird) ist jedoch nicht durch die Aktivierung der physiologischen Reaktion vorbestimmt, sondern hängt vielmehr davon

> ab, daß der richtige Knopf gedrückt wird. In den Experimenten von Schachter wurde dies entweder durch das Verhalten des Vertrauten des Versuchsleiters oder durch die Erklärung [des Versuchsleiters] erreicht. ... Aktivierung (Einwurf der Münze) und Wahl der Emotion (Wahl der Melodie) sind jedoch nicht notwendigerweise unabhängige Prozesse, da dieselbe Situation sowohl Aktivierung als auch die Auswahl eines bestimmten emotionalen Zustands verursachen kann" (Mandler, 1962, S. 289/290).

Auch ohne dies im einzelnen zu erörtern, dürfte es der Leserin und dem Leser deutlich sein, daß die Musikautomaten-Theorie Mandlers mit der Theorie Schachters in wesentlichen Punkten übereinstimmt.

Präzisierungen der Theorie

In einer Reihe späterer Veröffentlichungen hat Mandler seine Theorie mehrfach präzisiert, und zwar *erstens* in bezug auf die Bedingungen, die zu physiologischer Erregung führen, und *zweitens* in bezug auf die Prozesse, von denen die Qualität einer Emotion abhängt.

Das Entstehen physiologischer Erregung

In einer 1964 erschienenen Arbeit beschäftigte er sich mit den Auswirkungen einer Unterbrechung von organisierten Handlungssequenzen und formulierte folgende allgemeine These über die Wirkungen solcher Unterbrechungen (vgl. bereits Hebb, 1946): "Die Unterbrechung einer integrierten oder organisierten Handlungssequenz bewirkt einen Zustand der [physiologischen] Erregung, dem emotionales Verhalten folgt" (Mandler, 1964, S. 164). Das heißt, Mandler postulierte die Unterbrechung organisierter Handlungssequenzen als eine der zentralen Ursachen physiologischer Erregung.

In einem 1975 erschienenen Buch knüpfte Mandler erneut an diese These an. Er erweiterte nun jedoch seinen Ansatz insofern, als es nicht mehr allein die Unterbrechung von *Handlungen* ist, die physiologische Erregung bewirken soll, sondern darüber hinaus auch die Unterbrechung von *mentalen Strukturen* wie zum Beispiel von Plänen und Erwartungen einer Person. Nach Mandler (1975, S. 153) sind diese Unterbrechungen "eine hinreichende und möglicherweise notwendige Bedingung für das Auftreten von Erregung des autonomen Nervensystems". Mandlers Betonung von Unterbrechung als *der* zentralen Ursache für physiologische Erregung hat dazu geführt, daß seine Theorie gelegentlich auch als *Unterbrechungstheorie* der Emotion bezeichnet wird (z. B. Schwarzer, 1981).

In späteren Arbeiten hat Mandler (1984, 1992) seine Theorie erneut präzisiert. Erstens wurden die Bedingungen, die zu physiologischer Erregung führen sollen, noch weiter gefaßt. Es sind nun nicht mehr nur *Unterbrechungen* (von Handlungen oder mentalen Strukturen), die Erregung bewirken sollen, sondern ganz allgemein das *Registrieren von Diskrepanzen*:

> "Eine der wichtigsten biologischen Erbschaften, die wir mit anderen Lebewesen teilen, ist die Reaktion auf Diskrepanzen in unserer Umgebung - der Tatbestand, daß wir auf Zustände der Welt als 'unterschiedlich' oder 'gleich' reagieren. Jeder Organismus hat ein Repertoire von entweder angeborenen oder erworbenen Reaktionen auf bestimmte Aspekte seiner Umgebung. So ... reagieren wir beispielsweise auf Veränderungen der Schwerkraft, ... lernen, was man in einem Restaurant oder Garten zu tun hat usw. Aber ... die Schwerkraft hat einen normalen Wert, ... Restaurants zeichnen sich durch Tische und Essen aus, und Gärten müssen Blumen haben. Wenn irgendeines dieser Charakteristika vom Üblichen abweicht, dann ist es offensichtlich nützlich zu wissen, daß sich die Umgebung verändert hat; und wenn die Charakteristika den Erwartungen entsprechen, so ist es nützlich, auch dieses zu wissen, das heißt zu wissen, daß sie 'bekannt' sind. Darüber hinaus ist es nützlich, einen Mechanismus zu besitzen, der nicht nur *automatisch* auf Veränderungen in der Umgebung reagiert, sondern der den Organismus auch für angemessene Handlungen und Reaktionen vorbereitet. Ein Organismus, der keinen *Unterschieds-Detektor* besitzt, würde von einer Welt, die sich in der Tat oft verändert, überwältigt werden, wobei diese Veränderungen häufig sein Überleben bedrohen können. Unter dem Aspekt evolutionärer selektiver Mechanismen scheint es auf der Hand zu liegen, daß schnelle und effiziente Reaktionen auf eine veränderte Welt hin einen hohen Überlebenswert haben" (Mandler, 1992, S. 106/7; Hervorhebungen hinzugefügt).

Das Registrieren von Veränderungen bzw. Diskrepanzen in der Umgebung führt zu einer Aktivierung des sympathischen Nervensystems, wobei diese Aktivierung in vorprogrammierter, automatischer Weise erfolgen soll (Mandler, 1984, S. 119; für empirische Evidenz vgl. z. B. MacDowell & Mandler, 1989). Daneben können aber auch andere Faktoren zu einer automatischen Aktivierung führen, zum Beispiel Gewebeverletzungen.

Neben diesen *automatischen* Auslösern (von denen, wie gesagt, das Registrieren von Diskrepanzen der wichtigste ist) nimmt Mandler (1984) auch sogenannte *funktionale* Auslöser an. Funktionale Auslöser können zum Beispiel bestimmte Tiere oder auch Gewehre sein. Diese Reize haben ursprünglich keine Aktivierung verursacht; sie erwerben ihre Auslösefähigkeit erst aufgrund bestimmter Erfahrungen des Individuums mit den jeweiligen Objekten. Mandler (1992, S. 108) nimmt jedoch an, daß das Registrieren von Diskrepanzen der bei weitem häufigste Auslöser von Aktivierung (Erregung) ist, und er geht - wie Schachter und Singer (1962) - davon aus, daß die *Intensität* einer Emotion von der Stärke der *wahrgenommenen* Aktivierung (Erregung) abhängt.

Bedeutungsanalyse und Emotionsqualität

Die *Qualität* einer Emotion, das heißt, welche Emotion in einer gegebenen Situation entsteht, hängt vom Ergebnis einer sogenannten *Bedeutungsanalyse* der Situation ab (Mandler, 1980, 1984). Dieser Prozeß der Bedeutungsanalyse ist für das Entstehen bestimmter kognitiver Bewertungen oder Einschätzungen von Situationen verantwortlich. Den Begriff "Bedeutungsanalyse" möchte Mandler in einem möglichst weiten Sinne verstanden wissen:

> "Der aktive Organismus nimmt seine Umgebung wahr und kategorisiert sie, er interpretiert die auftretenden Ereignisse und nimmt ... eine kategoriale Konstruktion der Bedeutung dieser Ereignisse vor. ... Diese Bedeutungen sind *konstruiert*, was zweierlei beinhaltet. Erstens werden zwei Individuen nicht exakt dieselbe Bedeutung in der identischen externen 'objektiven' Welt finden. Zweitens ergeben sich Bedeutungen aus der Wechselwirkung von Ereignissen in der Welt und den [Gedächtnis-]Strukturen und Erwartungen des interpretierenden Individuums.
> Die Quelle dieser Bedeutungsanalysen - und ihrer Produkte, den *kognitiven Bewertungen* - liegt in den komplexen Netzwerken von vergangenen Erfahrungen, Wahrnehmungserwartungen und der Organisation von Beziehungen ... Da zwei Bedeutungsanalysen niemals vollständig gleich ausfallen werden und zwei Konstruktionen niemals identisch sind, folgt, daß es unendlich viele Typen unterschiedlicher emotionaler Erfahrungen gibt" (Mandler, 1980, S. 228/9; Hervorhebungen hinzugefügt).

Das Entstehen einer Emotion

Das *Erleben* einer Emotion ergibt sich nach Mandler (1980, S. 229) "aus der gestaltähnlichen Verknüpfung der beiden Hauptkomponenten:

viszerale Erregung und kognitive Bewertung". Emotionen stellen also nicht etwa nur die Summe dieser beiden Komponenten dar. Sie ergeben sich aber auch nicht bloß daraus - wie Mandler (1984, S. 209) in Abgrenzung zu Schachter und Singer (1962) betont -, daß wahrgenommene physiologische Erregung auf die emotionale Kognition zurückgeführt wird bzw. diese Kognition das "Etikett" für die wahrgenommene Erregung liefert. Vielmehr soll sich aus der Verknüpfung von Erregung und kognitiver Bewertung im Bewußtsein ein *neuartiger* Zustand ergeben, nämlich das phänomenale Erleben einer Emotion. Der Prozeß, der dieser gestaltähnlichen, einen neuen Zustand bewirkenden Verknüpfung von Erregung und Situationseinschätzung zugrundeliegt, wird von Mandler als Integration beider Komponenten in übergeordnete "kognitive Schemata" charakterisiert (Mandler, 1984, S. 129); die genaue Form dieser Schemata sowie die Details des Integrationsprozesses bleiben jedoch weitgehend unspezifiziert. Jedenfalls sind die Prozesse, auf denen die Entstehung einer Emotion beruht - nämlich die Auslösung und Rückmeldung peripher-physiologischer Erregung, die Bedeutungsanalyse und die Integration dieser Komponenten - nach Mandler gewöhnlich unbewußt und automatisch. Die *Ergebnisse* dieser Prozesse - nämlich wahrgenommene Erregung, die Bedeutung einer Situation oder eines Ereignisses und die Emotion - sind dem Individuum jedoch bewußt.

Das Entstehen von Angst

Mandler hat im Rahmen seiner Emotionstheorie insbesondere das Entstehen von Angst analysiert (Mandler, 1964, 1975, 1984; Mandler & Watson, 1966). Bereits 1952 hatte er sich, zusammen mit Seymour Sarason, in einer vielbeachteten, inzwischen klassischen Arbeit mit Prüfungsangst beschäftigt (Mandler & Sarason, 1952). Gegenstand dieser frühen Arbeit war jedoch nicht die *Entstehung* von Angst. Mandler und Sarason entwickelten hier vielmehr Annahmen darüber, welche *Auswirkungen* Prüfungsangst auf Leistungsverhalten hat. Sie berichteten über ein Experiment, in dem ein Teil dieser Annahmen überprüft wurde und stellten einen zu diesem Zweck entwickelten Fragebogen zur Messung von Prüfungsangst vor. Dieser Fragebogen wurde später unter der Bezeichnung *Test Anxiety Questionnaire* (TAQ) bekannt und in zahlreichen empirischen Arbeiten eingesetzt.

Angst ergibt sich nach Mandler (1964, 1980) aus der gestaltähnlichen Verknüpfung von erlebter viszeraler Erregung (physiologische Komponente) und der Kognition eigener *Hilflosigkeit* (kognitive Komponente). Diese Emotion entsteht nach Mandler typischerweise dann, wenn Handlungen oder Pläne einer Person unterbrochen oder durchkreuzt werden. Dies kann zum Beispiel dadurch geschehen, daß während der Handlungsausführung Mißerfolg eintritt oder ein Plan sich als nicht realisierbar herausstellt.

Die Unterbrechung führt zunächst zu physiologischer Erregung, der viszeralen Komponente der Angstreaktion. Wenn die Person - aufgrund einer Bedeutungsanalyse der Situation - außerdem glaubt, über keinerlei alternative Möglichkeiten zu verfügen, die begonnene Handlung zu Ende zu führen bzw. ihren Plan zu realisieren - sie sich in der fraglichen Situation also als *hilflos* erlebt - entsteht Angst.

Angst kann die Handlungsmöglichkeiten und kognitiven Aktivitäten einer Person in erheblichem Maße einschränken:

> "Wenn Unterbrechung und Hilflosigkeit vorliegen, dann besteht der Bewußtseinsinhalt in der vorherrschenden Emotion ("Angst") ... Aber es gibt andere Kognitionen, die mit dieser Emotion um die begrenzte Kapazität des Bewußtseins konkurrieren. Dazu gehört die Suche nach alternativen Mitteln, um die Situation zu bewältigen (die, wenn sie erfolglos ist, das Ausmaß an Hilflosigkeit weiter erhöht), das Grübeln über die Folgewirkungen der eigenen Angst und Hilflosigkeit, Gedanken über die eigene Unfähigkeit und ein niedriges Selbstwertgefühl. Diese letzteren Kognitionen haben für gewöhnlich den Effekt, daß sie die begrenzte Bewußtseinskapazität und Aufmerksamkeit vollständig in Anspruch nehmen, was zur Folge hat, daß die Person weniger in der Lage ist, neue und wirksame Mittel zu finden, um ihre Umwelt zu bewältigen. Sie wird in ihrem Verhalten und ihren Gedanken stereotyp, was ihre Problemlösefähigkeit weiterhin einschränkt" (Mandler, 1980, S. 234).

Die kognitive Komponente der Angst, nämlich die Kognition eigener Hilflosigkeit, stellt für Mandler (1984, S. 246) "eine unmittelbare Reaktion auf die Situation dar ... Die Person weiß nicht, was sie in dieser *spezifischen* Situation tun soll" (Hervorhebung hinzugefügt). Davon ist das Erleben von *Hoffnungslosigkeit* zu unterscheiden (vgl. Mandler, 1980, 1984). Hoffnungslosigkeit entsteht, wenn das Empfinden von Hilflosigkeit nicht nur eine spezifische Situation, sondern viele, mehr oder weniger unterschiedliche Situationen betrifft. Mandler (1984, S. 246) beschreibt Hoffnungslosigkeit als ein "generalisiertes Empfinden, daß man in keiner Situation weiß, was man tun soll". Die Kognitionen der Hilflosigkeit versus Hoffnungslosigkeit haben nach Mandler unterschiedliche Konsequenzen. Während Hilflosigkeit zu situationsspezifischer Angst führt, hat Hoffnungslosigkeit eine generalisierte *Depression* zur Folge (vgl. dazu Abramson, Metalsky & Alloy, 1989; Weiner & Litman-Adizes, 1980; vgl. Kapitel 4).

Emotionen in engen zwischenmenschlichen Beziehungen

Berscheid (1982) hat auf der Grundlage der Emotionstheorie von Mandler das Entstehen von Emotionen in engen zwischenmenschlichen Beziehungen analysiert. Zentrale Annahme dieser Analyse ist die These Mandlers, daß die Unterbrechung von Handlungen und Plänen eine der wichtigsten Ursachen für das Entstehen von Erregung und (daher) von Emotionen ist.

Berscheid unterscheidet zwei Arten zwischenmenschlicher Beziehungen: *enge* Beziehungen und *parallele* Beziehungen. Enge Beziehungen zeichnen sich nach Berscheid dadurch aus, daß sie hochgradig "vermascht" sind, das heißt, es besteht eine enge kausale Wechselbeziehung zwischen den beteiligten Personen: Die Handlungen, Pläne und Erwartungen der einen Person haben einen starken Einfluß auf die Handlungen, Pläne und Erwartungen der anderen Person und umgekehrt. Parallele zwischenmenschliche Beziehungen sind dagegen dadurch gekennzeichnet, daß nur wenige oder keine kausalen Wechselbeziehungen zwischen den Handlungen und Plänen der Interaktionspartner bestehen.

Enge Beziehungen zeichnen sich nach Berscheid nun nicht etwa dadurch aus, daß dort *normalerweise* besonders intensive Emotionen auftreten. Ganz im Gegenteil, enge Beziehungen sind - ebenso wie parallele Beziehungen - dadurch gekennzeichnet, daß innerhalb dieser Beziehungen im Alltag kaum Emotionen auftreten. Die zwei Arten von Beziehungen unterscheiden sich jedoch darin, daß sie ein unterschiedliches Emotions*potential* in sich bergen. Enge Beziehungen sind - wie Berscheid es ausdrückt - "tickende Bomben" in bezug auf das Auftreten von Emotionen, was für parallele Beziehungen nicht gilt. Dies ist nach Berscheid auf die unterschiedliche "Vermaschtheit" der beiden Beziehungstypen zurückzuführen.

Wenn in einer engen Beziehung eine bedeutsame Veränderung eintritt - zum Beispiel wenn ein Partner den anderen verläßt oder wenn ein Partner stirbt -, dann wird die kausale Wechselbeziehung der beiden Partner in bezug auf Handlungen, Pläne und Erwartungen *unterbrochen*. Derartige Unterbrechungen sind aber nach Mandler die wichtigsten Auslöser von physiologischer Erregung, die ihrerseits eine notwendige Bedingung für das Auftreten von Emotionen ist. Intensive Emotionen sollen also in engen Beziehungen hauptsächlich dann erlebt werden, wenn die Beziehungen "gestört" oder beendet werden. Berscheid resümiert:

> "Man hat viel zu lange die gängige Auffassung vertreten, daß enge Beziehungen durch das unablässige Erleben intensiver Emotionen der Freude und Hochstimmung gekennzeichnet sind oder zumindest durch viele intensive Emotionen. Es muß uns dann - ebenso wie die beteiligte Person - überraschen, daß die intensivsten Emotionen nach Trennung oder dem Tod eines Partners gerade in solchen Beziehungen erlebt werden, die bis dahin durch sehr wenige Emotionen gekennzeichnet waren. Tatsächlich mögen die beiden Personen in ihrer Beziehung *niemals* eine intensive Emotion erlebt haben" (Berscheid, 1982, S. 52).

Ist physiologische Erregung notwendig für Emotionen?

Die von Valins (1966) begonnenen Untersuchungen zu den Wirkungen von falschem physiologischen Feedback auf Emotionen lassen Zweifel daran aufkommen, ob tatsächliche physiologische Reaktionen bzw. die dadurch verursachten Empfindungen für Emotionen notwendig sind. Diese Zweifel werden durch neuere Untersuchungen verstärkt. Diese Untersuchungen sprechen darüber hinaus auch gegen die Hypothese von Valins, daß zumindest die Überzeugung, erregt zu sein bzw. physiologisch reagiert zu haben, für Emotionen notwendig ist.

Wie erwähnt hatte bereits Cannon (1927, 1929) im Zusammenhang mit seiner Kritik an der Theorie von James zwei Argumente vorgebracht, die die Notwendigkeit von physiologischer Erregung für Emotionen in Frage stellten (Kritikpunkte 1 und 5; vgl. S. 103). Diesen Kritikpunkten konnte Schachter jedoch nicht zustimmen. Cannons

Befund, daß die vollständige Trennung der Eingeweide vom Zentralnervensystem bei Tieren zu keiner Veränderung im emotionalen *Verhalten* führe (Kritikpunkt 1), akzeptierte Schachter zwar, argumentierte jedoch, wie erwähnt, dies beweise nicht zwingend, daß auch das emotionale *Erleben* dadurch unbeeinflußt geblieben sei. Ganz im Gegenteil, so Schachter (1964), zeige eine neuere Untersuchung des emotionalen Erlebens von querschnittsgelähmten Personen, bei denen die Rückmeldungen über viszerale Reaktionen weitgehend unterbrochen sind, daß deren emotionales Erleben deutlich reduziert sei. Schachter (1964) berief sich dabei auf eine - erst 1966 publizierte - Studie von Hohmann (1966). Wir wollen diese Untersuchung und daran anknüpfende neuere Studien kurz näher betrachten.

Hohmann, selbst querschnittsgelähmt, befragte 25 männliche Erwachsene, deren Rückenmark in unterschiedlicher Höhe der Wirbelsäule durchtrennt war, in einem strukturierten Interview nach dem Erleben verschiedener Emotionen vor und nach der Rückenmarksverletzung. Die Befragten berichteten über eine deutliche Abnahme des Erlebens von sexueller Erregung, Furcht und Ärger, wobei diese Gefühle tendenziell um so weniger intensiv erlebt wurden, je höher die Rückenmarksverletzung lokalisiert war. Dieser Befund steht zunächst in guter Übereinstimmung mit der Theorie von Schachter. Jedoch gaben 23 der 25 befragten Männer an, sentimentale Gefühle hätten nach der Verletzung zugenommen; lediglich zwei Männer konnten keine Veränderung im Erleben sentimentaler Gefühle feststellen. Dieses Ergebnis ist mit der Theorie von Schachter jedoch unvereinbar.

Gegen die Untersuchung Hohmanns (1966) wurden darüber hinaus nachfolgend verschiedene methodische Einwände vorgebracht (z. B. Chwalisz, Diener & Gallagher, 1988; Reisenzein, 1983), und die Ergebnisse von Hohmann konnten in einer Reihe neuerer Untersuchungen zum emotionalen Erleben Querschnittsgelähmter nicht repliziert werden (z. B. Bermond, Nieuwenhuyse, Fasotti & Schuerman, 1991; Chwalisz et al., 1988; Heidbreder, Ziegler, Schafferhans, Heidland & Grüninger, 1984; Linton & Hirt, 1979; Lowe & Carroll, 1985). Gegen Hohmann (1966) wurde unter anderem eingewendet, daß die von ihm befragten Querschnittsgelähmten nur deshalb weniger sexuelle Erregung, Furcht und Ärger als vor ihrer Verletzung erlebten, weil ihnen die neue Lebenssituation bzw. die Anpassung an sie weniger Anlaß zu diesen Emotionen bot. So vermuten Chwalisz et al. (1988), daß Hohmanns Versuchspersonen nach der Verletzung zu einer passiven und resignativen Haltung gegenüber ihrer neuen Lebenssituation angehalten wurden. Chwalisz et al. führten daher eine eigene Untersuchung zum emotionalen Erleben von Querschnittsgelähmten durch. Sie untersuchten solche Personen, die auch nach ihrer Verletzung ein aktives und engagiertes Leben führten. In Übereinstimmung mit ihrer Reinterpretation der Befunde Hohmanns fanden die Autoren, daß die Mehrzahl dieser aktiven Querschnittsgelähmten angab, Freude, Liebe, Sentimentalität und Traurigkeit nach der Verletzung tendenziell sogar *intensiver* zu erleben als vorher. Darüber hinaus fanden Chwalisz et al. keine Unterschiede im Erleben dieser Emotionen zwischen Querschnittsgelähmten, an den Rollstuhl gebundenen, aber nicht querschnittsgelähmten Personen sowie einer Kontrollgruppe von gesunden Personen.

Bermond, Nieuwenhuyse, Fasotti und Schuerman (1991) untersuchten das emotionale Erleben von Querschnittsgelähmten, wobei sie sich ebenfalls an die Methodik Hohmanns (1966) anlehnten. Die Autoren fassen die Ergebnisse ihrer Untersuchung folgendermaßen zusammen:

> "Entgegen den Erwartungen, die aufgrund [der Arbeit] von Hohmann (1966) und durch verschiedene Emotionstheorien nahegelegt werden, zeigten die Ergebnisse dieser Studie, daß Rückenmarksverletzungen nicht zu einer allgemeinen Reduktion der emotionalen Erregbarkeit führen. Nach Ansicht der querschnittsgelähmten Patienten selbst hatte ihre allgemeine emotionale Erregbarkeit nach der Verletzung eher zugenommen als abgenommen" (Bermond et al., 1991, S. 201).

Auch in weiteren, seit Hohmanns (1966) Arbeit veröffentlichten Untersuchungen zu den Emotionen querschnittsgelähmter Personen (vgl. oben) konnten keinerlei Belege für ein reduziertes emotionales Erleben bei dieser Personengruppe festgestellt werden (vgl. Reisenzein, 1993a). In Übereinstimmung damit wurde auch gefunden, daß die medikamentöse Reduktion peripher-physiologischer Erregung bei Gesunden mittels sogenannter Beta-Blocker keinen bedeutsamen Effekt auf deren emotionales Erleben hat (vgl. Erdmann, 1986; Reisenzein, 1983, 1993a). Zusammengenommen sprechen diese neueren Befunde in starkem Maße gegen Schachters Annahme, peripher-physiologische Erregung bzw. deren Wahrnehmung sei für Emotionen notwendig. Sie sprechen darüber hinaus aber auch gegen die Annahme von Valins (1966), zumindest die Überzeugung, erregt zu sein (oder allgemeiner, physiologisch zu reagieren), sei für Emotionen unverzichtbar, denn diese Überzeugung beruht ja im Normalfall auf dem Empfinden physiologischer Symptome.

Zusammenfassung

Wir haben uns in diesem Kapitel einleitend mit der Emotionstheorie von William James beschäftigt sowie mit den kritischen Einwänden, die von verschiedenen Autoren gegen diese Theorie vorgetragen wurden. Gegenstand der Überlegungen von James ist der Erlebensaspekt von Emotionen, das heißt, er beschäftigt sich mit den Gefühlen von zum Beispiel Furcht, Stolz oder Scham und versucht zu erklären, was solche Gefühle sind und wie sie zustandekommen. Grundlage des Gefühlserlebens sind nach James körperliche, vor allem viszerale Veränderungen, deren bewußtes Erleben die Emotion ist. Die Vielfalt unserer Emotionen ergibt sich somit - anders als bei Schachter - aus der Vielfalt der körperlichen Veränderungen und deren Kombinationsmöglichkeiten.

Auch die Theorien von Marañon (1924), Schachter (1964) und Mandler (1964, 1984) beziehen sich auf das Erleben von Emotionen. Im Unterschied zu James vertreten diese Autoren jedoch die Auffassung, daß körperliche Veränderungen (physiologische Erregung) bzw. deren Wahrnehmung allein *nicht* hinreichend dafür sind, daß ein Gefühlserlebnis entsteht. Es muß ein zweiter Faktor - eine "Kognition" - hinzukommen. Darüber hinaus nehmen Schachter, Mandler und Marañon an, daß die Vielfalt und Unterschiedlichkeit unserer Gefühle von der Art der Kognition (genauer, der Situationseinschätzung) abhängt, und nicht - wie James behauptete - von der Art der körperlichen Veränderung. Der Grad der Erregung determiniert nur die Intensität von Emotionen. Allerdings macht Schachter (ebenso wie Marañon) keine Angaben darüber, welche Kognitionen (Einschätzungen) zu ganz spezifischen Emotionen führen. Bei Mandler finden sich entsprechende Angaben nur im Hinblick auf Angst und Depression.

Die Theorie Schachters (1964) sowie das Experiment von Schachter und Singer (1962) haben in der Literatur zwar große

Aufmerksamkeit erfahren, jedoch konnte die Theorie nicht in überzeugender Weise empirisch belegt werden. Die Ergebnisse von Marshall und Zimbardo (1979) und anderen Autoren erschüttern die Annahme Schachters, daß (durch Adrenalin hervorgerufene) unerklärte Erregung weitgehende "emotionale Plastizität" besitzt, das heißt, daß unerklärte Erregung in Abhängigkeit vom Faktor "Kognition" beliebig in positive und negative Emotionen ausformbar ist. Unerklärte Erregung scheint vielmehr in konsistenter Weise mit negativen Gefühlen verbunden zu sein. Die Studien von Valins und Mitarbeitern sprechen dafür, daß echte physiologische Erregung bzw. durch sie verursachte Erregungsempfindungen zumindest für den nicht-alltäglichen Fall der Emotionsentstehung nicht erforderlich sind, sondern daß der bloße Glaube, erregt zu sein oder physiologisch reagiert zu haben, genügt. Und die neueren Untersuchungen zum emotionalen Erleben querschnittsgelähmter Personen und zu den Effekten von Beta-Blockern auf die Emotionen Gesunder lassen es als sehr zweifelhaft erscheinen, daß physiologische Erregung, Erregungsempfindungen oder auch nur der Glaube, physiologisch erregt zu sein, für Emotionen notwendig sind. Trotz dieser und anderer kritischer Stellungnahmen stellt Schachters Theorie dennoch einen Meilenstein in der Geschichte der Emotionspsychologie dar, unter anderem deswegen, weil sie die Bedeutsamkeit von Kognitionen für das emotionale Erleben in das Zentrum des Interesses gerückt hat.

Darüber hinaus hat die Theorie Schachters zahlreiche Forschungsarbeiten angeregt, insbesondere zur Frage, ob es möglich ist, Emotionen durch Fehlattribution von physiologischer Erregung zu beeinflussen. Diese Frage fand unter anderem deshalb besonderes Interesse, weil die Technik der Fehlattribution als ein geeignetes Mittel erschien, negative Emotionen dadurch zu "therapieren", daß für wahrgenommene eigene Erregung eine falsche Erklärung nahegelegt wird. Die Forschung zu diesem Problem hat sich bis in die neueste Zeit fortgesetzt und hat ergeben, daß es unter bestimmten Bedingungen (vgl. dazu Ross & Olson, 1981; Olson, 1988) tatsächlich möglich zu sein scheint, Emotionen durch Fehlattributionen von physiologischer Erregung zu beeinflussen. Dies steht zwar in Einklang mit der Theorie Schachters, läßt aber sicherlich nicht den Schluß zu, daß unser emotionales Erleben *stets* – wie es die Theorie behauptet – wahrgenommene physiologische Erregung und darauf bezogene Kausalattributionen voraussetzt.

Die gegen Schachters Theorie vorgebrachten Einwände treffen auch auf die Theorie Mandlers zu. Denn Mandler vertritt, ebenso wie Schachter, die Auffassung, daß Emotionen wahrgenommene physiologische Erregung voraussetzen. Mandlers Analyse der Entstehung von Angst besitzt zwar in einer Hinsicht eine gewisse intuitive Plausibilität, nämlich in bezug auf die Annahme, daß Angst insbesondere dann entsteht, wenn die Handlungen oder Pläne einer Person unterbrochen oder durchkreuzt werden und sie dieser Situation hilflos gegenübersteht. Es gibt aber keinen überzeugenden Beleg dafür, daß zusätzlich zur Kognition eigener Hilflosigkeit auch Erregungsempfindungen notwendig sind. Analog verhält es sich mit Berscheids Annahme, daß in engen zwischenmenschlichen Beziehungen normalerweise nur wenige oder keine intensiven Emotionen erlebt werden, sondern daß dies erst dann der Fall ist, wenn die Beziehung gestört (unterbrochen) wird. Diese Annahme könnte durchaus korrekt sein, und es ist auch nicht unplausibel, daß die Störung von Beziehungen physiologische Erregung verursacht. Aber auch hier gibt es keinen überzeugenden Beleg dafür, daß die Erregung notwendig für das Entstehen einer Emotion ist (wie Berscheid unter Rückgriff auf Mandler annimmt).

Weiterführende Literatur

Modifizierte Versionen der Theorie von James (1884, 1890) finden sich bis in die Gegenwart. In Übereinstimmung mit James nehmen die "Neo-Jamesianer" an, daß körperliche Veränderungen (bzw. deren Rückmeldungen) zumindest einen wichtigen, wenn nicht sogar einen unverzichtbaren Beitrag zum Gefühlserleben liefern. In den meisten neueren Theorien sind es jedoch - anders als bei James - nicht Rückmeldungen *viszeraler* Veränderungen, sondern Rückmeldungen des *Ausdrucksverhaltens*, das heißt der Körperhaltung, Gestik und vor allem der Mimik, die als körperliche Basis des Gefühlserlebens angesehen werden (z. B. Izard, 1971, 1977, 1990; Tomkins, 1962). Bestimmte Reize - so nimmt man an - lösen neurale Prozesse aus, die zu Ausdrucksverhalten führen; die sensorische Rückmeldung dieses Ausdrucksverhaltens (an den Neocortex) führt zum Erleben einer Emotion oder beeinflußt zumindest das Gefühlserleben. In manchen

Theorien werden daneben, ähnlich wie bei Schachter, auch Kognitionen über die Situation als wichtig erachtet (z. B. Laird & Bresler, 1992). Auf einige dieser Theorien werden wir im geplanten Folgeband noch ausführlicher eingehen.

Zur Überprüfung dieser Theorien wurden in den letzten 15 Jahren zahlreiche Studien durchgeführt, in denen die Effekte experimenteller Manipulationen des Ausdrucksverhaltens - zum Beispiel durch die Instruktion, bestimmte Gesichtsmuskeln anzuspannen - auf verschiedene emotionale Variablen untersucht wurden (zsf. Adelmann & Zajonc, 1989; Izard, 1990; Laird & Bresler, 1992). In der Mehrzahl der publizierten Untersuchungen wurde tatsächlich gefunden, daß die experimentelle Veränderung des Ausdrucksverhaltens einen signifikanten, wenn auch meist nur schwachen Effekt auf die selbstberichteten Gefühle sowie auf andere Variablen wie zum Beispiel Objektbeurteilungen hatte. Jedoch scheinen Rückmeldungen von der Ausdrucksmuskulatur für das Erleben von Emotionen genauso wenig notwendig zu sein wie Rückmeldungen physiologischer Erregung (Leventhal, 1984; Reisenzein, 1993a).

Eine genauere Analyse der Theorien von Schachter, Valins und Mandler sowie weiterer, hier nicht besprochener "kognitiv-physiologischer" Theorien der Emotion gibt Reisenzein (1993b).

Kapitel 4

DIE ATTRIBUTIONALE THEORIE DER EMOTIONEN

In diesem Kapitel beschäftigen wir uns mit der Frage, welcher Zusammenhang zwischen Überzeugungen über die Ursachen von Ereignissen (Attributionen) einerseits und Emotionen andererseits besteht. Erörtert werden die diesbezüglichen Überlegungen von Bernard Weiner, einem amerikanischen Psychologen, der die bislang systematischste Analyse der Beziehung zwischen Attributionen und Emotionen vorgelegt hat.

Wie im vorangegangenen Kapitel dargestellt, spielen Attributionen auch in der Theorie Schachters (1964) eine wichtige Rolle, und zwar insofern, als das Entstehen einer Emotion voraussetzt, daß wahrgenommene physiologische Erregung auf eine "emotionale" Einschätzung der Situation zurückgeführt (attribuiert) wird. Diese Attribution ist bei Schachter das Verbindungsglied zwischen wahrgenommener Erregung und der Situationseinschätzung. Sie stellt jedoch nur *einen* von mehreren Faktoren dar, die für das Entstehen einer Emotion notwendig sind.

Auch für Weiner sind - wie wir sehen werden - Kausalattributionen von entscheidender Bedeutung für (bestimmte) Emotionen. Jedoch handelt es sich bei diesen emotionsrelevanten Attributionen nicht um Attributionen von physiologischer Erregung wie bei Schachter. Erregung und Erregungsattributionen spielen in der Theorie Weiners überhaupt keine Rolle. Die von Weiner betonten Kausalüberzeugungen sind vielmehr Attributionen von Ereignissen und Verhalten, welche - *als Komponenten der emotionsrelevanten Einschätzung dieser Ereignisse* - die Qualität spezifischer Emotionen mitbestimmen, das heißt, sie bestimmen mit, welche Emotionen in einer gegebenen Situation erlebt werden.

Mit der Frage, wie ganz *spezifische* Emotionen (z. B. Stolz oder Ärger) entstehen, behandelt Weiner (Weiner, 1986; Weiner, Russell

& Lerman, 1978, 1979) ein Problem, das von den früheren Emotionstheoretikern häufig vernachlässigt wurde (eine Ausnahme in dieser Hinsicht ist z. B. Watson; vgl. Kapitel 2). Wie wir im Kapitel 3 gesehen haben, behaupten James und Schachter zwar, die Qualität einer Emotion sei von emotionsspezifischen viszeralen Veränderungen (James) bzw. emotionsrelevanten Kognitionen (Schachter) abhängig; jedoch wird von beiden Autoren nicht näher spezifiziert, *welche* viszeralen Veränderungen bzw. *welche* Kognitionen für spezifische Emotionen charakteristisch sind. Ähnliches gilt auch für Valins (1966) und für andere kognitive Emotionstheoretiker. So nimmt zum Beispiel auch Lazarus (1968) an, daß die Qualität unserer Emotionen von Einschätzungs- und Bewertungsprozessen abhängig ist, gibt jedoch ebenfalls nicht an, *welche* Einschätzungen und Bewertungen zu *welchen* Emotionen führen (vgl. jedoch neuerdings Lazarus, 1991a). Dagegen hat Weiner als einer der ersten neueren Emotionstheoretiker versucht, die für eine Reihe von Emotionen charakteristischen vorauslaufenden Kognitionen (Einschätzungen) zu spezifizieren.

Wir werden in diesem Kapitel zunächst einige ausgewählte Aspekte der Attributionstheorie behandeln, da Weiners Emotionstheorie in diese allgemeinere Theorie eingebettet ist. Danach werden wir auf Weiners Emotionstheorie ausführlich eingehen.

Attributionstheorie

Im Zentrum attributionstheoretischer Überlegungen steht eine sehr grundlegende Frage, nämlich die Frage nach der Beschaffenheit derjenigen kognitiven Prozesse, aufgrund derer uns unsere Umgebung verstehbar, vorhersagbar und kontrollierbar erscheint. Grundlegend für die Entwicklung der Attributionstheorie war die 1958 erschienene Monographie von Fritz Heider *The psychology of interpersonal relations* (deutsch 1977). Ein Teil der dort vorgetragenen Überlegungen wurde von Jones und Davis (1965) und Harold Kelley (1967, 1973) aufgegriffen und systematisiert. Insbesondere die auf Heider beruhenden Arbeiten Kelleys haben dann eine Fülle von Forschungsarbeiten angeregt, die sich mit den Bedingungen und Folgen von Attributionen befassen.

Die Attributionstheorie beschäftigt sich mit Kausalerklärungen von Ereignissen, die "der Mann (und die Frau) auf der Straße" (wir alle) *als "naive Psychologen"* vornehmen. Das heißt, von Interesse für Attributionstheoretiker sind bevorzugt "naive" Kausalerklärungen von *psychologischen* Phänomenen, das heißt Kausalerklärungen eigenen Verhaltens und Erlebens und des Verhaltens anderer Personen, sowie der Ergebnisse solchen Verhaltens. Die Attributionstheorie versucht zum Beispiel auf folgende Fragen Antworten zu geben: Aufgrund welcher Informationen und Prozesse kommt man zu dem Schluß, daß eine ergangene Einladung auf der Sympathie des Gastgebers und nicht auf bloßer Höflichkeit beruht? Wie kommt man zu der Ansicht, daß das Nichtverstehen eines Textes an einem selbst und nicht am Autor liegt? Unter welchen Bedingungen ist man sich sicher, die richtigen Ursachen von Verhalten und Ereignissen gefunden zu haben?

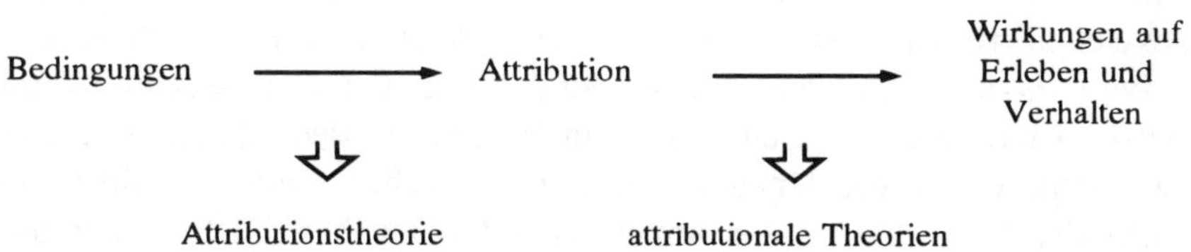

Abbildung 4.1
Gegenstand der Attributionstheorie und attributionaler Theorien (nach Kelley & Michela, 1980, S. 459)

Gegenstand der Attributionstheorie sind somit diejenigen Bedingungen und Prozesse, aufgrund derer wir Ursachenzuschreibungen (Attributionen) für "psychologische" Ereignisse vornehmen. Das heißt, der Betrachtungsschwerpunkt der Theorie liegt auf Attributionen als (von Prozessen der Informationsaufnahme und Informationsverarbeitung) *abhängigen* Variablen (vgl. Abbildung 4.1). Attributionen können jedoch ihrerseits das Verhalten und Erleben (einschließlich unserer emotionalen Reaktionen) beeinflussen. Derartige Wirkungen von Attributionen sind aber nicht Gegenstand der Attributionstheorie im engen Sinne, sondern sogenannter *attributionaler* Theorien (vgl. Abbildung 4.1), das heißt solcher Theorien, die Verhalten und

Erleben unter Einbeziehung von Attributionen zu erklären versuchen. Diese Theorien behandeln Attributionen also als *unabhängige* Variablen. Attributionale Theorien finden sich in ganz unterschiedlichen Teilbereichen der Psychologie. Sie sind zum Beispiel im Kontext der Erklärung leistungsbezogenen Verhaltens (Weiner, 1979) oder reaktiver Depression (Abramson, Seligman & Teasdale, 1978) anzutreffen, und sie finden sich auch unter den Emotionstheorien (Schachter, 1964; Weiner, 1986).

Ziel der wissenschaftlichen Psychologie ist es, Verhalten und Erleben von Individuen zu erklären und vorherzusagen. Aber auch der "Mann und die Frau auf der Straße" als "naive Psychologen" erklären eigenes und fremdes Verhalten. In der Attributionstheorie und in attributionalen Theorien wird - da sich beide mit solchen alltäglichen Erklärungen beschäftigen - daher die "naive" Psychologie zum Gegenstand der wissenschaftlichen Psychologie. Heider (1958) hält die wissenschaftliche Analyse von Attributionen unter anderem deswegen für notwendig, weil Attributionen (als Bestandteile der naiven Psychologie) das Erleben und Verhalten beeinflussen. Zum Beispiel wird sich ein Lehrer vermutlich unterschiedlich verhalten, je nachdem, ob er die Ursache für den Mißerfolg einer Schülerin in fehlender Anstrengung oder unzureichender Begabung sieht. Im ersten Fall wird seine emotionale Reaktion möglicherweise Ärger sein, und er wird die Schülerin vielleicht tadeln. Im zweiten Fall könnte seine emotionale Reaktion in Mitleid bestehen, und er wird die Schülerin dann vielleicht trösten. Wenn also Verhalten und Erleben (einschließlich unserer Emotionen) unter anderem von Ursachenzuschreibungen abhängig sind, und wenn es die wissenschaftliche Psychologie als ihre Aufgabe betrachtet, Erleben und Verhalten zu erklären und vorherzusagen, dann - so Heider - ist es für die Psychologie unumgänglich, sich mit der "naiven" Psychologie zu befassen, und zwar "gleichgültig, ob sich deren Annahmen und Prinzipien bei einer wissenschaftlichen Überprüfung als gültig erweisen" (Heider, 1958, S. 5).

Die Funktion von Attributionen

Warum fragen und suchen wir (unter bestimmten Bedingungen) nach den Ursachen von Ereignissen und geben uns nicht damit zufrieden, Beobachtetes einfach zu registrieren? Welche Funktion erfüllen Attributionen? Heider beantwortet diese Frage anhand eines Beispiels:

> "Wenn ich zum Beispiel Sand auf meinem Tisch finde, so möchte ich die zugrundeliegende Ursache für diesen Tatbestand herausfinden. Ich stelle diese Nachforschung nicht aufgrund bloßer Neugier an, sondern deswegen, weil ich nur dann, wenn ich dieses relativ unbedeutende Ausläufer-Ereignis mit einem zugrundeliegenden Kerngeschehen in Zusammenhang bringe, ... die Umwelt vorhersagen und kontrollieren kann. Sollte ich herausfinden, daß der Sand aus einem Riß in der Decke kommt und daß dieser Riß wegen der Schwäche in einer der Wände auftrat, dann habe ich diejenige Schicht der zugrundeliegenden Bedingungen erreicht, die von lebenswichtiger Bedeutung für mich ist" (Heider, 1958, S. 80).

Das bloße Registrieren von Ereignissen ("Sand auf meinem Tisch"), von Verhalten (Jürgen hilft Peter) und Verhaltensresultaten (Karin hat Erfolg) würde dazu führen, daß an uns ein Strom von Begebenheiten vorbeizieht, den wir weder *verstehen* noch *vorhersagen* und daher auch nicht *kontrollieren* können. Attributionen schaffen - als Bestandteile naiver Theorien - kausale Ordnung und ermöglichen Vorhersage und Kontrolle. Indem nämlich Verhalten auf eine bestimmte Ursache zurückgeführt wird, erhält es *erstens* eine bestimmte Bedeutung: Werde ich in der Straßenbahn von einer anderen Person angestoßen, so bekommt dies für mich die Bedeutung eines aggressiven Aktes, sofern ich das Verhalten auf eine Absicht der Person zurückführe, mich zu verletzen. Wenn ich dagegen den Stoß darauf zurückführe, daß die Person gestolpert ist und mich dabei unabsichtlich angestoßen hat, dann werde ich das Geschehen nicht als aggressiven Akt, sondern als zufälliges Ereignis interpretieren. Die ursächliche Zuschreibung eines Ereignisses erlaubt es *zweitens*, Vorhersagen über das zukünftige Auftreten dieses oder eines ähnlichen Ereignisses zu machen, sowie *drittens*, diese Ereignisse unter bestimmten Bedingungen zu kontrollieren: Wenn ich den Stoß in der Straßenbahn auf die Absicht der anderen Person zurückführe, mir Schaden zuzufügen, dann werde ich möglicherweise vorhersagen, daß sich dieses oder ein ähnliches Verhalten in Zukunft wiederholen wird, und ich kann versuchen, dies zu vermeiden (zu kontrollieren), indem ich die andere Person etwa zur Rede stelle, bei anderen Fahrgästen um Hilfe nachsuche oder die Straßenbahn an der nächsten Haltestelle verlasse.

Naiv-psychologische Theorien (und Attributionen als deren Bestandteile) ermöglichen es also – ebenso wie wissenschaftliche Theorien dies zu tun beanspruchen – Ereignisse zu einem gewissen Grad verstehbar, vorhersagbar und kontrollierbar zu machen. Damit haben sie letztlich die Funktion, eine möglichst effektive Auseinandersetzung des Individuums mit seiner Umgebung zu gewährleisten.

Wann treten Warum-Fragen auf?

Wir stellen nicht unablässig Warum-Fragen und analysieren auch nicht fortlaufend die kausale Struktur von Ereignissen. Dies zu tun, wäre höchst unzweckmäßig, weil das beständige Ablaufen solcher Prozesse – die zeitaufwendig sein können – dazu führen würde, daß man vor lauter Nachdenken nur noch selten zum Handeln käme. Wenn man zum Beispiel beobachtet, daß der Nachbar beim Verlassen seines Hauses die Haustür abschließt, so wird man sich in den meisten Fällen nicht fragen, warum er dies tut. In der Regel haben wir nämlich bereits *implizite* – das heißt momentan nicht im Bewußtsein repräsentierte – Annahmen über die kausale Struktur von Ereignissen. (Der Nachbar schließt die Haustür deshalb ab, weil ihm sein Eigentum wertvoll ist und er es durch den Akt des Abschließens vor Verlust schützen möchte.) Solche Annahmen (oder Schemata bzw. Theorien) dienen dem unmittelbaren, keine aufwendigen Analysen erfordernden Verstehen von Ereignissen und sie leiten – ohne bewußt zu sein – unser Routinehandeln. Solange sich diese Schemata bewähren, das heißt, solange wahrgenommene Ereignisse mit unseren impliziten Theorien vereinbar sind, besteht kein Anlaß, Warum-Fragen zu stellen und in Prozesse der kausalen Analyse einzutreten.

Erst dann, wenn sich ein Ereignis als schemawidrig erweist, das heißt, wenn es mit unseren impliziten Theorien nicht übereinstimmt, entsteht die Frage, *warum* es eingetreten ist (vgl. Isaacs, 1930; Meyer, 1988; Weiner, 1985). Denn offenbar stimmt irgend etwas nicht mit unserer Theorie, da sie nicht in der Lage war, das Ereignis vorherzusagen. Möglicherweise ist die Theorie revisionsbedürftig. Sie wird daher, zumindest teilweise, von der nichtbewußten Ebene, auf der sie sozusagen automatisch die Interpretation von Ereignissen und das Handeln steuerte, auf die bewußte Ebene gehoben, und zwar vermutlich deshalb, weil sie nur dort (mit Hilfe höherer mentaler Prozesse) einer Analyse und – falls notwendig – einer Revision unterzogen werden kann. Dazu dienen unter anderem Prozesse der kausalen Analyse des Ereignisses. Diese Prozesse können dazu führen, daß das in Frage stehende Schema verändert wird. Anschließend kann es wieder in nichtbewußter Weise die Wahrnehmung und das Handeln steuern. Attributionen, die – als Ergebnisse kausaler Analysen – in unserem Bewußtsein phänomenal gegeben sind, stehen daher vermutlich sehr häufig im Dienste der "Theorierevision", das heißt, sie dienen dazu, unsere bisherigen impliziten Kausalannahmen zu erweitern, zu berichtigen oder sogar vollständig zu revidieren (vgl. Meyer, 1988; Meyer & Försterling, 1993).

Zusammenfassend können Attributionen also sowohl als bewußte als auch als nichtbewußte Faktoren das Verhalten und Erleben beeinflussen. Die Leserin und der Leser sollten dies im Auge behalten, wenn wir nachfolgend den Einfluß von Attributionen auf Emotionen behandeln. Die Attributionen, die sich auf Emotionen auswirken, müssen keineswegs als Resultat einer speziellen Kausalanalyse zustande gekommen sein, und sie brauchen uns auch nicht bewußt zu sein (obwohl sie dem Bewußtsein prinzipiell zugänglich sind). Weiner teilt diese Auffassung anscheinend jedoch nicht; wir kommen darauf später zurück.

Attributionen und deren Klassifikation

Zur Erklärung von Verhalten und dessen Resultaten bietet sich eine Vielzahl von Ursachen an. Die schlechte Note eines Schülers in einer Arbeit könnte auf Krankheit zurückgehen, auf fehlende Begabung, unzureichende Anstrengung, auf Störung oder Behinderung durch andere Personen, auf zu hohe Schwierigkeit der Aufgaben und auf andere Faktoren mehr. Heider (1958) geht davon aus, daß insbesondere vier Ursachen zur Erklärung eigener Handlungsergebnisse und der Handlungsergebnisse anderer Personen herangezogen werden: Begabung bzw. Fähigkeit, Anstrengung, die Schwierigkeit (bzw. Leichtigkeit) von Aufgaben und Zufall (vgl. auch Weiner et al., 1971).

Diese vier Ursachen (und alle anderen ebenso) lassen sich nach verschiedenen Gesichtspunkten oder Dimensionen *klassifizieren*. Drei derartige Dimensionen (Personabhängigkeit, Stabilität über die Zeit, Intentionalität) wurden von Heider (1958) vorgeschlagen. Weiner

(Weiner, 1986; Weiner et al., 1971) und Rosenbaum (1972) haben sie später wieder aufgegriffen. Diese Dimensionen spielen, wie wir noch sehen werden, in der Emotionstheorie Weiners eine zentrale Rolle.

Der erste erwähnte Klassifikationsgesichtspunkt bezieht sich darauf, inwieweit ein Ursachenfaktor ein Merkmal der handelnden Person oder ein Merkmal der Umwelt ist, oder, wie meist gesagt wird, "innerhalb" oder "außerhalb" der handelnden Person liegt (Heider, 1958). In der attributionstheoretischen Literatur spricht man von der kausalen Dimension der *Personabhängigkeit* oder *Lokation*, welche als eine kontinuierliche Größe mit den Endpunkten *internal* (vollständig innerhalb der Person liegend) und *external* (vollständig außerhalb der Person liegend) angesehen wird. Begabung und Anstrengung sind zum Beispiel internale Ursachenfaktoren, die Schwierigkeit einer Aufgabe und Zufall dagegen sind externale Faktoren. Die zweite erwähnte Dimension von Ursachen ist deren *Stabilität über die Zeit*, das heißt, inwieweit ein Ursachenfaktor *stabil* oder *variabel* ist. Heider (1958) spricht von dispositionalen versus vorübergehenden Faktoren. Die Begabung einer Person und die Schwierigkeit (bzw. Leichtigkeit) einer Aufgabe zum Beispiel sind Faktoren, die als zeitlich relativ stabil wahrgenommen werden; Anstrengung und Zufall auf der anderen Seite werden in der Regel als variabel betrachtet. Die dritte Dimension wurde ursprünglich *Intentionalität* genannt (Rosenbaum, 1972; vgl. auch Heider, 1958). Gemeint war damit jedoch, inwieweit ein Ursachenfaktor der willentlichen Kontrolle der handelnden Person zugänglich ist. Weiner (1986) bezeichnet diese Kausaldimension daher passender als *Kontrollierbarkeit*. Von den vier erwähnten Ursachenfaktoren wird in der Regel nur Anstrengung als *kontrollierbar* angesehen, Begabung, Aufgabenschwierigkeit und Zufall dagegen als *unkontrollierbar*.

Die genannten drei kausalen Dimensionen ergaben sich aufgrund einer intuitiven Analyse der Gemeinsamkeiten und Unterschiede zwischen verschiedenen Attributionen durch die Attributionstheoretiker. Diese Dimensionen sind jedoch offenbar auch Bestandteile der naiven Psychologie; dies zeigen die Ergebnisse einer Reihe von Untersuchungen (zsf. Weiner, 1986, Kap. 3). Das heißt, wir besitzen implizite Meinungen darüber, inwieweit verschiedene Ursachenfaktoren auf diesen drei Dimensionen einzuordnen sind, inwieweit ein Faktor also internal oder external, stabil oder variabel, kontrollierbar oder nichtkontrollierbar ist. Bezüglich dieser Einordnung gibt es allerdings durchaus gewisse individuelle Unterschiede. Person A mag geringe mathematische Fähigkeit als zeitlich stabile Ursache ansehen, da sie der Ansicht ist, daß diese Fähigkeit überwiegend genetisch determiniert ist. Person B dagegen betrachtet mathematische Fähigkeit als vergleichsweise mehr variabel, da sie das Ausmaß dieser Fähigkeit als durch Lernerfahrungen erworben und veränderbar ansieht. Wenn wir später in diesem Kapitel den Zusammenhang zwischen kausalen Dimensionen und Emotionen behandeln, sollten die Leserin und der Leser im Auge behalten, daß es stets die *von der erklärenden Person* vorgenommene "Dimensionierung" von Ursachen ist (das heißt, die subjektive Einordnung einer Ursache auf den genannten Dimensionen), die sich - nach Weiner - auf Emotionen auswirkt und nicht die von einer außenstehenden Person oder vom Wissenschaftler vorgenommene Dimensionierung.

Grundlegende Annahmen Weiners

Weiners (1985, 1986) Theorie ist - ebenso wie die von Schachter (1964) - eine *kognitive* Emotionstheorie und zwar insofern, als auch Weiner annimmt, daß die meisten Emotionen von Bewertungen und Interpretationen von Situationen und Ereignissen abhängen. Im Unterschied zu Schachter hat sich Weiner jedoch bemüht, diejenigen Einschätzungen zu spezifizieren, die für eine Reihe von Emotionen verantwortlich sind. Kognitive Emotionstheorien mit einem vergleichbaren Ziel sind in der Folge auch von anderen Autoren vorgeschlagen worden (z. B. Lazarus, 1991a; Ortony, Clore & Collins, 1988; Roseman, 1984; Scherer, 1984). Im Unterschied zu diesen Theoretikern hat jedoch bei Weiner *eine* bestimmte Klasse von Einschätzungen eine herausgehobene Bedeutung, nämlich Überzeugungen oder Meinungen über die Ursachen von Ereignissen (Kausalattributionen).

Physiologische Erregung spielt - anders als bei Schachter (1964; Schachter & Singer, 1962) - in Weiners Theorie keine Rolle. Zum einen deshalb, weil es nach Weiners Ansicht "die experimentelle Evidenz gegenwärtig nicht erlaubt zu entscheiden, ob Erregung den Kognitionen und Emotionsäußerungen vorausgeht, diese begleitet oder ihnen nachfolgt" (Weiner & Graham, 1984, S. 186), zum anderen, weil einige Emotionen, wie zum Beispiel

> "das Gefühl von Dankbarkeit, weil man [eigenen] Erfolg der freiwillig geleisteten Hilfe von seiten anderer zuschreibt, oder das Gefühl von Stolz, wenn ... man Erfolg sich selbst zuschreibt, weder einen Zustand der Erregung zu erfordern scheint, der den Affekt begleitet, noch Erregung, die das Individuum vor dem emotionalen Erleben interpretieren muß. Das Konzept der Erregung scheint für die hier beschriebene attributionale Analyse [von Emotionen] gänzlich überflüssig zu sein" (Weiner & Graham, 1984, S. 186/7)

Aus diesem Zitat geht im übrigen hervor, daß Weiner die Begriffe Gefühl, Affekt und Emotion synonym gebraucht.

Weiners Ziel ist es nicht, eine *vollständige* und *umfassende* Emotionstheorie zu entwickeln (Weiner, 1986, S. 119). Sein Anliegen beschränkt sich vielmehr darauf, den Einfluß von *Attributionen* auf Emotionen zu analysieren. Diese Analyse beruht unter anderem auf zwei Annahmen:

> [1] "Die umfassendste Annahme ... ist die: Wie wir denken beeinflußt, wie wir fühlen. Dies bedeutet offenbar einen kognitiven Zugang zu Emotionen. Die kognitiven Emotionstheorien nehmen an, daß Emotionen durch die Interpretation oder Bewertung einer Situation determiniert sind ... Kognitionen – so nimmt man an – führen zu den qualitativen Unterscheidungen zwischen Gefühlen und sind daher für den Reichtum und die Vielfalt des emotionalen Erlebens verantwortlich. Die kognitive Perspektive, die hier eingenommen wird, bestreitet nicht, daß einige Emotionen ohne zwischengeschaltete Gedankenprozesse ausgelöst werden mögen. Konditionierter Furcht zum Beispiel oder hormonell bedingter Depression müssen keine höheren Gedankenprozesse vorausgehen. Die kognitive Perspektive leugnet auch nicht, daß emotionale Zustände ihrerseits kognitive Prozesse beeinflussen ... Es wird vielmehr nur behauptet, daß Kognitionen ganz typischerweise affektiven Reaktionen vorauslaufen und diese determinieren. Für einen Attributionsforscher bedeutet dies, daß Wahrnehmungen über die Ursachen eines positiven oder negativen Ereignisses teilweise die affektiven Reaktionen auf dieses Ereignis determinieren. [2] ... eine Emotionstheorie sollte in der Lage sein, ganz gewöhnliche oder alltägliche affektive Zustände zu erklären. Dies steht zum Beispiel im Gegensatz zu der dominanten Emotionstheorie, die von Schachter und Singer (1962) vorgeschlagen wurde. Diese befaßt sich *nicht* mit spezifischen Emotionen. Es hat eine Anzahl von Versuchen gegeben, die am häufigsten auftretenden emotionalen Erfahrungen zu identifizieren. ... Diese Emotionen sind Ärger, Freude, Liebe, Mitleid und

> Stolz. Ich glaube, daß eine Emotionstheorie sich zumindest mit einigen dieser vorherrschenden Emotionen befassen muß" (Weiner, 1986, S. 113).

Weiner definiert Emotionen folgendermaßen:

> "Ich definiere eine Emotion als ein komplexes Syndrom oder einen Verbund vieler sich wechselseitig beeinflussender Faktoren. Es wird angenommen, daß Emotionen (1) eine positive oder negative Qualität von (2) einer bestimmten Intensität haben, daß ihnen (3) häufig eine Einschätzung einer Situation vorangeht, und daß sie (4) zu einer Vielzahl von Handlungen Anlaß geben. ... Hinsichtlich anderer möglicher Korrelate oder Bestandteile des Emotionssyndroms, einschließlich unspezifischer oder spezifischer physiologischer Erregung und der Beteiligung mimischer oder gestischer Komponenten, wird keine [bestimmte] Position eingenommen" (Weiner, 1986, S. 119).

Betrachtet man diese Emotionsdefinition näher, dann fällt zunächst auf, daß das Reaktionssyndrom "Emotion" bei Weiner weniger Bestandteile umfaßt, als dies bei anderen Autoren der Fall ist. Wie wir im einleitenden Kapitel gesehen haben, beinhaltet das Emotionssyndrom zum Beispiel Lazarus et al. (1970) eine physiologische Komponente, eine Verhaltenskomponente und eine Erlebenskomponente. Weiner dagegen nimmt - wie aus seiner Definition hervorgeht - in bezug auf physiologische Erregung sowie Mimik und Gestik (als Teilkomponenten der Verhaltenskomponente) explizit "keine Position ein". Er scheint bei seiner Definition offenbar primär den Erlebensaspekt von Emotionen im Auge zu haben, zum Beispiel wenn er davon spricht, daß Emotionen eine positive oder negative Qualität haben, die ihrerseits eine bestimmte Intensität besitzt. Zu den einer Emotion *vorangehenden Bedingungen* (also nicht zur Emotion selbst!) gehören Situationsbewertungen, und zu den *Folgen* einer Emotion (nicht zur Emotion selbst!) gehören Handlungen.

Der Prozeß der Emotionsentstehung

Weiner (1986, S. 121 ff.) nimmt an, daß der Prozeß der Entstehung einer Emotion als ein sequentieller kognitiver Interpretationsprozeß beschrieben werden kann, in dem zunehmend komplexere Kognitionen (Einschätzungen) zunehmend komplexere Emotionen bestimmen. Dies ist in der Abbildung 4.2 veranschaulicht. Die senkrechten Pfeile in der Abbildung symbolisieren eine zeitliche Sequenz, die waagerechten Pfeile eine kausale Richtung.

In einem ersten Schritt werden nach Weiner Ereignisse daraufhin bewertet, inwieweit damit ein erstrebtes Ziel erreicht bzw. nicht erreicht worden ist. In Abhängigkeit vom Ergebnis dieses ersten Bewertungsschrittes (der Bewertung eines Ereignisses als positiv oder negativ) kommt es zu sogenannten *ereignisabhängigen* Emotionen. Diese können entweder positiv oder negativ sein. Weiner bezeichnet diese Emotionen auch als attributionsunabhängige oder "primitive" Emotionen, weil ihr Entstehen von Kognitionen bezüglich der Ursachen des Ereignisses (Attributionen) unabhängig ist. Positive ereignisabhängige Emotionen umfassen die Gefühle *glücklich* (happy), *erfreut* (pleased) und *zufrieden* (satisfied); negative ereignisabhängige Emotionen umfassen die Gefühle *unzufrieden* (dissatisfied), *unglücklich* (unhappy) und *bedrückt* (uncheerful).

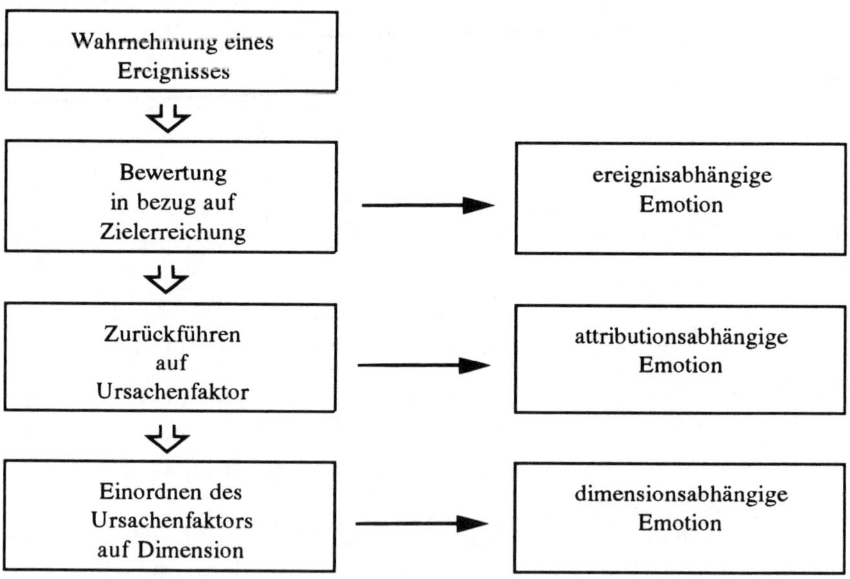

Abbildung 4.2
Der Prozeß der Entstehung von Emotionen nach Weiner

In einem zweiten, zeitlich nachfolgenden Bewertungsschritt soll man nach den Ursachen des positiven oder negativen Ereignisses suchen und - wenn dieser Suchprozeß erfolgreich war - das Ereignis auf einen bestimmten Ursachenfaktor zurückführen. Allerdings laufen diese Prozesse der kausalen Analyse und Zuschreibung eines Ereignisses - so Weiner - nur unter ganz bestimmten Bedingungen ab, nämlich dann, wenn das Ereignis *negativ*, *unerwartet* und/oder von *hoher persönlicher Wichtigkeit* ist. (Wir werden diese Annahme Weiners später noch einmal aufgreifen.) In Abhängigkeit von der Ursachenzuschreibung sollen dann ganz bestimmte *attributionsabhängige* Emotionen entstehen. Zum Beispiel soll die Attribution eines Ereignisses auf Zufall Überraschung hervorrufen. Führt man ein Ereignis (z. B. Mißerfolg) dagegen auf mangelnde eigene Begabung zurück, so soll sich ein Gefühl der Inkompetenz einstellen.

In einem dritten Bewertungsschritt schließlich soll die jeweilige Ursache (wie Zufall oder mangelnde Begabung) auf den oben beschriebenen Dimensionen Personabhängigkeit (Lokation), Stabilität über Zeit und Kontrollierbarkeit eingeordnet werden:

> "Eine der grundlegenden Annahmen [meiner] attributionalen Theorie ist, daß Individuen zuerst eine Ursachenzuschreibung vornehmen und danach diese Attribution in einem dimensionalen Raum ansiedeln" (Weiner, 1986, S. 239).

Diese Einordnung des Ursachenfaktors auf den drei Dimensionen hat dann weitere, sogenannte *dimensionsabhängige* Emotionen zur Folge. Führt man zum Beispiel Erfolg auf einen Ursachenfaktor zurück, den man als internal einstuft, so soll *Stolz* resultieren; führt man ein negatives Ereignis auf einen Faktor zurück, der als internal und gleichzeitig kontrollierbar wahrgenommen wird, so soll das Gefühl der *Schuld* entstehen. Weiner (1986, S. 127) nimmt im übrigen an, daß die undifferenzierten ereignisabhängigen Emotionen neben den differenzierten attributions- bzw. dimensionsabhängigen Emotionen weiter bestehen bleiben.

Für die behauptete zeitliche Sequenz einer zuerst stattfindenden Attribution des Ereignisses auf einen Ursachenfaktor und einer sich anschließenden Einordnung des Faktors auf den drei Dimensionen gibt es derzeit allerdings keine empirischen Belege. Weiner (1986, S. 239) schließt daher nicht aus, daß diese Sequenz auch einmal umgekehrt abläuft. Das heißt, in manchen Fällen mag man zuerst eine internale Attribution vornehmen (z. B. "der Mißerfolg lag an mir") und erst anschließend innerhalb der internalen Ursachen diejenige aussuchen, die den Mißerfolg am angemessensten erklärt (z. B. mangelnde Fähigkeit).

Weiner veranschaulicht den in der Abbildung 4.2 beschriebenen Prozeß des Entstehens von zunehmend differenzierteren Emotionen anhand des folgenden Beispiels:

> "Stellen Sie sich eine Situation vor, in der einer Studentin gerade mitgeteilt wurde, daß sie in einem Abschlußexamen die beste Note ihres Kurses erhalten hat. Nachdem sie ihre Note erfahren hat, erlebt die Studentin große Freude [ereignisabhängige Emotion]. Da es sich um einen wichtigen Kurs handelte und die Note besser als erwartet war [Wichtigkeit/Unerwartetheit als Bedingungen für kausale Analysen], wird nach einer Ursache für das Ergebnis gesucht. Auf der Grundlage von sozialem Vergleich, ihrer früheren Leistungen und so weiter, schreibt die Studentin das Ergebnis ihrer Fähigkeit zu. Dies ruft Gefühle der Kompetenz hervor [attributionsabhängige Emotion]. Da Fähigkeit ein internaler Ursachenfaktor ist, werden auch das Selbstwertgefühl und die Gefühle der Selbstachtung gesteigert [dimensionsabhängige Emotionen]" (Weiner, 1986, S. 121/2).

Zusammenfassend geht Weiner also davon aus, daß unser Fühlen von unserem *Denken* (speziell den Bewertungen und kausalen Zuschreibungen eines Ereignisses) abhängt. Und er nimmt weiterhin an, daß sich unsere Gefühle auf unser *Handeln* auswirken. Diese Sequenz von

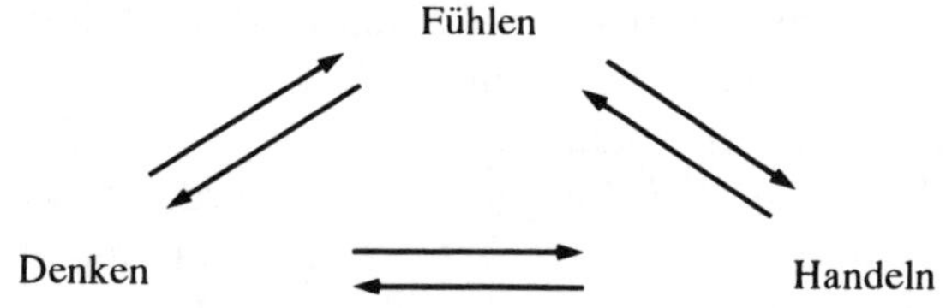

Abbildung 4.3
Beziehungen zwischen Denken, Fühlen und Handeln (nach Weiner, 1986, S. 226)

Denken-Fühlen-Handeln ist jedoch nicht einseitig gerichtet; vielmehr kann jede einzelne der drei Komponenten die jeweils anderen beeinflussen (vgl. Abbildung 4.3):

> "Genauso wie unser Fühlen von unserem Denken abhängt, so hängt unser Denken zum Teil von unserem Fühlen ab, was dann wiederum diese Gefühle beeinflußt. Und genauso wie unser Denken unser Tun beeinflußt, kann Verhalten einen Einfluß auf Gedankenprozessehaben, die dann wiederum das Handeln leiten" (Weiner, 1986, S. 225).

Was zum Beispiel den Einfluß von Gefühlen auf das Denken betrifft, so gibt es empirische Belege dafür, daß sich die momentane Stimmungslage auf die Bewertung und Interpretation von Ereignissen auswirkt. Bei Vorliegen einer positiven Stimmung werden zum Beispiel positive Ereignisse eher beachtet und positiver bewertet als bei einer negativen Stimmung, während die Induktion einer negativen (gedrückten) Stimmung dazu führen kann, daß die wahrgenommene Kontrollierbarkeit von Ereignissen vermindert wird (vgl. dazu im einzelnen Weiner, 1986, S. 226 ff.).

Dimensionsabhängige Emotionen

In Weiners theoretischen und empirischen Arbeiten finden die ereignisabhängigen und die von spezifischen Attributionen abhängigen Emotionen relativ wenig Beachtung. Eine zentrale Stellung haben dort vielmehr die dimensionsabhängigen Emotionen. Zu diesen Emotionen rechnet Weiner zum Beispiel *Stolz, Schuld, Mitleid* und *Ärger*.

Kausale Dimensionen und Emotionen

In der Tabelle 4.1 (S. 174) sind die nach Weiner (1986) dimensionsabhängigen Emotionen zusammengefaßt.

Dimension Personabhängigkeit. Stolz und selbstwertbezogene Gefühle sind nach Weiner an die Dimension der Personabhängigkeit (bzw. Lokation) gebunden. Das Erleben von Stolz und anderer positiver selbstwertbezogener Gefühle setzt voraus, daß man ein positiv bewertetes Ereignis (z. B. eigenen Erfolg) sich selbst - das heißt internalen Ursachenfaktoren - zuschreibt. Negative selbstwertbezogene Gefühle setzen voraus, daß man ein negativ bewertetes Ereignis

(z. B. eigenen Mißerfolg) internalen Ursachen zuschreibt. Dabei ist es nach Weiner unerheblich, ob der internale Ursachenfaktor als kontrollierbar (z. B. "Anstrengung") oder als unkontrollierbar (z. B. "Fähigkeit") eingestuft wird. Stolz und andere selbstwertbezogene Emotionen soll man dagegen nicht erleben, wenn man eigene Handlungsergebnisse auf externale Faktoren zurückführt (z. B., wenn man eigenen Erfolg überwiegend auf die von anderen Personen erfahrene Hilfe zurückführt).

Dimension Kontrollierbarkeit. Bezüglich der Wirkungen der Kontrollierbarkeitsdimension auf Emotionen ist zunächst zu unterscheiden, ob die Ursache für ein Ereignis als durch die *eigene* Person oder als durch *andere* Personen kontrollierbar wahrgenommen wird (vgl. Tabelle 4.1). Gefühle der Schuld und Scham sind an die wahrgenommene Kontrollierbarkeit durch die eigene Person gebunden, Ärger, Mitleid und Dankbarkeit dagegen an die wahrgenommene Kontrollierbarkeit durch andere Personen.

Tabelle 4.1
Dimensionsabhängige Emotionen (nach Weiner, 1986)

Dimension	Dimensionsabhängige Emotionen
Personabhängigkeit (Lokation)	Stolz, selbstwertbezogene Gefühle
Kontrollierbarkeit	
durch eigene Person	Schuld, Scham
durch andere Personen	Ärger, Mitleid, Dankbarkeit
Stabilität über Zeit	Hilflosigkeit, Resignation, beeinflußt die Stärke von Emotionen

Die Gefühle *Schuld und Scham* setzen nach Weiner erstens voraus, daß ein negativ bewertetes oder unerwünschtes Ereignis vorliegt; und sie setzen zweitens voraus, daß man die Ursache für dieses Ereignis sich selbst zuschreibt (internale Attribution). Schuld soll entstehen, wenn die (internale) Ursache dieses Ereignisses als durch die eigene Person kontrollierbar erscheint (z. B. unzureichendes eigenes Bemühen); Scham auf der anderen Seite soll entstehen, wenn die (internale) Ursache als durch die eigene Person nicht kontrollierbar erscheint (z. B. unzureichende eigene Fähigkeit).

Die Gefühle von *Ärger (über eine andere Person), Mitleid und Dankbarkeit* bezeichnet Weiner (1986) als soziale Emotionen, und zwar deshalb, weil sie auf eine andere Person gerichtet sind. Diese Emotionen sind daran gebunden, inwieweit man die Ursache eines Ereignisses als durch diese andere Person kontrollierbar oder nicht kontrollierbar ansieht. Ärger über eine andere Person entsteht dann, wenn ein negativ bewertetes Ereignis vorliegt, dessen Ursache als von der anderen Person kontrollierbar angesehen wird:

> "Ärger wird erlebt, wenn ein negatives, die *eigene* Person betreffendes Handlungsergebnis oder Ereignis auf Faktoren attribuiert wird, die durch andere kontrollierbar sind. Ärger wird zum Beispiel ausgelöst, wenn man daran gehindert wird zu lernen, weil ein Mitbewohner Lärm macht. Darüber hinaus wird Ärger ausgelöst, wenn ein negatives, eine *andere* Person betreffendes Handlungsergebnis oder Ereignis als durch diese andere Person kontrollierbar angesehen wird. So mag ein Schüler, der aufgrund mangelnder Anstrengung Mißerfolg hat, Ärger auf seiten des Lehrers hervorrufen" (Weiner, 1982, S. 190; Hervorhebungen hinzugefügt).

Mitleid entsteht, wenn die Notlage oder der negative Zustand einer anderen Person auf Ursachenfaktoren zurückgeführt wird, die diese Person nicht kontrollieren kann:

> "Prototypische Situationen, die Mitleid auslösen, sind, daß jemand eine geliebte Person aufgrund eines Unfalls oder aufgrund von Krankheit verliert (external und unkontrollierbar), oder daß eine andere Person aufgrund ihrer körperlichen Behinderung Mißerfolg hat (internal und unkontrollierbar)" (Weiner, 1982, S. 190).

Dankbarkeit setzt voraus, daß man etwas Positives, das man von einer anderen Person erfahren hat, auf Faktoren zurückführt, die diese Person kontrollieren kann:

> " ... Dankbarkeit gegenüber jemand anderem wird dann und nur dann hervorgerufen, wenn das Handeln des Wohltäters freiwillig und intentional war. Wenn man zum Beispiel weiß, daß ich

> gezwungen wurde, einem anderen ein Geschenk zu machen, oder ich das Geschenk nur deswegen gemacht habe, damit andere von mir eine gute Meinung haben, dann würde der Empfänger des Geschenks relativ wenig Dankbarkeit fühlen" (Weiner, 1986, S. 149 f.).

Dimension Stabilität. Hilflosigkeit und Resignation entstehen nach Weiner (1982, 1986) dann, wenn ein negatives Ereignis (z. B. Mißerfolg) auf einen stabilen Ursachenfaktor (z. B. mangelnde eigene Fähigkeit) zurückgeführt wird. (Man kann sich allerdings fragen, ob es sich bei diesen beiden Zuständen wirklich um Gefühle handelt.)

Die Stabilitätsdimension wirkt sich nach Weiner darüber hinaus auf Ärger, Mitleid und möglicherweise auf selbstwertbezogene Gefühle aus, und zwar insofern, als diese Emotionen intensiviert werden sollen, wenn der ihnen zugrundeliegende Ursachenfaktor als zeitlich stabil angesehen wird:

> "Zum Beispiel dürfte Mitleid gegenüber einer blinden Person größer sein als Mitleid gegenüber einem Individuum mit einem vorübergehenden Augenproblem. In diesem Falle beeinflußt die Stabilitätsdimension eher das Ausmaß als die Richtung der erlebten Emotion" (Weiner, 1982, S. 191).

Die Dimension der Kontrollierbarkeit

In den theoretischen und empirischen Analysen Weiners finden, wie gesagt, die dimensionsabhängigen Emotionen besondere Beachtung. Unter diesen wiederum nehmen diejenigen Emotionen eine zentrale Stellung ein, die mit der Dimension der Kontrollierbarkeit in Zusammenhang stehen. Kontrollierbar sind solche Ursachenfaktoren, die als willentlich veränderbar wahrgenommen werden. Nach Weiner ist das Konzept der Kontrollierbarkeit eng mit dem der Verantwortlichkeit verbunden:

> "Wenn also eine Ursache – wie zum Beispiel mangelnde Anstrengung – für eine Person willentlich kontrollierbar oder veränderbar ist, dann wird die Person für einen durch mangelnde Anstrengung bedingten Mißerfolg verantwortlich gemacht. Ein durch mangelnde Fähigkeit verursachter Mißerfolg wird dagegen als unkontrollierbar angesehen, was die Person von der Verantwortung für das negative Ergebnis entbindet. Zusammenfassend schließen somit Wahrnehmungen von Kausalität Annahmen von persönlicher Verantwortlichkeit mit ein" (Weiner, 1993, S. 2).

Zuschreibungen von Kontrollierbarkeit bzw. Verantwortlichkeit und die damit in Zusammenhang stehenden Emotionen sind in den neueren Arbeiten Weiners (1992, 1993) deswegen zentral, weil diese Zuschreibungen und Emotionen seiner Ansicht nach auf unser alltägliches Leben, insbesondere auf unser Verhalten in sozialen Kontexten, einen starken Einfluß ausüben. Weiner hat zum Beispiel den Einfluß von Kontrollierbarkeitszuschreibungen auf Bewertungen von Erfolg und Mißerfolg im Leistungskontext, hilfreiches Verhalten, Reaktionen auf Krankheiten (wie AIDS) und Behinderungen sowie die Bereitwilligkeit zu spenden untersucht (zsf. Weiner, 1992, 1993).

So wird zum Beispiel Drogenabhängigkeit - obwohl man meist keine direkten kausalen Informationen über deren Ursachen hat - häufig auf Faktoren zurückgeführt, die als von der abhängigen Person kontrollierbar angesehen werden, und daher wird die Person für ihre Abhängigkeit verantwortlich gemacht. Dagegen wird eine Behinderung häufig auf unkontrollierbare Faktoren zurückgeführt, und daher wird die Person nicht als verantwortlich angesehen (vgl. Weiner, 1993). Zuschreibungen von Kontrollierbarkeit bzw. Verantwortlichkeit rufen ganz bestimmte Emotionen hervor, und es sind nach Weiner diese Emotionen, die unser Verhalten gegenüber den in Frage stehenden Personen in direkter Weise determinieren. Wenn Drogenabhängigkeit auf eine kontrollierbare Ursache zurückgeführt wird, dann sollte die emotionale Reaktion Ärger sein; die unmittelbare Verhaltensfolge dieser Emotion könnte ein Meiden der Person oder das Äußern von Vorwürfen ihr gegenüber sein. Eine Behinderung dagegen sollte auf unkontrollierbare Faktoren zurückgeführt werden und Mitleid hervorrufen; die Verhaltensfolgen könnten in Zuwendung oder Hilfeleistung bestehen. Wir kommen auf die von Weiner behauptete kausale Rolle, die Emotionen in bezug auf Verhalten spielen, gleich noch einmal zurück.

Weiner, Perry und Magnusson (1988) haben für 10 sogenannte Stigmata kausale Zuschreibungen, Emotionen und intendiertes Verhalten untersucht. Unter Stigmata verstehen die Autoren physische und charakterliche Merkmale sowie Verhalten, die negativ von einer Norm abweichen. Die 10 Stigmata sind in der Tabelle 4.2 (S. 178) wiedergegeben. Die Versuchsteilnehmer hatten auf Skalen unter anderem anzugeben, inwieweit Personen für das jeweilige Stigma verantwortlich und daran selbst schuld seien, inwieweit sie Mitleid

Tabelle 4.2
Mittlere Skalierungen für 10 Stigmata (nach Weiner, Perry & Magnusson, 1988)

		Verantwortlichkeit	Schuld	Mitleid	Ärger	Helfen	Spenden
Alzheimersche Krankheit		0.8	0.5	7.9	1.4	8.0	6.9
Blindheit		0.9	0.5	7.4	1.7	8.5	7.2
Krebs		1.6	1.3	8.0	1.6	8.4	8.1
Herzerkrankung		2.5	1.6	7.4	1.6	8.0	7.5
Querschnittslähmung		1.6	0.9	7.6	1.4	8.1	7.1
Vietnamkrieg-Syndrom		1.7	1.5	7.1	2.1	7.0	6.2
AIDS		4.4	4.8	6.2	4.0	5.8	6.5
Kindesmißhandlung		5.2	6.0	3.3	7.9	4.6	4.0
Drogenmißbrauch		6.5	6.7	4.0	6.4	5.3	5.0
Übergewicht		5.3	5.2	5.1	3.3	5.8	4.0
	keine Information	1.5	1.3	6.7	1.9	7.9	6.7
Blindheit	unkontrollierbar	1.1	0.8	7.6	1.6	7.9	6.8
	kontrollierbar	6.6	6.3	4.9	3.9	6.5	4.8

und Ärger gegenüber diesen Personen erleben würden, und inwieweit sie bereit wären, diesen Personen zu helfen und für sie zu spenden.

Der obere Teil der Tabelle 4.2 zeigt, daß Personen für die ersten sechs der aufgeführten Stigmata nur wenig verantwortlich gemacht und als schuldig angesehen werden. Dagegen sind die Verantwortlichkeits- und Schuldskalierungen bei AIDS, Kindesmißhandlung, Drogenmißbrauch und Übergewicht relativ hoch. Darüber hinaus zeigt sich, daß Stigmata, für die die betroffenen Personen wenig verantwortlich gemacht werden, ausgeprägtes Mitleid und kaum Ärger hervorrufen, während Stigmata, für die die betroffenen Personen verantwortlich gemacht werden, vergleichsweise weniger Mitleid und hohen Ärger hervorrufen. Betrachtet man schließlich das intendierte Verhalten, so besteht bei Stigmata, für die die betroffenen Personen nicht verantwortlich gemacht werden, eine größere Bereitschaft zu helfen und zu spenden als bei Stigmata, für die die davon betroffenen Personen verantwortlich gemacht werden.

In einer anschließenden Untersuchung gaben Weiner et al. (1988) ihren Versuchspersonen entweder (wie in der eben beschriebenen Studie) keine Informationen über mögliche Ursachen der Stigmata, oder aber sie legten den Versuchspersonen kontrollierbare bzw. nichtkontrollierbare Ursachen dafür nahe. So wurde zum Beispiel in bezug auf AIDS mitgeteilt, die Krankheit gehe entweder auf Sex mit häufig wechselnden Partnern zurück (kontrollierbar) oder auf eine Bluttransfusion (unkontrollierbar). Oder hinsichtlich Blindheit wurde mitgeteilt, die Behinderung sei auf einen durch einen Arbeitskollegen verursachten Arbeitsunfall zurückzuführen (unkontrollierbar) oder auf einen Arbeitsunfall, den die in Frage stehende Person durch beständige Nachlässigkeit verursacht habe (kontrollierbar). In allen drei Bedingungen (ohne Information, kontrollierbare Ursachen, unkontrollierbare Ursachen) hatten die Versuchspersonen dann die bereits beschriebenen Skalierungen vorzunehmen.

Die Ergebnisse für Blindheit in den drei Bedingungen sind im unteren Teil der Tabelle 4.2 zusammengefaßt. Es zeigt sich dreierlei: (1) Die Ergebnisse für die Bedingung *keine Information* replizieren die Befunde der vorauslaufenden Studie (vgl. den oberen Teil der Tabelle), in der ebenfalls keine Informationen gegeben wurden. (2) Die mittleren Skalierungen in derjenigen Bedingung, in der eine *unkontrollierbare* Ursache für Blindheit nahegelegt wurde, entsprechen denen in der Bedingung ohne Information. Dies legt den Schluß nahe, daß Blindheit (ebenso wie eine Reihe weiterer Stigmata, vgl. den oberen Teil der Tabelle 4.2, S. 178) dann, wenn keine spezifischen kausalen Informationen vorhanden sind, "spontan" auf unkontrollierbare Ursachen zurückgeführt wird. (3) Wenn eine *kontrollierbare* Ursache für Blindheit nahegelegt wird, verändern sich - gegenüber den anderen Bedingungen - die Verantwortlichkeits- und Schuldzuschreibungen und, damit einhergehend, die Emotionen und Verhaltensbereitschaften. Der Person wird in hoher Weise Verantwortlichkeit und Schuld zugeschrieben; gleichzeitig verringert sich Mitleid und erhöht sich Ärger, und die Bereitschaft zu spenden bzw. zu helfen nimmt ab.

Die Beurteilungen von drei der zehn Stigmata ließen sich allerdings nur wenig durch Vorgabe einer kontrollierbaren oder unkontrollierbaren Ursache beeinflussen (Kindesmißhandlung, Alzheimersche Krankheit, Vietnamkrieg-Syndrom). Wenn zum Beispiel für Kindesmißhandlung - für die die mißhandelnde Person ohne kausale Information in relativ hoher Weise verantwortlich gemacht wird (vgl. Tabelle 4.2, S. 178) - eine unkontrollierbare Ursache vorgegeben wird (die Person ist selbst ein mißhandeltes Kind), so bleiben die Verantwortlichkeitszuschreibungen dennoch relativ hoch.

Insgesamt zeigen die Ergebnisse von Weiner et al. (1988) aber, daß Zuschreibungen von Schuld und Verantwortlichkeit, Mitleid und Ärger sowie die Bereitschaft zu helfen und zu spenden mit der Kontrollierbarkeitsdimension in Zusammenhang stehen.

Emotionen als Hinweise auf Attributionen

Wenn Attributionen eines Ereignisses (bzw. die Attributionsdimensionen) das Auftreten bestimmter Emotionen determinieren (Attribution → Emotion), dann müßte es umgekehrt möglich sein, aufgrund der gezeigten Emotion einer Person rückzuschließen, worauf sie das emotionsauslösende Ereignis zurückführt (Emotion → Erschließen einer Attribution). Das heißt, Emotionen sind möglicherweise "Hinweisreize" auf Kognitionen (Attributionen). Dieser Hypothese gingen Weiner, Graham, Stern und Lawson (1982) in einer Fragebogenstudie nach. Den Versuchspersonen wurde mitgeteilt, daß ein Schüler bei einer Aufgabe Mißerfolg hat, und der Lehrer daraufhin mit einer von fünf Emotionen reagiert (Ärger, Mitleid, Schuld, Überraschung oder Traurigkeit). Die Versuchspersonen hatten jeweils anzugeben, worauf der Lehrer den Mißerfolg des Schülers ihrer Ansicht nach zurückführt. Als mögliche Ursachen waren vorgegeben: mangelnde Fähigkeit des Schülers, unzureichende Anstrengung des Schülers, die zu große Schwierigkeit der Aufgabe, unzureichende Erklärungen durch den Lehrer und Zufall. Für jede dieser Ursachen war auf einer Skala anzugeben, inwieweit sie der Lehrer als Ursache des Mißerfolgs betrachtet.

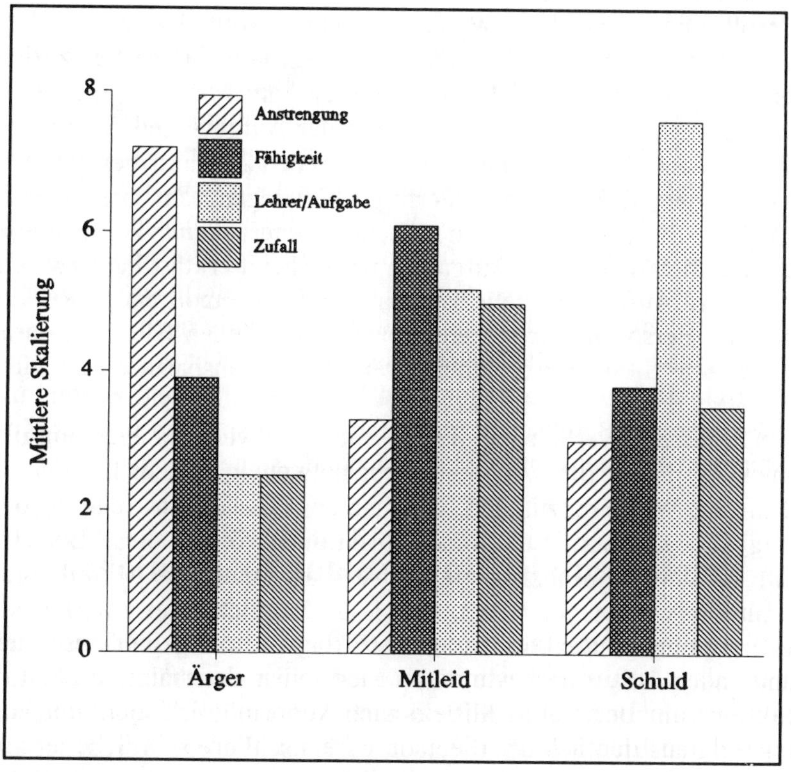

Abbildung 4.4
Mittlere Attributionsskalierungen als Funktion der Emotionen Ärger, Mitleid und Schuld (nach Weiner, Graham, Stern & Lawson, 1982, S. 281)

Die Ergebnisse der Studie sind für die Emotionen Ärger, Mitleid und Schuld in der Abbildung 4.4 (S. 181) dargestellt. Die Ursachen "Schwierigkeit der Aufgabe" und "unzureichende Erklärungen des Lehrers" sind zu einer Kategorie (Lehrer/Aufgabe) zusammengefaßt. Die Abbildung zeigt, daß emotionale Reaktionen in der Tat als Hinweise für das Vorliegen von Kognitionen fungieren können, und zwar genau derjenigen Kognitionen, von denen Weiner annimmt, daß sie bestimmten Emotionen typischerweise vorangehen (vgl. Tabelle 4.1, S. 174). Wenn der Lehrer auf den Mißerfolg des Schülers mit Ärger reagiert, wird angenommen, daß er das Ergebnis überwiegend auf die mangelnde Anstrengung des Schülers zurückführt (eine vom Schüler kontrollierbare Ursache). Wenn der Lehrer Mitleid zeigt, wird angenommen, daß er den Mißerfolg überwiegend auf Ursachen zurückführt, die der Schüler nicht kontrollieren kann, nämlich mangelnde Fähigkeit, Merkmale des Lehrers bzw. der Aufgabe und Zufall. Und wenn die emotionale Reaktion des Lehrers in Schuld besteht, wird angenommen, daß er den Mißerfolg überwiegend auf Ursachen zurückführt, die (bezogen auf den Lehrer) internal und kontrollierbar sind, nämlich daß er die Aufgabe unzureichend erklärt hat bzw. eine zu schwere Aufgabe gestellt hat. Das heißt, die emotionalen Reaktionen einer Person in der sozialen Interaktion können Hinweise darauf liefern, wie diese Person über ihren Interaktionspartner bzw. über sich selbst denkt.

Dieser Sachverhalt hat interessante und weitreichende Implikationen. (1) Es ist offensichtlich nicht notwendig, einem Handelnden auf direkte Weise mitzuteilen, wie man etwa dessen Anstrengung oder Fähigkeit einschätzt. Emotionale Reaktionen können diese Botschaft – oft auf ganz unbeabsichtigte Weise – als "indirekte Mitteilungen" vermitteln (vgl. Meyer, 1982, 1984). (2) Möglicherweise wirken sich die emotionalen Reaktionen einer Bezugsperson gegenüber einem Handelnden darauf aus, wie dieser sich selbst einschätzt. Besteht die Reaktion zum Beispiel in Mitleid nach Mißerfolg und zieht der Handelnde daraus den Schluß, die andere Person führe sein Scheitern auf mangelnde Fähigkeit zurück, so kann dies unter bestimmten Bedingungen zur Folge haben, daß der Handelnde sich selbst als unfähig einschätzt. Dies kann wiederum Konsequenzen für seine Erwartungen zukünftigen Erfolgs und sein weiteres Verhalten haben.

Rustemeyer (1984) hat diese Hypothesen in einem Laborexperiment überprüft. Den Versuchspersonen wurde zunächst mitgeteilt, sie würden an einer Studie teilnehmen, in der bestimmte Aspekte der Lehrer-Schüler-Interaktion untersucht werden sollten. An jedem experimentellen Durchgang nahmen eine Versuchsperson und ein Vertrauter des Versuchsleiters teil, der in den Augen der Versuchsperson jedoch ebenfalls ein "echter" Teilnehmer war, der das Experiment nicht kannte. Der Versuchsperson wurde die Rolle des Schülers zugewiesen, dem Vertrauten die Rolle des Lehrers. Der Schüler bearbeitete zunächst einen Test. In einer Versuchsbedingung wertete der Lehrer anschließend den Test aus - angeblich, um sich ein Bild von der Fähigkeit des Schülers zu machen. In einer zweiten Versuchsbedingung fand keine Testauswertung statt.

Im Anschluß daran bearbeiteten die Schüler in beiden Versuchsbedingungen zwei weitere Aufgaben, die den Testaufgaben ähnlich waren. Bei der ersten Aufgabe hatte jeder Schüler Erfolg, bei der zweiten Mißerfolg. Bei einer Hälfte der Versuchspersonen reagierte der Lehrer auf Erfolg mit Zufriedenheit und auf Mißerfolg mit Ärger; bei der anderen Hälfte der Versuchspersonen zeigte der Lehrer bei Erfolg Überraschung und bei Mißerfolg Mitleid. Insgesamt gab es in dieser Untersuchung also vier Bedingungskonstellationen: nämlich jeweils zwei unterschiedliche Emotionskombinationen (Zufriedenheit/Ärger vs. Überraschung/Mitleid) in den Bedingungen *mit* Testauswertung und *ohne* Testauswertung.

Anschließend füllten die Versuchspersonen einen Fragebogen aus. Dort war unter anderem auf 7-Punkte-Skalen anzugeben, worauf der Lehrer ihrer Meinung nach ihren Erfolg und Mißerfolg zurückführte und wie hoch sie die eigene Fähigkeit für diese Aufgaben im Vergleich zu gleichaltrigen Studierenden einschätzen. Darüber hinaus wurde den Versuchspersonen mitgeteilt, sie hätten gleich anschließend eine Reihe weiterer Aufgaben unterschiedlicher Schwierigkeit zu bearbeiten. Für diese Aufgaben sollten sie angeben, für wie hoch sie die Wahrscheinlichkeit einer erfolgreichen Lösung hielten.

Rustemeyer erwartete, daß sich die unterschiedlichen Emotionskombinationen nur dann auf die im Fragebogen erfaßten abhängigen Variablen auswirken, wenn die Schüler dem Lehrer Kenntnis von ihren Fähigkeiten zuschreiben (Bedingung mit Testauswertung). Wenn diese vermeintliche Kenntnis nicht vorhanden war (Bedingung ohne Testauswertung), sollten die Emotionen dagegen nicht mit Fähigkeitseinschätzungen des Lehrers in Zusammenhang gebracht werden und daher die abhängigen Variablen nicht beeinflussen. Erwartungsgemäß ergaben sich in der Bedingung ohne Testauswertung keinerlei emotionsabhängige Unterschiede.

Tabelle 4.3
Mittlere Skalierungen (nach Rustemeyer, 1984)

	Vermutete Fähigkeitsattribution des Lehrers		Einschätzung der eigenen Fähigkeit
	Erfolg[a]	Mißerfolg[b]	
Zufriedenheit/Ärger	3.90	2.60	4.10
Überraschung/Mitleid	2.50	4.80	2.80

a Ein höherer Wert bedeutet, daß Erfolg mehr mit hoher Fähigkeit in Zusammenhang gebracht wird.
b Ein höherer Wert bedeutet, daß Mißerfolg mehr mit mangelnder Fähigkeit in Zusammenhang gebracht wird.

Tabelle 4.3 zeigt für die Bedingung *mit* Testauswertung, inwieweit die Versuchspersonen vermuten, daß der Lehrer ihren Erfolg bzw. Mißerfolg mit hoher bzw. niedriger Fähigkeit in ursächlichen Zusammenhang bringt. Bei Vorliegen von Zufriedenheit nach Erfolg und Ärger nach Mißerfolg glauben die Versuchspersonen eher, der Lehrer habe Erfolg auf hohe Fähigkeit zurückgeführt als bei Vorliegen von Überraschung nach Erfolg und Mitleid nach Mißerfolg. Damit übereinstimmend sind sie bei Zufriedenheit nach Erfolg und Ärger nach Mißerfolg weniger der Meinung, der Lehrer habe Mißerfolg auf mangelnde Fähigkeit zurückgeführt, als bei Überraschung nach Erfolg und Mitleid nach Mißerfolg. Das heißt, die emotionalen Reaktionen einer anderen Person auf ein Leistungsergebnis können beim Handelnden zu Vermutungen darüber führen, wie diese Person die Fähigkeit des Handelnden einschätzt. Darüber hinaus können sie, wie die Tabelle weiterhin zeigt, auch die *Selbst*einschätzung der Fähigkeit beeinflussen: Versuchspersonen, bei denen der Lehrer auf

Erfolg mit Zufriedenheit und auf Mißerfolg mit Ärger reagierte, schätzen die eigene Fähigkeit höher ein als Versuchspersonen, die bei Erfolg Überraschung und bei Mißerfolg Mitleid erfuhren. Rustemeyer fand darüber hinaus, daß die Versuchspersonen bei Vorliegen von Zufriedenheit/Ärger zuversichtlicher waren, nachfolgende schwere Aufgaben erfolgreich bearbeiten zu können, als bei Vorliegen von Überraschung/Mitleid. Über ähnliche Ergebnisse wie Rustemeyer (1982, 1984) berichtete auch Graham (1984; vgl. auch Graham, 1990).

Zusammenfassend können also bestimmte kommunizierte emotionale Reaktionen einer Person beim Empfänger zu Vermutungen darüber führen, wie diese Person ihn beurteilt (z. B. seine Fähigkeiten einschätzt), was wiederum seine Selbstbeurteilung beeinflußen kann (z. B. das Bild eigener Fähigkeit). Mitleid und Ärger gehören sicher zu den im sozialen Alltag häufig vorkommenden Emotionen, und der Leser und die Leserin mögen sich selbst überlegen, inwieweit sie zum Beispiel Mitleid Personen gegenüber äußern, deren Fähigkeiten und Fertigkeiten sie als niedrig einschätzen (älteren Leuten, Behinderten, schlechten Schülern bzw. Schülerinnen), und welche Mitteilung man dem Empfänger dieser Emotionen damit unabsichtlich machen kann.

Emotionen als direkte kausale Determinanten von Verhalten

Die vorauslaufend referierte Arbeit von Weiner, Perry und Magnusson (1988) über Stigmata ergab enge Zusammenhänge zwischen der Kontrollierbarkeitsdimension, Zuschreibungen von Verantwortlichkeit und Schuld, den Emotionen Mitleid und Ärger und der Bereitschaft zu helfen bzw. zu spenden. Allerdings geben diese Zusammenhänge noch keine Auskunft über die *kausalen* Beziehungen zwischen den genannten Variablen. Das Ausmaß der Bereitschaft zu helfen könnte zum Beispiel in direkter Weise durch die Verantwortlichkeitszuschreibung verursacht sein; es könnte aber auch in direkter Weise durch die Emotionen Mitleid und Ärger verursacht sein. Diese beiden Möglichkeiten sind in Abbildung 4.5 (S. 186) veranschaulicht.

In der Teilabbildung 1 führt eine Situation oder ein Ereignis (bei Weiner et al., 1988, ein Stigma) zu Meinungen darüber, inwieweit die Ursachen für die Situation oder das Ereignis von der betroffenen Person kontrollierbar oder nichtkontrollierbar sind. Zwischen wahrgenommener Kontrollierbarkeit und Verhalten bzw. Verhaltensbereitschaft besteht eine direkte kausale Beziehung: je geringer die wahrgenommene Kontrollierbarkeit ist, desto größer ist die Bereitschaft zu helfen. Darüber hinaus besteht eine direkte kausale Beziehung zwischen Kontrollierbarkeit und den Emotionen Ärger und Mitleid; letztere sind jedoch keine kausalen Determinanten des Verhaltens.

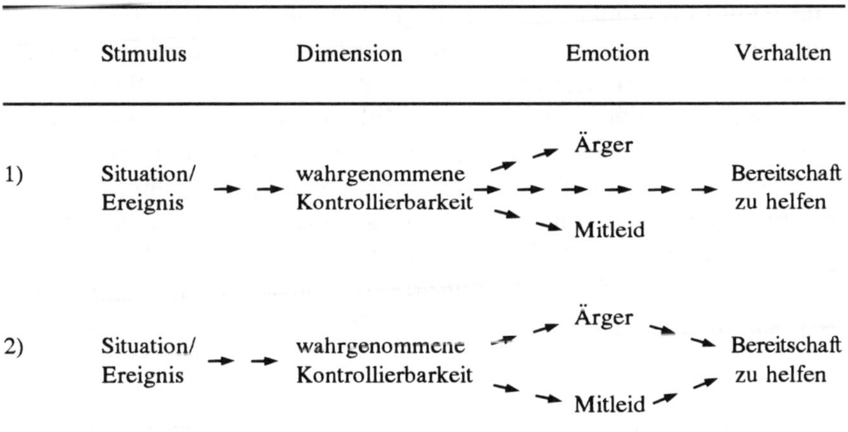

Abbildung 4.5
Wahrgenommene Kontrollierbarkeit (Teilabbildung 1) und Emotionen (Teilabbildung 2) als unmittelbare kausale Determinanten von Verhalten (nach Reisenzein, 1986)

Die Teilabbildung 2 veranschaulicht folgende Kausalstruktur: auch hier führt eine Situation oder ein Ereignis zu Wahrnehmungen von Kontrollierbarkeit. Hier besteht jedoch zwischen Kontrollierbarkeit und Verhalten keine direkte kausale Beziehung. Die wahrgenommene Kontrollierbarkeit beeinflußt vielmehr die Emotionen Mitleid und Ärger, die sich dann ihrerseits direkt auf das Verhalten auswirken. Hat man Mitleid mit einer Person, ist die Bereitschaft zu helfen groß. Ärgert man sich über die betroffene Person, ist die Bereitschaft zu helfen dagegen gering. Das heißt, hier sind Emotionen die unmittelbaren kausalen Determinanten von Verhalten. (Natürlich gibt es neben den beiden in der Abbildung 4.5 beschriebenen kausalen Strukturen noch weitere denkbare Kausalbeziehungen zwischen Ereignis, Dimension, Emotion und Verhalten.)

Weiner (1980a, 1980b; Schmidt & Weiner, 1988) und Reisenzein (1986) haben überprüft, inwieweit die Emotionen Mitleid und Ärger in direkter kausaler Weise die Bereitschaft zu helfen determinieren (vgl. Teilabbildung 2). In diesen Untersuchungen wurden in Fragebogenform Situationen beschrieben, die den in früheren Feldexperimenten von Piliavin, Rodin und Piliavin (1969) sowie von Barnes, Ickes und Kidd (1979) tatsächlich hergestellten Situationen ähnlich waren. Piliavin et al. beobachteten beispielsweise in der New Yorker U-Bahn die Reaktionen der Fahrgäste, als eine Person (ein Vertrauter des Versuchsleiters) zu Boden stürzte. Es zeigte sich, daß die Fahrgäste der Person eher halfen, wenn sie körperbehindert zu sein schien (unkontrollierbare Ursache der Notlage) als wenn sie betrunken zu sein schien (kontrollierbare Ursache). In der Studie von Barnes et al. gab sich ein Vertrauter des Versuchsleiters am Telefon als Mitstudent aus und bat die Teilnehmer eines Einführungskurses, ihm die Kursmitschrift zu leihen. Er begründete sein Anliegen entweder mit seiner mangelnden Fähigkeit, selbst eine gute Mitschrift erstellen zu können (unkontrollierbare Ursache) oder mit mangelnder Anstrengung (kontrollierbare Ursache). Hilfe wurde häufiger gewährt, wenn mangelnde Fähigkeit als Ursache angeführt wurde.

Weiner (1980a, 1980b), Schmidt und Weiner (1988) sowie Reisenzein (1986) gaben ihren Versuchspersonen in einem Fragebogen ähnliche Situationen vor und ließen auf Skalen angeben, inwieweit die beschriebene Person die Ursache für ihren momentanen Zustand habe kontrollieren können, inwieweit man Mitleid und Ärger erleben würde, und inwieweit man der Person helfen würde. Eine Analyse der kausalen Struktur dieser Variablen in den Arbeiten von Reisenzein sowie Schmidt und Weiner ergab eine hohe Übereinstimmung mit der zweiten in Abbildung 4.5 beschriebenen Kausalstruktur. Das heißt, es bestand kein direkter Einfluß der wahrgenommenen Kontrollierbarkeit auf die Bereitschaft zu helfen. Dieser Einfluß war vielmehr durch die Emotionen Mitleid und Ärger vermittelt. Weiner (1993) vertritt die Auffassung, daß auch anderes Verhalten, das sich als von Attributionen abhängig erwiesen hat, zum Beispiel das Belohnen und Bestrafen von Erfolg bzw. Mißerfolg, nur indirekt von Kausalattributionen, direkt aber von den durch diese Attributionen bzw. den ihnen zugrundeliegenden Dimensionen ausgelösten Emotionen verursacht wird.

Abschließende Bemerkungen

Der erste Punkt dieses Abschnitts ist der Darstellung und kritischen Bewertung des methodischen Vorgehens von Weiner gewidmet. Im Rest dieses Abschnitts wollen wir dann vier unklare Punkte oder Probleme ansprechen, die unserer Meinung nach in Weiners Überlegungen zur Entstehung von Emotionen aufzufinden sind. Das erste Problem betrifft die Frage, ob Emotionen wirklich voraussetzen, daß Attributionen im Bewußtsein vorhanden sind. Das zweite Problem ergibt sich aus einer von Lazarus (1991b) vorgenommenen Unterscheidung zwischen Wissen und Bewertung. Das dritte Problem bezieht sich auf Weiners Differenzierung zwischen attributions- und dimensionsabhängigen Emotionen. Das vierte Problem schließlich betrifft Weiners Annahme, die Kognitions-Emotions-Sequenz beginne damit, daß ein Ereignis daraufhin bewertet wird, ob ein angestrebtes Ziel erreicht wurde oder nicht.

Weiners methodisches Vorgehen

Zur Überprüfung der Emotionstheorie von Weiner haben ihr Urheber und seine Mitarbeiter und Mitarbeiterinnen eine große Anzahl von Untersuchungen durchgeführt. Diese Untersuchungen zeichnen Weiners Theorie in zweierlei Hinsicht positiv aus. Erstens gibt es in der Emotionspsychologie wohl keinen anderen Autor, der seine Theorie einer vergleichbar systematischen empirischen Prüfung unterzogen hat. Zweitens hat Weiner in einer Reihe von Studien die vorauslaufenden Bedingungen (Attributionen) und Konsequenzen (Verhaltensbereitschaften) von Emotionen gleichzeitig untersucht und die zwischen diesen Variablen postulierten kausalen Beziehungen überprüft (vgl. oben). Derartige empirische Analysen, in denen alle *drei* Bestandteile der Kognitions-Emotions-Verhaltens-Triade gleichzeitig berücksichtigt wurden, sind in der Emotionspsychologie bislang außerordentlich selten.

Die Aussagekraft der von Weiner selbst vorgelegten Untersuchungen wird allerdings durch die Tatsache eingeschränkt, daß es sich ausschließlich um Fragebogenstudien handelt. In diesen Fragebögen wird den Versuchspersonen zum Beispiel ein *fiktives* Ereignis geschildert, das eine *andere* Person betrifft (ein Student hat bei einer Prüfung Erfolg); es werden weiterhin Informationen darüber gegeben, worauf die Person dieses Ereignis zurückführt (z. B. auf Zufall), und die Versuchspersonen machen dann Angaben darüber, welche Gefühle die andere Person in dieser Situation erleben würde. In anderen Studien hat man sich vorzustellen, daß man *selbst* eine bestimmte Situation erleben würde (man wird von einem anderen Studenten gebeten, ihm die Vorlesungsmitschrift zu leihen); man bekommt weiterhin Informationen darüber, wie es zu dieser Situation gekommen ist (der Student besuchte lieber das Schwimmbad als die Vorlesung) und soll dann angeben, was man in dieser Situation denken würde, welches Gefühl man erleben würde, und was man tun würde. In wiederum anderen Studien werden keine fiktiven Situationen vorgegeben, sondern die Versuchspersonen sollen sich an eine zurückliegende Situation erinnern, die sie *tatsächlich erfahren* haben, und in der sie einen bestimmten Gefühlszustand erlebt haben (wie z. B. Schuld); und es sollen dann die Ursachen dieses Zustandes angegeben werden.

Anders als zum Beispiel bei Schachter und Singer (1962; vgl. dazu Kapitel 3) werden von Weiner also nicht experimentelle Situationen hergestellt, in denen durch geeignete Manipulationen bestimmte Emotionen aktuell erzeugt werden und der Prozeß ihres Entstehens untersucht wird. Weiner und Graham (1984, S. 184) fragen sich daher nicht zu Unrecht selbstkritisch: "Untersuchen wir Emotionen oder [nur] Gedanken über Emotionen?" und führen in diesem Zusammenhang folgendes aus:

> "[Unsere] Untersuchungsergebnisse [...] beruhen gänzlich auf verbalen Berichten der Teilnehmer. Unsere Versuchspersonen beschreiben, was sie fühlen würden, wenn ... ; was jemand anderes dachte oder fühlte, als ... ; was geschah, als man [etwas bestimmtes] fühlte oder dachte ... , und so weiter. Antworten die Versuchsteilnehmer lediglich auf der Grundlage von Skripts, das heißt [aufgrund impliziter Vorstellungen darüber, welche Emotion in welchem Zusammenhang normalerweise auftreten sollte]? Ist darüber hinaus das Studium von Gedanken über Gefühle oder von Berichten über zurückliegendes Erleben ein legitimer Zu-

> gang, um Emotionen zu untersuchen [...]? Es gibt auf diese Fragen und Kritikpunkte keine endgültigen Antworten oder Erwiderungen [...]. Die systematische Natur unserer Ergebnisse und die Integrierbarkeit der Konzepte in eine brauchbare Motivationstheorie veranlaßt uns jedoch zu denken (und zu fühlen), daß wir einige ausgewählte Aspekte des Gefühlserlebens zu verstehen beginnen. Aber es ist offensichtlich [...], daß ein überzeugenderer Beweis [für die Richtigkeit unserer Annahmen] die Entwicklung und Anwendung anderer Untersuchungsmethoden voraussetzt" (Weiner & Graham, 1984, S. 184/5).

Es sollte jedoch beachtet werden, daß andere Autoren (z. B. Betancourt, 1990; Rustemeyer, 1984) Untersuchungen durchgeführt haben, denen der beschriebene Mangel nicht anhaftet; in diesen Untersuchungen wurden weitgehend übereinstimmende Resultate gefunden.

Die Bewußtheit von Attributionen

Wir haben zu Anfang dieses Kapitels plausibel zu machen versucht, daß Attributionen sowohl als bewußte als auch als nichtbewußte Gegebenheiten Verhalten und Erleben (einschließlich Emotionen) beeinflussen können. Weiner selbst unterscheidet in seinen Arbeiten jedoch nicht explizit zwischen Attributionen als bewußten Erlebenstatbeständen und Attributionen als Bestandteilen impliziter Theorien (Schemata), die momentan nicht bewußt sind (vgl. z. B. Weiner, 1986). Vielmehr faßt Weiner Attributionen anscheinend als stets bewußte Erlebenstatbestände auf. Dies scheint zumindest aus seiner Feststellung hervorzugehen (Weiner, 1986), eine "kausale Suche" nach den Ursachen eines Ereignisses und eine anschließende "kausale Entscheidung" (Attribution) setze voraus, daß das Ereignis unerwartet, negativ und/oder von hoher persönlicher Wichtigkeit ist. Dies scheint ja nahezulegen, daß es nach Weiner stets die – als Resultat einer (durch unerwartete, negative oder wichtige Ereignisse in Gang gesetzten) bewußten Kausalanalyse entstehenden – bewußten Attributionen sind, welche sich auf bestimmte Emotionen auswirken (vgl. Weiners Prozeßmodell in Weiner, 1986, Abbildung 6-4, S. 162). Demnach sollte also zum Beispiel das Gefühl von Stolz voraussetzen, daß eine internale Attribution im *Bewußtsein der Person gegeben ist.*

Diese Annahme scheint uns jedoch zu restriktiv. Zwar mögen Emotionen (genauer: attributions- und dimensionsabhängige Emotionen) sicher manchmal im Anschluß an eine im Bewußtsein vorhandene Attribution auftreten; notwendig erscheint uns die Bewußtheit dieser Attribution jedoch nicht. Wie früher erwähnt, verfügen wir nämlich zumindest in vielen Fällen über *implizites* Wissen um die Verursachung eines Ereignisses. In diesen Fällen ist es daher nicht notwendig, nach Ursachen dafür zu suchen und - als Resultat dieses Ursachensuchprozesses - schließlich eine bewußte Attribution vorzunehmen. Dieses momentan nicht bewußt reflektierte kausale Wissen kann jedoch vermutlich in gleicher Weise wie eine "bewußte" Attribution am Entstehen bestimmter Emotionen beteiligt sein. So setzt das Erleben von Stolz unserer Meinung nach nicht voraus, daß man sich in bewußter Weise vor Augen führt, daß ein eigenes positives Handlungsergebnis auf hohe Begabung oder Anstrengung zurückzuführen war. Wäre dies der Fall, dann wäre schwierig zu erklären, weshalb die nach Weiner attributions- und dimensionsabhängigen Emotionen (wie Stolz, Ärger oder Mitleid) oft als *unmittelbare* und *spontane* Reaktionen auf Ereignisse auftreten. Die Leserin und der Leser mögen sich zum Beispiel Situationen vor Augen führen, in denen sie Ärger über eine andere Person erlebten und sich fragen, ob dieser Emotion tatsächlich immer eine bewußte Attribution des Verhaltens dieser Person vorauslief, oder ob diese Emotion nicht vielmehr häufig "ganz spontan" aufzutreten schien.

Die hier vertretene Auffassung, daß sich Attributionen auf Emotionen auswirken können, ohne daß die Attributionen der Person bewußt sind, beruht allerdings ausschließlich auf Introspektion und Plausibilitätsüberlegungen und hat keine darüber hinausgehende empirische Basis. Sie stellt im übrigen nicht Weiners Annahme in Frage, daß eine Reihe von Emotionen tatsächlich attributions- bzw. dimensionsabhängig ist. Bezweifelt wird lediglich, daß Attributionen im Bewußtsein vorhanden sein müssen, damit sie sich auf Emotionen auswirken können.

Wissen und Bewertung

Lazarus (1991b) hat kürzlich mit Blick auf Weiner auf eine - wie er meint - "ernstzunehmende Einschränkung attributionaler Theorien der Emotion" (S. 354) hingewiesen. Sie ergibt sich seiner Ansicht nach daraus, daß in diesen Theorien nicht zwischen *Wissen* (knowledge) und *Bewertung* (appraisal) unterschieden wird. Unter Wissen versteht Lazarus die Überzeugungen einer Person, "wie die Welt im allgemeinen und in einem besonderen Kontext funktioniert" (S. 354). Dieses Wissen ist "kalt" und nichtemotional. Bewertung auf der anderen Seite "ist eine Einschätzung der Bedeutsamkeit des Gewußten ... für unser persönliches Wohlergehen. Nur die Erkenntnis, daß wir etwas zu gewinnen oder zu verlieren haben ... bringt eine Emotion hervor" (S. 354). Das heißt, Wissen ist nach Lazarus zwar eine notwendige, aber keine hinreichende Bedingung für Emotionen. Emotionen setzen voraus, daß das Gewußte als dem eigenen Wohlergehen zuträglich oder abträglich bewertet wurde.

Lazarus meint nun, daß Attributionen, die ja in Weiners Theorie eine zentrale Rolle spielen, eine spezielle Form von Wissen sind, jedoch nicht notwendigerweise auch Bewertungen beinhalten. Und wenn Attributionen doch Bewertungen beinhalten, dann bestünden erhebliche individuelle und kulturelle Differenzen bezüglich dieser Bewertungen (z. B. von mangelnder Fähigkeit). Lazarus (1991b, S. 354) schließt daher:

> "... da eine Attribution (Wissen) häufig keine Bewertung ist, ist es schwierig vorherzusagen, wie eine bestimmte Person auf ein Geschehen reagieren wird, außer in einem probabilistischen Sinne. Probabilistisch sage ich deswegen, weil – obwohl viele Personen innerhalb einer Kultur Werte und Verpflichtungen gemeinsam haben – diese Werte und Verpflichtungen auch erheblich zwischen Individuen variieren. Ohne eine Bewertung der persönlichen Bedeutsamkeit dessen, was wir wissen, ist Wissen um Verursachung [Attribution] unzureichend, um verläßlich eine bestimmte Emotion hervorzubringen."

Lazarus weist damit auf ein in Weiners Theorie in der Tat vorhandenes Problem hin. Dort bleibt nämlich ungeklärt, wie aufgrund einer "kalten" Kognition (d. h. einer Attribution) ohne weitere "bewertende Zutat" ein qualitativ andersartiger Zustand entsteht, nämlich eine "heiße" Emotion (genauer: attributions- bzw. dimensionsabhängige Emotion). Weiner merkt in seinen Arbeiten zwar verschiedentlich an, daß sich die *persönliche Bedeutsamkeit* der wahrgenommenen Ursachen von Ereignissen auf Emotionen auswirke (z. B. Weiner, 1986), wobei die persönliche Bedeutsamkeit sicherlich – im Sinne von Lazarus – auf einer Bewertung beruht. Jedoch hat Weiner diesen Faktor nicht systematisch behandelt oder in seine Analysen attributions- und dimensionsabhängiger Emotionen integriert. Die Leserin und der Leser sollten jedoch im Auge behalten, daß diese kritische Anmerkung nicht den gut belegten Befund in Frage stellt, daß sich Attributionen auf Emotionen auswirken. Dies dürfte deshalb der Fall sein, weil in den meisten untersuchten Situationen persönliche Bedeutsamkeit der Attributionen gegeben war.

Attributions- und dimensionsabhängige Emotionen

Wie früher dargestellt, nimmt Weiner an, daß attributions- und dimensionsabhängige Emotionen in der Regel *in dieser Reihenfolge* als Ergebnisse eines sequentiellen Interpretationsprozesses auftreten. Personen sollen ein als positiv oder negativ bewertetes Ereignis *zuerst* auf eine spezifische Ursache zurückführen, was eine attributionsabhängige Emotion zur Folge hat. Diese Ursache soll *anschließend* auf den drei Dimensionen Personabhängigkeit (Lokation), Stabilität über Zeit und Kontrollierbarkeit eingeordnet werden, was eine weitere, dimensionsabhängige Emotion zur Folge hat (Weiner, 1986). Führt man zum Beispiel Erfolg auf hohe eigene Fähigkeit zurück, so soll als attributionsabhängige Emotion ein Gefühl der Kompetenz eintreten. Stuft man Fähigkeit anschließend als internale Ursache ein, soll als dimensionsabhängige Emotion Stolz oder ein erhöhtes Selbstwertgefühl hinzukommen.

Es scheint uns fragwürdig, ob diese von Weiner angenommene Interpretationssequenz tatsächlich den Regelfall der Entstehung von Emotionen darstellt, wie Weiner behauptet. Plausibler scheint die Annahme, daß (zumindest in den meisten Fällen) mit einer spezifischen Attribution *zugleich* auch schon ein "Wissen" darüber gegeben ist, wie diese Attribution auf den genannten drei Dimensionen eingeordnet ist. Zu dieser Einordnung bedarf es daher in der Regel keines weiteren Interpretationsschrittes. Wenn ich zum Beispiel Erfolg auf meine hohe Fähigkeit zurückgeführt habe, so ist gleichzeitig mit dieser Attribution auch schon ein Wissen darüber vorhanden, daß meine Fähigkeit eine in mir lokalisierte (internale) Ursache ist. Oder wenn ich davon höre, daß der Ernteschaden eines Bauern durch extreme Trockenheit verursacht wurde, so impliziert die Kenntnis der Ursache des Schadens bereits das Wissen, daß die Ursache unkontrollierbar war.

Wenn diese Überlegungen zutreffend sind, dann ist Weiners Unterscheidung zwischen attributions- und dimensionsabhängigen Emotionen und die von ihm behauptete zeitliche Sequenz von attributions- und dimensionsabhängigen Emotionen - zumindest als *Regelfall* der Entstehung von Emotionen - wenig stichhaltig.

Die Bewertung von Ereignissen

Die "Kognitions-Emotions-Sequenz", wie Weiner (1986) sie konzipiert, beginnt mit der Bewertung eines Ereignisses daraufhin, "inwieweit ein erstrebtes Ziel erreicht wurde oder nicht erreicht wurde" (Weiner, 1986, S. 121; vgl. hierzu Abbildung 4.2, S. 170). Die für eine Prüfungsarbeit erhaltene Note zum Beispiel wird daraufhin bewertet, inwieweit sie mit der angestrebten Note übereinstimmt. In Abhängigkeit vom Ergebnis dieser Bewertung entstehen positive oder negative ereignisabhängige Emotionen.

Die ersten Untersuchungen, die zur Annahme ereignisabhängiger Emotionen führten, wurden von Weiner, Russell und Lerman (1978, 1979) durchgeführt. Die Versuchspersonen in diesen Untersuchungen erhielten Fragebögen, in denen eine leistungsthematische Situation beschrieben wurde. Man hatte sich entweder vorzustellen, selbst bei einer Prüfung Erfolg oder Mißerfolg gehabt zu haben; oder es wurde ein hypothetischer Student beschrieben, der bei einer Prüfung Erfolg oder Mißerfolg hatte. Für derartige leistungsthematische Situationen, in denen eine zielgerichtete Handlung und ein Ergebnis als Folge dieser Handlung vorliegt, ist es tatsächlich plausibel anzunehmen, daß das Ergebnis in einem ersten Schritt einer Bewertung bezüglich Zielerreichung unterzogen wird (was dann ereignisabhängige Emotionen zur Folge hat).

In anderen Situationen dagegen, insbesondere in solchen, in denen die von Weiner als für den sozialen Bereich besonders bedeutsam erachteten Emotionen *Mitleid* und *Ärger* (über eine andere Person) auftreten, scheinen Bewertungen eines Ereignisses unter dem Aspekt der Erreichung eines momentan angestrebten eigenen Ziels weniger plausibel. In einer Situation zum Beispiel, in der man Mitleid mit einer anderen Person hat, die sich in einer Notlage befindet, liegt - anders als in leistungsthematischen Situationen - in der Regel keine eigene zielgerichtete Handlung vor und daher auch kein Ereignis

(Handlungsergebnis), das man unter dem Aspekt der Erreichung eines angestrebten Ziels bewerten könnte. Tatsächlich kann man das wahrgenommene Ereignis - nämlich die Notlage der anderen Person - gar nicht unter diesem Aspekt bewerten, da es ja in aller Regel *nicht* das angestrebte Ziel war, diese Lage durch eigenes Handeln herbeizuführen (oder zu verhindern).

Ein analoger Einwand kann auch in bezug auf die Emotion Ärger (über eine andere Person) vorgebracht werden. Wenn man sich zum Beispiel darüber ärgert, daß eine andere Person aufgrund mangelnder Anstrengung eine Prüfung nicht bestanden hat, so liegt auch hier in der Regel nicht der Fall vor, daß ein eigenes Ziel angestrebt wurde, das durch das Ereignis erreicht oder nicht erreicht wurde.

Man könnte allerdings den Begriff des Ziels in einem weiteren Sinne verstehen, der auch allgemeine situationsübergreifende Normen oder Maximen einschließt (vgl. Ortony, Clore & Collins, 1988). So könnte es eine der Normen vieler Menschen sein, daß es anderen Personen gut gehen sollte. Die Notlage einer anderen Person wäre dann ein Ereignis, das von dieser Norm in negativer Weise abweicht und daher möglicherweise zunächst eine ereignisabhängige Emotion zur Folge haben kann. In den Arbeiten Weiners bleibt allerdings unklar, ob er den Begriff des Ziels in diesem weiten Sinne, der auch situationsübergreifende Normen und Maximen umfaßt, verstanden wissen möchte.

Abschließend sei angemerkt, daß die kritischen Anmerkungen, die wir zu Weiners Emotionstheorie gemacht haben, diese Theorie nicht grundsätzlich in Frage stellen. Sie lassen es jedoch als notwendig erscheinen, die Theorie in einigen Punkten zu präzisieren.

Eine historische Nachbemerkung

Bereits in der älteren Emotionsliteratur findet man die Auffassung vertreten, daß sich Attributionen auf Emotionen auswirken. Anders als bei Weiner wurde diese Beziehung dort allerdings keiner systematischen Analyse unterzogen. Die vorliegende "historische Nachbemerkung" beruht nicht auf einer vollständigen Sichtung der älteren Literatur zum Thema "Attribution und Emotion", sondern behandelt in knapper Weise drei ausgewählte Punkte: (1) Attributionen als

Determinanten der sogenannten höheren Gefühle bei Höffding (1914), (2) internale Attributionen als eine der Voraussetzungen des Erlebens von Erfolg bzw. Mißerfolg und von Stolz bzw. Scham (Hoppe, 1930; Heckhausen, 1966; Lewin, Dembo, Festinger & Sears, 1944) und (3) die Beziehung zwischen der Kausaldimension Intentionalität und Emotionen bei Heider (1958).

Attributionen und die "höheren" Gefühle bei Höffding

Von den älteren Autoren hat sich insbesondere Höffding (1914) mit der Beziehung zwischen Attribution und Emotion beschäftigt, nämlich bei der Behandlung der von ihm sogenannten "höheren" Gefühle. Diese unterscheiden sich von den "niederen" Gefühlen dadurch, daß sie nicht unmittelbar durch Sinnesempfindungen verursacht werden, sondern durch Vorstellungen (Überzeugungen) über Ereignisse (vgl. auch Stumpf, 1899). Höffding nimmt an, daß die höheren Gefühle dadurch entstehen, daß Empfindungen der Lust oder Unlust auf eine bestimmte Ursache zurückgeführt werden:

> "Wir betrachten jetzt, wie die Vorstellungen auf das Gefühl der Lust oder Unlust einen Einfluß erhalten. Um dies zu zeigen, müssen wir einen Zustand der Lust oder Unlust voraussetzen, dessen Ursache dem Individuum selbst unbekannt ist, und hierauf untersuchen, welchen Einfluß es übt, wenn eine Vorstellung von dieser Ursache entsteht (diese Vorstellung möge nun richtig oder falsch sein, denn dies macht keinen Unterschied, was die unmittelbare psychologische Wirkung betrifft)" (Höffding, 1914, S. 329).

Die Leserin und der Leser werden sich erinnern, daß es in der Emotionstheorie Schachters (1964) Attributionen von wahrgenommener Erregung sind, die am Entstehen einer Emotion beteiligt sind (vgl. Kapitel 3). In der Theorie Weiners sind es Attributionen von Ereignissen, die zu attributions- bzw. dimensionsabhängigen Emotionen führen können. Bei Höffding dagegen sind es Attributionen von "unbestimmten" Gefühlen der Lust und Unlust ("Vorstellungen von den Ursachen dieser Gefühle"), die zu einer - wie er es nennt - "Metamorphose" von Lust und Unlust in höhere Gefühle führen können. "Bevor eine Assoziation mit der Vorstellung von der Ursache eintritt, hat das Gefühl keine Richtung und kein Objekt, ist also nicht Gefühl an etwas oder für etwas" (Höffding, 1914, S. 329). Die "Verschmelzung" des Gefühls der Lust oder Unlust mit der Vorstellung von dessen Ursache schafft also die verschiedenen, spezielleren "Gefühlsqualitäten". So ergibt sich zum Beispiel aus dem Gefühl der Unlust *Kummer*, wenn die wahrgenommene Ursache des Gefühls "ein Verlust [ist] oder doch etwas, wogegen keine Reaktion möglich ist" (Höffding, 1914, S. 331).

Das Erleben von Erfolg und Mißerfolg

Bei der Analyse derjenigen Bedingungen, die dazu führen, daß ein Handlungsergebnis als Erfolg oder Mißerfolg erlebt wird, haben verschiedene Autoren darauf hingewiesen, daß *eine* Bedingung darin besteht, daß man das Handlungsergebnis "sich selbst zuschreibt" und nicht zum Beispiel auf Zufall zurückführt (z. B. Hoppe, 1930). Demnach ist also eine internale Attribution eine der Voraussetzungen für das Erleben von Erfolg und Mißerfolg, wobei allerdings bei Hoppe unklar bleibt, ob das Erleben von Erfolg und Mißerfolg auch Gefühle einschließt. Hoppe beschreibt in seiner klassischen Arbeit über Erfolg und Mißerfolg wiederholt, wie sich einige seiner Versuchspersonen dem Erleben von Mißerfolg entziehen wollten, indem sie zum Beispiel "die Ursache der Fehlleistung nicht in der eigenen Person, sondern in der neutralen Sphäre des Objekts" suchten (Hoppe, 1930, S. 33) oder dem Versuchsleiter gegenüber zum Beispiel äußerten: "Sie verlangen Menschenunmögliches, und ich bin demnach aus *objektiven Gründen der Natur des Menschen* außerstande, diese Aufgabe zu erfüllen" (S. 33). Das heißt, hier wurde versucht, dem Erleben von Mißerfolg und dessen emotionalen Konsequenzen aus dem Wege zu gehen, indem eine externale Attribution für das Nichtbewältigen einer Aufgabe vorgenommen wird.

Lewin, Dembo, Festinger und Sears (1944) haben später - bezugnehmend auf die Arbeit von Hoppe - beschrieben, wie *Gefühle* von Mißerfolg durch externale Attributionen vermieden werden:

> "Ein anderes Mittel, um [Gefühle von] Mißerfolg zu vermeiden ist, die Beziehung zwischen der Leistung und dem Individuum selbst als dafür 'verantwortlicher Person' zu durchtrennen. Psychologisch können wir nur dann von der 'Leistung' einer Person sprechen, wenn das Ergebnis einer Handlung auf die Person als Handelnde 'attribuiert' wird und nicht auf andere Personen oder die 'Natur [der Sache]' attribuiert wird. Nach Mißerfolg besteht

> die Tendenz, das schlechte Ergebnis mit einem fehlerhaften Instrument, Krankheit oder irgendeinem Ereignis in Zusammenhang zu bringen, das 'außerhalb der Macht' der in Frage stehenden Person liegt" (Lewin et al., 1944, S. 375).

Heckhausen und Mitarbeiterinnen (Heckhausen & Roelofsen, 1962; Heckhausen & Wagner, 1965) haben die Entwicklung der Leistungsmotivation untersucht und dabei gefunden, daß (bei ihrer Versuchsanordnung) Kinder unterhalb des Alters von zweieinhalb Jahren Gelingen und Mißlingen bei einer Aufgabe noch nicht als (subjektiven) Erfolg oder Mißerfolg erleben: "Erfolg löst bei den Jüngsten schlichte Freude über einen positiven Effekt" aus. Bei objektivem Mißerfolg "bedauert [das Kind] den negativen Effekt" (Heckhausen & Wagner, 1965, S. 233). Im Alter von ungefähr dreieinhalb Jahren macht sich dann ein Wandel in den emotionalen Reaktionen bei Gelingen und Mißlingen bemerkbar, dessen kognitive Grundlage Heckhausen (1966) zusammenfassend folgendermaßen beschreibt:

> [Das Kind] "muß nämlich in der Lage sein, sein Erleben nicht nur im gelungenen oder mißlungenen Effekt seiner Tätigkeit zentrieren zu lassen, sondern *auf sich selbst als den Effekterzeuger rückzubeziehen* [internale Attribution]. Erst dann erlebt es bei Gelingen nicht bloße Freude über den Effekt, sondern persönliche Tüchtigkeit als Stolz auf sich selbst, und bei Mißlingen nicht bloßes Bedauern über den nicht zustandegekommenen Effekt, sondern persönliche Untüchtigkeit als Beschämung über sich selbst" (Heckhausen, 1966, S. 552; Hervorhebung hinzugefügt).

Das heißt, ebenso wie später Weiner nimmt Heckhausen an, daß das Erleben von Stolz die internale Attribution eines Handlungseffekts voraussetzt. Scham (Beschämung) ist nach Heckhausen ebenfalls an eine internale Attribution gebunden, während diese Emotion bei Weiner eine Attribution auf einen unkontrollierbaren internalen Ursachenfaktor voraussetzt.

Intentionalität und Emotionen bei Heider

Auch Fritz Heider (1896-1988), der Begründer der Attributionstheorie, hat sich in seiner Monographie *The psychology of interpersonal relations* (1958) mit der Beziehung zwischen Attributionen und Emotionen beschäftigt. Diese Beziehung wurde von Heider zwar keiner systematischen Analyse unterzogen; jedoch nahm er einen Teil der Überlegungen Weiners bereits vorweg. Heider unterscheidet zunächst - ähnlich wie Weiner - verschiedene Ebenen oder Schritte der Attribution. Er verdeutlicht diese Schritte anhand des Beispiels, daß einer Person *p* ein unangenehmes Ereignis *x* widerfährt.

> "Die Schritte der Attribution könnten wie folgt auftreten:
> 1. Was ist die Ursache von *x*? Trat es zufällig auf? Hat *p* es selbst verursacht? Nehmen wir an, daß als Ursache eine andere Person, *o*, wahrgenommen wird.
> 2. Es könnte sich dann die Frage ergeben, ob der Schaden beabsichtigt war oder nicht. Vielleicht war das unangenehme Ereignis gar nicht im Hinblick auf *p* beabsichtigt. Vielleicht führte *o* es herbei, um jemand anderem eine Freude zu machen, so daß *o* überhaupt nicht den persönlichen Wunsch hatte, *p* zu verletzen. Vielleicht war es *o*'s wirkliches Ziel, *p* zu nützen, nur seine Mittel waren die falschen. ... Aber lassen Sie uns annehmen, *o* wollte *p* Schaden zufügen.
> 3. Es könnte eine noch tiefere Ebene der Attribution sondiert werden, indem gefragt wird, warum *o* dem *p* Schaden zufügen wollte. Geschah es deswegen, weil er *p* nicht leiden konnte? ... Weil *p* es verdiente, bestraft zu werden?" (Heider, 1958, S. 255-256).

Heider betont im übrigen, daß die einzelnen Attributionsschritte nicht immer in derselben Reihenfolge auftreten, und er stellt klar, "daß mit dem Konzept der Attributionsebenen nicht die Annahme eines korrespondierenden bewußten Prozesses auf seiten des Individuums verbunden ist" (Heider, 1958, S. 256). Er beschäftigt sich dann unter anderem mit den Emotionen Ärger (über eine andere Person), Rachegefühl und Mitleid. Deren Entstehen hängt, so Heider, damit zusammen, ob ich derjenigen Person, auf die sie gerichtet sind, die *Intention* zuschreibe, mir zu nutzen oder zu schaden.

> "Ein alltäglicher Tatbestand ist, daß sowohl das Gefühl der Rache als auch das der Dankbarkeit deutlich geschwächt wird, wenn nicht sogar gänzlich verlischt, sobald man entdeckt hat, daß der Schaden oder der Nutzen nicht das wahre Ziel der handelnden Person war. Wir fühlen keine Dankbarkeit gegenüber einer Person, die uns zufälligerweise geholfen hat, oder weil sie gezwungen wurde, es zu tun, oder weil sie verpflichtet war, es zu tun. Dankbarkeit ist durch den Willen, die Intention des Wohltäters determiniert. Die Attribution auf eine Ursache und Intention ist im Falle der Rache von ähnlicher Bedeutsamkeit" (Heider, 1958, S. 265).

Die beiden von Weiner (1986) als "sozial" (vgl. oben) bezeichneten Emotionen Ärger über eine andere Person und Dankbarkeit setzen auch bei Heider (wie bei Weiner) voraus, daß die zu Ärger und Dankbarkeit führenden Ereignisse als von der fraglichen Person kontrollierbar (Weiner) bzw. als von dieser intentional herbeigeführt (Heider) wahrgenommen werden. Weiner (1993) geht davon aus, daß die Konzepte der Kontrollierbarkeit und Intentionalität in enger Beziehung zueinander stehen, ohne allerdings darüber nähere Angaben zu machen.

Intentionalität scheint uns Kontrollierbarkeit zu implizieren, nicht jedoch umgekehrt Kontrollierbarkeit auch Intentionalität. Ferner scheint Dankbarkeit nicht nur wahrgenommene Kontrollierbarkeit vorauszusetzen, sondern darüber hinaus - im Sinne Heiders - eine der anderen Person zugeschriebene spezielle Intention, und zwar mir eine Wohltat zu erweisen. Wenn nämlich die Person *o* mir ein Geschenk machte, um damit jemand anderen zu ärgern, und gar nicht den Wunsch hatte, mich damit zu erfreuen, dann dürfte - wie Weiner übrigens selbst einräumt - keine Dankbarkeit entstehen, obwohl das Ereignis (Geschenk machen) von mir als durch die andere Person kontrollierbar angesehen wird. Es wird jedoch *nicht* gleichzeitig auch in dem Sinne als intentional betrachtet, daß die andere Person die spezielle Intention hatte, mir eine Freude zu machen.

Zusammenfassung

In diesem Kapitel haben wir uns mit der attributionalen Theorie der Emotionen von Weiner beschäftigt. Sie weist folgende *Gemeinsamkeiten* zu den im Kapitel 3 behandelten kognitiv-physiologischen Theorien auf (Marañon, 1924; Schachter, 1964; Mandler, 1984): (1) Weiners Emotionstheorie ist ebenfalls eine mentalistische Theorie der Emotionen, und zwar insofern, als sie sich mit dem Erlebensaspekt von Emotionen beschäftigt. (2) Sie ist eine kognitive Theorie der Emotionen, weil auch Weiner annimmt, daß die meisten Emotionen von Bewertungen und Interpretationen von Situationen und Ereignissen abhängen. (3) Auch Weiner nimmt an, daß Ursachenüberzeugungen (Kausalattributionen) für das Zustandekommen (bestimmter) Emotionen von entscheidender Bedeutung sind.

Es gibt jedoch auch wichtige *Unterschiede* zwischen Weiner und den kognitiv-physiologischen Theoretikern: (1) Nach Weiner spielt physiologische Erregung keine bedeutsame Rolle für das Zustandekommen von Emotionen. (2) Die von Weiner und den kognitiv-physiologischen Emotionstheorien betonten Kausalattributionen sind nach Art und Funktion ganz verschieden: Die von den kognitiv-physiologischen Theoretikern betonten Kausalattributionen betreffen die Überzeugungen der Person über die Ursachen ihrer physiologischen Erregung und haben die Funktion, die Einschätzung einer Situation mit der Empfindung von Erregung zu verbinden. Bei Weiner dagegen geht es um Überzeugungen über die Ursachen von Ereignissen und Sachverhalten, welche - als Komponenten des Einschätzungsprozesses - Emotionen (und möglicherweise physiologische Erregung) erst erzeugen. (3) Weiner hat sich bemüht, diejenigen Einschätzungen zu spezifizieren, die für eine Reihe von Emotionen verantwortlich sind. (4) Weiners Theorie unterscheidet sich von den kognitiv-physiologischen Theorien schließlich auch dadurch, daß Emotionen explizit eine motivationale Funktion zugesprochen wird (während dies in den kognitiv-physiologischen Theorien höchstens implizit geschieht): Bestimmte Emotionen (z. B. Mitleid oder Ärger über eine andere Person) sollen wichtige Faktoren sein, die das Handeln (z. B. das Leisten bzw. das Unterlassen von Hilfe) beeinflussen. Diese Emotionen sind nach Weiner unmittelbare oder direkte kausale Determinanten des Verhaltens, während Kausalattributionen das Verhalten nur indirekt beeinflussen, nämlich dadurch, daß sie bestimmte Emotionen hervorrufen.

Die Auffassung, daß Kausalattributionen (und Ereignisbewertungen) wichtige Determinanten bestimmter Emotionen sind, wird auch von anderen kognitiven Emotionstheoretikern geteilt (z. B. Ortony, Clore, & Collins, 1988; Roseman, 1984; Scherer 1984). Anders als Weiner postulieren diese Theoretiker darüber hinaus aber weitere Dimensionen der emotionsrelevanten Situationseinschätzung (vgl. auch Scherer, 1988). Weiners besondere Betonung von Kausalattributionen und seine Konzentration auf solche Emotionen, die von diesen Attributionen abhängen, ist unter anderem darauf zurückzuführen, daß Weiners Emotionstheorie in seine allgemeinere attributionale Theorie der Motivation und Emotion eingebettet ist, die sich speziell mit den Auswirkungen von *Attributionen* auf Emotionen und Handlungen beschäftigt.

Weiner nimmt an, daß der Prozeß der Entstehung von Emotionen zumindest im Normalfall ein sequentieller kognitiver Interpretationsprozeß ist, in dem zunehmend komplexere Einschätzungen zunehmend komplexere Gefühle (ergebnisabhängige, attributionsabhängige, dimensionsabhängige) determinieren. In Weiners theoretischen und empirischen Arbeiten finden vor allem die dimensionsabhängigen Gefühle Beachtung und unter diesen wiederum solche, die mit der Kontrollierbarkeitsdimension in Zusammenhang stehen (Schuld, Ärger, Mitleid und Dankbarkeit).

Weiner und seine Mitarbeiter und Mitarbeiterinnen haben in zahlreichen Untersuchungen empirische Belege für die postulierten Beziehungen zwischen den Kausaldimensionen und Emotionen erbracht. Auch für die Annahme Weiners, daß Emotionen eine unmittelbare kausale Determinante des Handelns sind, wurden empirische Belege beigebracht. Tatsächlich gibt es in der gegenwärtigen Emotionspsychologie kaum einen anderen Autor, der seine Theorie einer derart systematischen empirischen Überprüfung unterzogen hat wie Weiner.

Dennoch lassen sich gegen Weiners Theorie und Forschungsmethode eine Reihe kritischer Einwände vorbringen. Diese Einwände stellen diese Theorie allerdings nicht grundsätzlich in Frage. Sie lassen es aber als notwendig erscheinen, die Theorie in einigen Punkten zu präzisieren.

Weiterführende Literatur

Weiner hat seine Theorie der Emotion und Motivation in mehreren Büchern und Artikeln ausführlich dargestellt; interessierte Leser und Leserinnen seien besonders auf Weiner (1984, 1986, 1992, 1993) verwiesen. Reisenzein (1985) weist auf die Bezüge der Weinerschen Theorie zu kognitiv-lerntheoretischen Ansätzen hin, von denen insbesondere die sogenannte attributionale Reformulierung der Theorie der gelernten Hilflosigkeit (Abramson, Seligman & Teasdale, 1978) bekannt geworden ist. Nach dieser Theorie, die zur Erklärung des Entstehens reaktiver Depression vorgeschlagen wurde, soll der Kern von Depression in der Kognition von Hilflosigkeit bestehen. Dies

Entstehens reaktiver Depression vorgeschlagen wurde, soll der Kern von Depression in der Kognition von Hilflosigkeit bestehen. Dies steht im Widerspruch zu Mandler (1980, 1984), der - wie wir im dritten Kapitel gesehen haben - behauptet, daß diese letztere Kognition für Angst charakteristisch sei. Für Depression sieht Mandler dagegen - wie bereits Weiner und Litman-Adizes (1980) - die Kognition der Hoffnungslosigkeit als zentral an. Abramson, Metalsky und Alloy (1989) haben jedoch die Theorie der gelernten Hilflosigkeit kürzlich revidiert und meinen nun auch selbst, daß das zentrale kognitive Element der Depression in einer Kognition der Hoffnungslosigkeit besteht.

Weiners Theorie über die Beziehung zwischen Einschätzungen (speziell Ereignisbewertungen und Attributionen) und Emotionen ist nur eine von mehreren Emotionstheorien, in denen kognitive Einschätzungen eine zentrale Rolle spielen. Eine Übersicht über weitere Theorien gibt zum Beispiel Scherer (1988). Wir werden auch im geplanten Folgeband darauf eingehen.

Weiners Annahme, daß Emotionen von Kognitionen, insbesondere Kausalkognitionen, abhängen und daß Emotionen daher durch eine Änderung dieser Kognitionen beeinflußbar sind, hat potentiell weitreichende klinische und pädagogische Implikationen. Tatsächlich sind in den letzten Jahren zahlreiche Untersuchungen durchgeführt worden, deren Ziel es war, die Effektivität von verschiedenen Therapieverfahren zu überprüfen, die auf attributionstheoretischen Überlegungen - unter anderem auch auf der Theorie Weiners - beruhen. Eine umfassende Übersicht über diese Untersuchungen gibt Försterling (1988). Meyer (1992) faßt die Forschung zu den möglichen unbeabsichtigten Auswirkungen von Lob und Tadel sowie Affektäußerungen von Lehrern auf Attributionen von Schülern zusammen.

Literaturverzeichnis

Abramson, L. Y., Metalsky, G. I. & Alloy, L. B. (1989). Hopelessness depression: A theory-based subtype of depression. *Psychological Review, 96*, 358-372.

Abramson, L. Y., Seligman, M. E. P. & Teasdale, J. (1978). Learned helplessness in humans: Critique and reformulation. *Journal of Abnormal Psychology, 87*, 49-74.

Adelmann, P. K. & Zajonc, R. B. (1989). Facial efference and the experience of emotion. *Annual Review of Psychology, 40*, 249-280.

Anderson, J. R. (1988). *Kognitive Psychologie*. Heidelberg: Spektrum der Wissenschaft.

Arnold, M. B. (1960). *Emotion and Personality* (Vol. 1). New York: Columbia University Press.

Averill, J. R. (1968). Grief: Its nature and significance. *Psychological Bulletin, 70*, 721-748.

Ax, A. F. (1953). The psychological differentiation between fear and anger in humans. *Psychosomatic Medicine, 15*, 433-442.

Baeyens, F., Eelen, P. & van den Bergh, O. (1990). Contingency awareness in evaluative conditioning: A case for unaware affective-evaluative learning. *Cognition and Emotion, 4*, 3-18.

Baltes, M. M. & Reisenzein, R. (1985). Emotionen aus der Sicht der behavioristischen Lerntheorien. In L. H. Eckensberger & E. D. Lantermann (Hg.), *Emotion und Reflexivität* (S. 51-74). München: Urban & Schwarzenberg.

Balzer, W., Moulines, C. U. & Sneed, J. D. (1987). *An architectonic for science: The structuralist program*. Dordrecht: Reidel.

Bandura, A. (1969). *Principles of behavior modification*. New York: Holt, Rinehart and Winston.

Bandura, A. (1977). *Social learning theory*. Englewood Cliffs, NJ: Prentice-Hall.

Barefoot, J. C. & Straub, R. B. (1971). Opportunity for information search and the effect of false heart rate feedback. *Journal of Personality and Social Psychology, 17*, 154-157.

Barnes, R. D., Ickes, W. & Kidd, R. F. (1979). Effects of the perceived intentionality and stability of another's dependency on helping behavior. *Personality and Social Psychology Bulletin, 5*, 367-372.

Beck, R. C., Gibson, C., Elliott, W., Simmons, C., Matteson, N. & McDaniel, L. (1988). False physiological feedback and emotion: Experimenter demand and salience effects. *Motivation and Emotion, 12*, 217-236.

Bermond, B., Nieuwenhuyse, B., Fasotti, L. & Schuerman, J. (1991). Spinal cord lesions, peripheral feedback, and intensities of emotional feelings. *Cognition and Emotion, 5,* 201-220.

Berscheid, E. (1982). Attraction and emotion in interpersonal relations. In M. S. Clark & S. T. Fiske (Eds.), *Affect and cognition: The 17th annual Carnegie symposium on cognition* (pp. 37-54). Hillsdale, NJ: Erlbaum.

Berscheid, E. (1990). Contemporary vocabularies of emotion. In B. S. Moore & A. M. Isen (Eds.), *Affect and social behavior* (pp. 22-38). Cambridge: Cambridge University Press.

Betancourt, H. (1990). An attribution-empathy model of helping behavior: Behavioral intentions and judgments of help-giving. *Personality and Social Psychology Bulletin, 16,* 573-591.

Bolles, R. C. (1975). *Learning Theory.* New York: Holt, Rinehart and Winston.

Boring, E. G. (1950). *A history of experimental psychology.* New York: Appleton-Century-Crofts.

Boring, E. G. (1953). A history of introspection. *Psychological Bulletin, 50,* 169-189.

Breggin, P. R. (1964). The psychophysiology of anxiety. *Journal of Nervous and Mental Disease, 139,* 558-568.

Bregman, E. O. (1934). An attempt to modify the emotional attitudes of infants by the conditioned response technique. *Journal of Genetic Psychology, 45,* 169-198.

Brentano, F. (1874/1955). *Psychologie vom empirischen Standpunkt.* (Herausgegeben von O. Kraus) (Band I). Hamburg: Meiner.

Buck, R. (1985). Prime theory: An integrated view of motivation and emotion. *Psychological Review, 92,* 389-413.

Bunge, M. (1967). *Scientific research I: The search for system.* Berlin: Springer-Verlag.

Butollo, W. H. (1979). *Chronische Angst: Theorie und Praxis der Konfrontationstherapie.* München: Urban & Schwarzenberg.

Cacioppo, J. T., Tassinary, L. G., Stonebraker, T. B. & Petty, R. E. (1987). Self-report and cardiovascular measures of arousal: Fractionation during residual arousal. *Biological Psychology, 25,* 135-151.

Calvert-Boyanowsky, J. & Leventhal, H. (1975). The role of information in attenuating behavioral responses to stress: A reinterpretation of the misattribution phenomenon. *Journal of Personality and Social Psychology, 32,* 214-221.

Cannon, W. B. (1927). The James-Lange theory of emotion: A critical examination and an alternative theory. *American Journal of Psychology, 39,* 106-124.

Cannon, W. B. (1929). *Bodily changes in pain, hunger, fear, and rage* (2nd ed.). New York: Appleton (deutsch 1975: Wut, Hunger, Angst und Schmerz. München: Urban & Schwarzenberg).

Cannon, W. B. (1931). Again the James-Lange and the thalamic theories of emotion. *Psychological Review, 38,* 281-295.

Cannon, W. B., Lewis, J. T. & Britton, S. W. (1927). The dispensibility of the sympathetic division of the autonomic nervous system. *Boston Medical and Surgical Journal, 197,* 514-515.

Cantril, H. & Hunt, W. A. (1932). Emotional effects produced by the injection of adrenalin. *American Journal of Psychology, 44,* 300-307.

Charlesworth, W. R. (1969). The role of surprise in cognitive development. In D. Elkind & J. H. Flavell (Eds.), *Studies in cognitive development* (pp. 257-314). Oxford: Oxford University Press.

Chwalisz, K., Diener, E. & Gallagher, D. (1988). Autonomic arousal feedback and emotional experience: Evidence from the spinal cord injured. *Journal of Personality and Social Psychology, 54,* 820-828.

Clore, G. L., Ortony, A. & Foss, M. A. (1987). The psychological foundation of the affective lexicon. *Journal of Personality and Social Psychology, 53,* 751-766.

Cohen, D. (1979). *J. B. Watson. The founder of behaviourism.* London: Routledge & Kegan Paul.

Comte, A. (1883). *Die positive Philosophie von Auguste Comte: Im Auszuge von Jules Rig.* Leipzig: Verlag der Dürr'schen Buchhandlung.

Cornelius, R. R. (1991). Gregorio Marañon's two-factor theory of emotion. *Personality and Social Psychology Bulletin, 17,* 65-69.

Danzinger, K. (1980). The history of introspection reconsidered. *Journal of the History of the Behavioral Sciences, 16,* 241-262.

Darwin, C. (1872). *The expression of the emotions in man and animals.* London: John Murray (deutsch 1872: Der Ausdruck der Gemüthsbewegungen bei dem Menschen und den Thieren. Stuttgart: Schweitzerbart'sche Verlagsbuchhandlung).

Davidson, R. J. (1992). Prolegomenon to the structure of emotion: Gleanings from Neuropsychology. *Cognition and Emotion, 6,* 245-268.

Davison, G. C. & Neale, J. M. (1986). *Abnormal Psychology. An experimental clinical approach* (4th ed.). New York: Wiley.

Delprato, D. J. (1980). Hereditary determinants of fears and phobias: A critical review. *Behavior Therapy, 11,* 79-103.

Dewey, J. (1894). The theory of emotion. I. Emotional attitudes. *Psychological Review, 1,* 553-569.

Dienstbier, R. A. (1979). Emotion-attribution theory: Establishing roots and exploring future perspectives. In R. A. Dienstbier (Ed.), *Nebraska symposium on motivation* (Vol. 26, pp. 237-306). Lincoln, NE: University of Nebraska Press.

Donchin, E. (1981). Surprise! ... Surprise? *Psychophysiology, 18*, 493-513.

Donchin, E. (1984). *Cognitive psychophysiology: Event-related potentials and the study of cognitions*. Hillsdale, NJ: Erlbaum.

Donchin, E. & Coles, M. G. H. (1988). Is the P300 a manifestation of context updating? *Behavioral and Brain Sciences, 11*, 357-374.

Duffy, E. (1934). Emotion: An example of the need for reorientation in psychology. *Psychological Review, 41*, 184-198.

Duffy, E. (1941). An explanation of "emotional" phenomena without the use of the concept "emotion". *Journal of General Psychology, 25*, 283-293.

Ekman, P. (Ed.) (1982). *Emotion in the human face* (2nd ed.). Cambridge: Cambridge University Press.

Ekman, P., Friesen, W. V. & Ellsworth, P. C. (1972). *Emotion in the human face*. New York: Pergamon Press.

Ekman, P., Levenson, R. W. & Friesen, W. V. (1983). Autonomic nervous system activity distinguishes among emotions. *Science, 221*, 1208-1210.

English, H. B. (1929). Three cases of the "conditioned fear response". *Journal of Abnormal and Social Psychology, 24*, 221-225.

Erdmann, G. (1986). Angstbeeinflussung durch vegetativ wirksame Pharmaka. In W. Janke, P. Netter & D. M. Vaitl (Hg.), *Angst und Psychopharmaka* (S. 151-168). Stuttgart: Kohlhammer.

Erdmann, G. & Janke, W. (1978). Interaction between physiological and cognitive determinants of emotions: Experimental studies on Schachter's theory of emotions. *Biological Psychology, 6*, 61-74.

Erdmann, G. & van Lindern, B. (1980). The effects of beta-adrenergic stimulation and beta-adrenergic blockade on emotional reactions. *Psychophysiology, 17*, 332-338.

Ertel, S., Oldenburg, E., Vormfelde-Siry, U. & Vormfelde, D. (1971). Klassische Konditionierung konnotativer Bedeutungen. *Zeitschrift für Psychologie, 179*, 226-246.

Euler, H. A. (1983). Lerntheoretische Ansätze. In H. A. Euler & H. Mandl (Hg.), *Emotionspsychologie: Ein Handbuch in Schlüsselbegriffen* (S. 62-72). München: Urban & Schwarzenberg.

Fehr, F. S. & Stern, J. A. (1970). Peripheral physiological variables and emotion: The James-Lange theory revisited. *Psychological Bulletin, 74*, 411-424.

Försterling, F. (1988). *Attribution theory in clinical psychology*. Chichester: Wiley.

Fodor, J. A. (1968). *Psychological explanation*. New York: Random House.

Frey, D. & Irle, M. (Hg.) (1993). *Theorien der Sozialpsychologie*. Band I:

Kognitive Theorien (2. Auflage). Bern: Huber.

Frijda, N. H. (1986). *The emotions*. Cambridge: Cambridge University Press.

Funkenstein, D. H., King, S. H. & Drolette, M. E. (1957). *Mastery of stress*. Cambridge, MA: Harvard University Press.

Furedy, J. J. (1988). Arguments for and proposed tests of a revised S-R contiguity-reinforcement theory of human Pavlovian autonomic conditioning: Some contra-cognitive claims. *Biological Psychology, 27*, 137-151.

Garcia, J. & Koelling, R. A. (1966). Relation of cue to consequence in avoidance learning. *Psychonomic Science, 4*, 123-124.

Gardiner, H., Metcalf, R. & Beebe-Center, J. (1937). *Feeling and emotion. A history of theories*. Westport, CN: Greenwood Press.

Graham, S. (1984). Communicating sympathy and anger to black and white children: The cognitive (attributional) consequences of affective cues. *Journal of Personality and Social Psychology, 47*, 40-54.

Graham, S. (1990). Communicating low ability in the classroom: Bad things good teachers sometimes do. In S. Graham & V. S. Folkes (Eds.), *Attribution theory: Applications to achievement, mental health, and interpersonal conflict* (pp. 17-36). Hillsdale, NJ: Erlbaum.

Gray, J. A. (1975). *Elements of a two-process theory of learning*. London: Academic Press.

Grossman, S. P. (1967). *Physiological psychology*. New York: Wiley.

Harris, B. (1979). Whatever happened to little Albert? *American Psychologist, 34*, 151-160.

Harris, V. A. & Katkin, E. S. (1975). Primary and secondary emotional behavior: An analysis of the role of autonomic feedback on affect, arousal, and attribution. *Psychological Bulletin, 82*, 904-916.

Hebb, D. O. (1946). Emotion in man and animals: An analysis of the intuitive processes of recognition. *Psychological Bulletin, 53*, 88-106.

Heckhausen, H. (1966). Die Entwicklung des Erlebens von Erfolg und Mißerfolg. *Bild der Wissenschaft, 3*, 547-553.

Heckhausen, H. & Roelofsen, I. (1962). Anfänge und Entwicklung der Leistungsmotivation: (I.) im Wetteifer des Kleinkindes. *Psychologische Forschung, 26*, 313-397.

Heckhausen, H. & Wagner, I. (1965). Anfänge und Entwicklung der Leistungsmotivation: (II.) in der Zielsetzung des Kleinkindes. *Psychologische Forschung, 28*, 179-245.

Heidbreder, E., Ziegler, A., Schafferhans, K., Heidland, A. & Grüninger, W. (1984). Psychomental stress in tetraplegic man: Dissociation in autonomic variables and emotional responsiveness. *Journal of Human Stress, 10*, 157-164.

Heider, F. (1958). *The psychology of interpersonal relations*. New York: Wiley (deutsch 1977: Psychologie der interpersonalen Beziehungen. Stuttgart: Klett).

Hettema, J. & Van Heck, G. L. (1987). Emotion-cognition interactions in personality. *Communication and Cognition, 20*, 141-170.

Hilgard, E. R. & Bower, G. H. (1966). *Theories of learning*. New York: Appleton-Century-Crofts.

Höffding, H. (1914). *Psychologie in Umrissen auf Grundlage der Erfahrung* (5. bearbeitete Aufl.). Leipzig: Reisland.

Hohmann, G. W. (1966). Some effects of spinal cord lesions on experienced emotional feelings. *Psychophysiology, 3*, 143-156.

Hoppe, F. (1930). Untersuchungen zur Handlungs- und Affektpsychologie. IX. Erfolg und Mißerfolg. *Psychologische Forschung, 14*, 1-63.

Hugdahl, K. & Johnsen, B. H. (1989). Preparedness and electrodermal fear-conditioning: Ontogenetic vs. phylogenetic explanations. *Behavioural Research and Therapy, 27*, 269-278.

Hugdahl, K. & Kärker, A.-C. (1981). Biological vs. experiential factors in phobic conditioning. *Behavioural Research and Therapy, 19*, 109-115.

Hull, C. L. (1943). *Principles of behavior*. New York: Appleton-Century Company

Irons, D. (1894). Professor James' theory of emotion. *Mind, 3*, 77-97.

Isaacs, N. (1930). Children's "why"-questions. In S. Isaacs (Ed.), *Intellectual growth in young children* (pp. 291-349). London: Routledge & Kegan Paul.

Izard, C. E. (1971). *The face of emotion*. New York: Appleton-Century-Crofts.

Izard, C. E. (1977). *Human emotions*. New York: Plenum.

Izard, C. E. (1989). The structure and functions of emotions: Implications for cognition, motivation, and personality. In I. S. Cohen (Ed.), *The G. Stanley Hall lecture series* (Vol. 9, pp. 39-73). Washington, DC: American Psychological Association.

Izard, C. E. (1990). The substrates and function of emotion feelings: William James and current emotion theory. *Personality and Social Psychology Bulletin, 16*, 626-635.

Izard, C. E. (1991). *The psychology of emotions*. New York: Plenum.

James, W. (1884). What is an emotion? *Mind, 9*, 188-205.

James, W. (1890). *The principles of psychology* (2 vols.). New York: Holt (autorisierte Neuauflage 1950: New York: Dover).

James, W. (1892). *Psychology: The briefer course*. New York: Harper & Row (deutsch 1909: Psychologie. Leipzig: Quelle & Meyer).

James, W. (1894). The physical basis of emotion. *Psychological Review, 1*,

516-529.

Jones, E. E. & Davis, K. E. (1965). From acts to dispositions: The attribution process in person perception. In L. Berkowitz (Ed.), *Advances in experimental social psychology* (Vol. 2, pp. 219-266). New York: Academic Press.

Jones, M. C. (1924a). A laboratory study of fear: The case of Peter. *The Pedagogical Seminary, 31,* 308-315.

Jones, M. C. (1924b). The elimination of children's fears. *Journal of Experimental Psychology, 7,* 382-390.

Jones, M. C. (1974). Albert, Peter, and John B. Watson. *American Psychologist, 29,* 581-583.

Jones, M. C. (1975). A 1924 pioneer looks at behavior therapy. *Journal of Behavior Therapy & Experimental Psychiatry, 6,* 181-187.

Kanfer, F. H. & Phillips, J. S. (1970). *Learning foundations of behavior therapy.* New York: Wiley.

Kelley, H. H. (1967). Attribution theory in social psychology. In D. Levine (Ed.), *Nebraska symposium on motivation, 1967* (pp. 192-238). Lincoln, NE: University of Nebraska Press.

Kelley, H. H. (1973). The processes of causal attribution. *American Psychologist, 28,* 107-128.

Kelley, H. H. & Michela, J. L. (1980). Attribution theory and research. *Annual Review of Psychology, 31,* 457-501.

Kitchener, R. F. (1977). Behavior and behaviorism. *Behaviorism, 5,* 11-71.

Kleinginna, P. R. jr. & Kleinginna, A. M. (1981). A categorized list of emotion definitions, with suggestions for a consensual definition. *Motivation and Emotion, 5,* 345-379.

Kuhn, T. (1962). *The structure of scientific revolutions.* Chicago: University of Chicago Press.

Kutschera, F. (1981). *Grundfragen der Erkenntnistheorie.* Berlin: de Gruyter.

Lachnit, H. (1993). *Assoziatives Lernen und Kognition: Ein experimenteller Brückenschlag zwischen Hirnforschung und Kognitionswissenschaften.* Heidelberg: Spektrum Akademischer Verlag.

Laird, J. D. (1984). The real role of facial response in the experience of emotion: A reply to Tourangeau and Ellsworth, and others. *Journal of Personality and Social Psychology, 47,* 909-917.

Laird, J. D. & Bresler, C. (1992). The process of emotional experience: A self-perception theory. In M. S. Clark (Ed.), *Review of Personality and Social Psychology* (Vol. 13, pp. 213-234). Newbury Park, CA: Sage.

Landis, C. & Hunt, W. A. (1932). Adrenalin and emotion. *Psychological Review, 39,* 467-485.

Lange, C. G. (1885). *Om Sindsbevoegelser: Et psykofysiologiske Studie.* Kopenhagen: Kronar (deutsch 1887: Über Gemuethsbewegungen. Leipzig: Theodor Thomas).

Lange, C. G. & James, W. (1922). *The emotions*. Baltimore, MD: William and Wilkins Company.

Larsen, R. J. & Diener, E. (1992). Promises and problems with the circumplex model of emotion. In M. S. Clark (Ed.), *Review of Personality and Social Psychology* (Vol. 13, pp. 25-59). Newbury Park, CA: Sage.

Laucken, U. & Schick, A. (1971). *Einführung in das Studium der Psychologie*. Stuttgart: Klett.

Lazarus, R. S. (1966). *Psychological stress and the coping process.* New York: McGraw-Hill.

Lazarus, R. S. (1968). Emotions and adaption: Conceptual and empirical relations. In W. J. Arnold (Ed.), *Nebraska symposium on motivation, 1968* (pp. 175-266). Lincoln, NE: University of Nebraska Press

Lazarus, R. S. (1991a). *Emotion and adaption*. New York: Oxford University Press.

Lazarus, R. S. (1991b). Cognition and motivation in emotion. *American Psychologist, 46,* 352-367.

Lazarus, R. S., Averill, J. R. & Opton, E. M. jr. (1970). Toward a cognitive theory of emotion. In M. B. Arnold (Ed.), *Feelings and emotions* (pp. 207-232). New York: Academic Press.

Leeper, R. (1948). A motivational theory of emotion to replace emotion as disorganized response. *Psychological Review, 55*, 5-21.

Lehmann, A. (1892). *Die Hauptgesetze des menschlichen Gefühlslebens.* Leipzig: Reisland.

Levenson, R. W. (1988). Emotion and the autonomic nervous system: A prospectus for research on autonomic specifity. In H. Wagner (Ed.), *Social psychophysiology and emotion: Theory and clinical applications* (pp. 17-42). London: Wiley.

Leventhal, H. (1974). Emotions: A basic problem for social psychology. In C. Nemeth (Ed.), *Social psychology. Classic and contemporary integrations* (pp. 1-51). Chicago, IL: Rand McNally.

Leventhal, H. (1979). A perceptual-motor processing model of emotion. In P. Pliner, K. R. Blankstein & I. M. Spigel (Eds.), *Perception of emotion in self and others* (pp. 1-46). New York: Plenum.

Leventhal, H. (1980). Toward a comprehensive theory of emotion. In L. Berkowitz (Ed.), *Advances in experimental social psychology* (Vol. 13, pp. 139-207). New York: Academic Press.

Leventhal, H. (1984). A perceptual-motor theory of emotion. In L.

Berkowitz (Ed.), *Advances in Experimental Social Psychology* (Vol. 17, pp. 117-182). New York: Academic Press.

Leventhal, H. & Tomarken, J. (1986). Emotion: Today's problems. *Annual Review of Psychology, 37*, 565-610.

Lewin, K., Dembo, T., Festinger, L. & Sears, P. S. (1944). Level of aspiration. In J. McV.Hunt (Ed.), *Personality and the behavior disorders* (Vol. 1, pp. 333-378). New York: Ronald Press.

Liebhart, E. H. (1974). Attributionstherapie. Beeinflussung herzneurotischer Beschwerden durch Externalisierung kausaler Zuschreibungen. *Zeitschrift für Klinische Psychologie, 3*, 71-94.

Liebhart, E. H. (1978). Wahrgenommene autonome Veränderungen als Determinanten emotionalen Verhaltens. In D. Görlitz, W.-U. Meyer & B. Weiner (Hg.), *Bielefelder Symposium über Attribution* (S. 107-137). Stuttgart: Klett-Cotta.

Linton, J. C. & Hirt, M. (1979). A comparison of predictions from peripheral and central theories of emotion. *British Journal of Medical Psychology, 52*, 11-15.

Lowe, J. & Carroll, D. (1985). The effects of spinal injury on the intensity of emotional experience. *British Journal of Clinical Psychology, 24*, 135-136.

Lyons, W. (1986). *The disappearance of introspection*. Cambridge, MA: MIT Press.

MacDowell, K. A. & Mandler, G. (1989). Constructions of emotion: Discrepancy, arousal, and mood. *Motivation and Emotion, 13*, 105-124.

Mahoney, M. J. (1974). *Cognition and behavior modification*. Cambridge, MA: Ballinger.

Mandler, G. (1962). Emotion. In R. Brown, E. Galanter, E. H. Hess & G. Mandler, *New directions in psychology I* (pp. 267-343). New York: Holt, Rinehart and Winston.

Mandler, G. (1964). The interruption of behavior. In D. Levine (Ed.), *Nebraska symposium on motivation, 1964* (pp. 163-219). Lincoln, NE: University of Nebraska Press.

Mandler, G. (1975). *Mind and emotion*. New York: Wiley.

Mandler, G. (1980). The generation of emotion: A psychological theory. In R. Plutchik & J. H. Kellerman (Eds.), *Emotion: Theory, research, and experience*. Vol. 1. *Theories of Emotion* (pp. 219-243). New York: Academic Press.

Mandler, G. (1984). *Mind and body: Psychology of emotion and stress*. New York: Norton.

Mandler, G. (1992). Emotions, evolution and aggression: Myths and conjectures. In K. T. Strongman (Ed.), *International review of studies on emotion* (Vol. 2, pp. 97-116). Chichester: Wiley.

Mandler, G. & Sarason, S. B. (1952). A study of anxiety and learning. *Journal of Abnormal and Social Psychology, 47*, 166-173.

Mandler, G. & Watson, D. L. (1966). Anxiety and the interruption of behavior. In C. D. Spielberger (Ed.), *Anxiety and behavior* (pp. 263-288). New York: Academic Press.

Marañon, G. (1924). Contribution à l'étude de l'action émotive de l'adrenaline. *Revue Française d'Endocrinologie, 2,* 301-325.

Margolis, J. Z. (1984). *Philosophy of psychology*. Englewood Cliffs, NJ: Prentice Hall.

Marks, I. M. (1969). *Fears and phobias*. London: William Heinemann.

Marshall, G. D. & Zimbardo, P. G. (1979). Affective consequences of inadequately explained physiological arousal. *Journal of Personality and Social Psychology, 37,* 970-988.

Martin, I. & Levey, A. B. (1987). Learning what will happen next: Conditioning, evaluation, and cognitive processes. In G. Davey (Ed.), *Cognitive processes and Pavlovian conditioning in humans* (pp. 57-82). New York: Wiley.

Maslach, C. (1979). Negative emotional biasing of unexplained arousal. *Journal of Personality and Social Psychology, 37,* 953-969.

McDougall, W. (1908). *An introduction to social psychology*. London: Methuen.

McDougall, W. (1929). Fundamentals of psychology. Behaviorism examined. In J. B. Watson & W. McDougall, *The battle of behaviorism* (pp. 40-85). New York: W. W. Norton & Company.

McNally, R. J. (1987). Preparedness and phobias: A review. *Psychological Bulletin, 101*, 283-303.

Meinong, A. (1906). Über Urteilsgefühle: Was sie sind und was sie nicht sind. *Archiv für die gesamte Psychologie, 6,* 22-58.

Meyer, M. F. (1933). That whale among the fishes - the theory of emotions. *Psychological Review, 40,* 292-300.

Meyer, W.-U. (1982). Indirect communications about perceived ability estimates. *Journal of Educational Psychology, 74*, 888-897.

Meyer, W.-U. (1984). *Das Konzept von der eigenen Begabung*. Bern: Huber.

Meyer, W.-U. (1988). Die Rolle von Überraschung im Attributionsprozeß. *Psychologische Rundschau, 39*, 136-147.

Meyer, W.-U. (1992). Paradoxical effects of praise and criticism on perceived ability. In W. Stroebe & M. Hewstone (Eds.), *European Review of Social Psychology* (pp. 259-283). Chichester: Wiley.

Meyer, W.-U. & Försterling, F. (1993). Die Attributionstheorie. In D. Frey

& M. Irle (Hg.), *Theorien der Sozialpsychologie,* Band I: *Kognitive Theorien* (S. 175-214). Bern: Huber.

Meyer, W.-U. & Niepel, M. (im Druck). Surprise. In V. S. Ramachandran (Ed.), *Encyclopedia of human behavior*. Orlando, FL: Academic Press.

Murchison, C. (Ed.) (1936), *A history of psychology in autobiography* (Vol. III). Worchester: Clark University Press.

Nagel, T. (1974). What is it like to be a bat? *Philosophical Review, 83*, 435-450.

Neisser, U. (1967). *Cognitive Psychology*. New York: Appleton-Century-Crofts.

Nisbett, R. E. & Schachter, S. (1966). Cognitive manipulation of pain. *Journal of Experimental Social Psychology, 2*, 227-236.

Oatley, K. & Johnson-Laird, P. N. (1987). Towards a cognitive theory of emotions. *Cognition and Emotion, 1*, 29-50.

Öhman, A. (1987a). Evolution, learning, and phobias: An interactional analysis. In D. Magnusson & A. Öhman (Eds.), *Psychopathology: An interactional perspective* (pp. 143-158). New York: Academic Press.

Öhman, A. (1987b). The psychophysiology of emotion: An evolutionary-cognitive perspective. In P. K. Ackles, J. R. Jennings & M. G. H. Coles (Eds.), *Advances in psychology* (Vol. 2, pp. 79-127). Greenwich, CT: JAI Press.

Öhman, A. (1992). Stimulus prepotency and fear learning: Data and theory. In N. Birbaumer & A. Öhman (Eds.), *The structure of emotion: Psychophysiological, cognitive, and clinical aspects* (pp. 218-239). Toronto: Hogrefe & Huber.

Öhman, A., Dimberg, U. & Öst, L.-G. (1985). Animal and social phobias: Biological constraints on learned fear responses. In S. Reiss & R. R. Bootzin (Eds.), *Theoretical issues in behavior therapy* (pp. 123-178). New York: Academic Press.

Öhman, A., Frederikson, M. & Hugdahl, K. (1978). Orienting and defensive responding in the electrodermal system: Palmar-dorsal differences and recovery-rate during conditioning to potentially phobic stimuli. *Psychophysiology, 15*, 93-101.

Olson, J. M. (1988). Misattribution, preparatory information, and speech anxiety. *Journal of Personality and Social Psychology, 54*, 758-767.

Olson, J. M. (1990). Self-inference processes in emotion. In J. M. Olson & M. P. Zanna (Eds.), *Self-inference processes: The Ontario symposium,* (Vol. 6, pp. 17-41). Hillsdale, NJ: Erlbaum.

Ortony, A., Clore, G. L. & Collins, A. (1988). *The cognitive structure of emotions*. Cambridge: Cambridge University Press.

Overmier, J. B. & Archer, T. (1989). Historical perspectives on the study of aversively motivated behavior: History and new look. In T. Archer & L. G. Nilsson (Eds.), *Aversion, avoidance, and anxiety* (pp. 3-39). Hillsdale, NJ: Erlbaum.

Page, M. M. (1969). Social psychology of a classical conditioning of attitudes experiment. *Journal of Personality and Social Psychology, 11,* 177-186.

Perry, W. G. jr. (1968). *Forms of intellectual and ethical development in the college years.* New York: Holt, Rinehart and Winston.

Piliavin, I. M., Rodin, J. & Piliavin, J. A. (1969). Good Samaritism: An underground phenomenon? *Journal of Personality and Social Psychology, 13,* 298-299.

Plutchik, R. (1980). *Emotion. A psychoevolutionary synthesis.* New York: Harper & Row.

Plutchik, R. & Ax, A. F. (1967). A critique of determinants of emotional state by Schachter and Singer (1962). *Psychophysiology, 4,* 79-82.

Pongratz, L. J. (1984). *Problemgeschichte der Psychologie* (2. überarbeitete Aufl.). München: Francke

Rachman, S. (1977). The conditioning theory of fear acquisition: A critical examination. *Behavioural Research and Therapy, 15,* 375-387.

Reinecker, H. (1986). Methoden der Verhaltenstherapie. In Deutsche Gesellschaft für Verhaltenstherapie (Hg.), *Verhaltenstherapie: Theorien und Methoden* (S. 64-178). Tübingen: DGVT-Verlag.

Reisenzein, R. (1983). The Schachter theory of emotion: Two decades later. *Psychological Bulletin, 94,* 239-264.

Reisenzein, R. (1985). Attributionstheoretische Beiträge zur Emotionsforschung und ihre Beziehung zu kognitiv-lerntheoretischen Ansätzen. In L. H. Eckensberger & E. D. Lantermann (Hg.), *Emotion und Reflexivität* (S. 75-97). München: Urban & Schwarzenberg.

Reisenzein, R. (1986). A structural equation analysis of Weiner's attribution-affect model of helping behavior. *Journal of Personality and Social Psychology, 50,* 1123-1133.

Reisenzein, R. (1993a). The functional significance of somatic changes for emotions. In D. O. Nutzinger, L. Hartl & H. G. Zapotoczky (Eds.), *Somatoform disorders.* New York: Wiley.

Reisenzein, R. (1993b). Kausalattribution und Emotion. In F. Försterling & J. Stiensmeier-Pelster (Hg.), *Attribution: Grundlagen und Anwendungsbezüge.* Göttingen: Hogrefe.

Rescorla, R. A. & Holland, P. C. (1982). Behavioral studies of associative learning in animals. *Annual Review of Psychology, 33,* 265-308.

Reymert, M. L. (Ed.) (1928). *Feeling and emotion. The Wittenberg symposium.* New York: McGraw-Hill.

Reymert, M. L. (Ed.) (1950). *Feeling and emotion. The Mooseheart symposium*. New York: McGraw-Hill.

Rodin, J. (1976). Menstruation, reattribution, and competence. *Journal of Personality and Social Psychology, 33*, 345-353.

Rodin, J. (1981). Current status of the internal-external hypothesis for obesity: What went wrong? *American Psychologist, 36*, 361-372.

Rogers, R. W. & Deckner, C. W. (1975). Effects of fear appeals and physiological arousal upon emotion, attitudes, and cigarette smoking. *Journal of Personality and Social Psychology, 32*, 222-230.

Roseman, I. J. (1984). Cognitive determinants of emotions: A structural theory. In P. Shaver (Ed.), *Review of personality and social psychology:* Vol. 5. *Emotions, relationships, and health* (pp. 11-36). Beverly Hills, CA: Sage.

Rosenbaum, R. M. (1972). *A dimensional analysis of the perceived causes of success and failure*. Unveröffentlichte Dissertation. University of California, Los Angeles.

Ross, J., Rodin, J. & Zimbardo, P. G. (1969). Toward an attribution therapy: The reduction of fear through induced cognitive-emotional misattribution. *Journal of Personality and Social Psychology, 12*, 279-288.

Ross, M. & Olson, J. M. (1981). An expectancy-attribution model of the effects of placebos. *Psychological Review, 88*, 408-437.

Russell, B. (1927/1960). *An outline of philosophy*. New York: Meridian Books.

Russell, J. A. (1980). A circumplex model of affect. *Journal of Personality and Social Psychology, 39*, 1161-1178.

Russell, J. A. (1989). Measures of emotion. In R. Plutchik & H. Kellerman (Eds.), *Emotion: Theory, research and experience* (Vol. 4, pp. 83-111). New York: Academic Press.

Rustemeyer, R. (1982). *Wirkungen von emotionalen Reaktionen einer anderen Person auf die Beurteilung der eigenen Fähigkeit*. Unveröffentlichte Diplomarbeit. Universität Bielefeld.

Rustemeyer, R. (1984). Selbsteinschätzung eigener Fähigkeit - vermittelt durch die Emotionen anderer Personen. *Zeitschrift für Entwicklungspsychologie und Pädagogische Psychologie, 16*, 149-161.

Schachter, J. (1957). Pain, fear, and anger in hypertensives and normatensives: A psychophysiological study. *Psychosomatic Medicine, 19*, 17-29.

Schachter, S. (1964). The interaction of cognitive and physiological determinants of emotional state. In L. Berkowitz (Ed.), *Advances in experimental social psychology* (Vol. 1, pp. 49-80). New York: Academic Press.

Schachter, S. (1970). The assumption of identity and peripheralist-centralist controversies in motivation and emotion. In M. B. Arnold (Ed.), *Feelings and emotion* (pp. 111-121). New York: Academic Press.

Schachter, S. (1971). *Emotion, obesity, and crime*. New York: Academic Press.

Schachter, S. & Singer, J. E. (1962). Cognitive, social, and physiological determinants of emotional state. *Psychological Review, 69,* 379-399.

Scherer, K. R. (1981). Wider die Vernachlässigung der Emotion in der Psychologie. In W. Michaelis (Hg.), *Bericht über den 32. Kongreß der Deutschen Gesellschaft für Psychologie in Zürich 1980* (Bd. 1, S. 304-317). Göttingen: Hogrefe

Scherer, K. R. (1982). Die vokale Kommunikation emotionaler Erregung. In K. R. Scherer (Hg.) *Vokale Kommunikation. Nonverbale Aspekte des Sprechverhaltens* (S. 287-306). Weinheim: Beltz.

Scherer, K. R. (1984). On the nature and function of emotion: A component process approach. In K. R. Scherer & P. Ekman (Eds.), *Approaches to emotion* (pp. 293-317). Hillsdale, NJ: Erlbaum.

Scherer, K. R. (1988). Criteria for emotion-antecedent appraisal: A review. In V. Hamilton, G. H. Bower & N. H. Frijda (Eds.), *Cognitive perspectives on emotion and motivation* (pp. 89-126). Dordrecht: Kluwer.

Scherer, K. R. & Wallbott, H. G. (1984). *Nonverbale Kommunikation: Forschungsberichte zum Interaktionsverhalten (2. Aufl.)*. Weinheim: Beltz.

Schmidt-Atzert, L. (1981). *Emotionspsychologie*. Stuttgart: Kohlhammer.

Schmidt, G. & Weiner, B. (1988). An attribution-affect-action theory of behavior: Replications of judgments of help-giving. *Personality and Social Psychology Bulletin, 14,* 610-621.

Schwartz, G. E., Weinberger, D. A. & Singer, J. A. (1981). Cardiovascular differentiation of happiness, sadness, anger, and fear following imagery and exercise. *Psychosomatic Medicine, 43,* 343-364.

Schwarzer, R. (1981). *Streß, Angst und Hilflosigkeit*. Stuttgart: Kohlhammer.

Seligman, M. E. P. (1970). On the generality of the laws of learning. *Psychological Review, 77,* 406-418.

Seligman, M. E. P. (1971). Phobias and preparedness. *Behavior Therapy, 2,* 307-320.

Seligman, M. E. P. (1975). *Helplessness: On depression, development, and death*. San Francisco: Freeman.

Shanks, D. R. & Dickinson, A. (1990). Contingency awareness in evaluative conditioning: A comment on Baeyens, Eelen, and van den Bergh. *Cognition and Emotion, 4,* 19-30.

Shaver, P. Schwartz, J., Kirson, D. & O'Connor, C. (1987). Emotion knowledge: Further exploration of a prototype approach. *Journal of Personality and Social Psychology, 52,* 1061-1086.

Sherrington, C. S. (1900). Experiments on the value of vascular and visceral factors for the genesis of emotion. *Proceedings of the Royal Society (London), 66,* 390-403.

Siddle, D. A. T. & Bond, N. W. (1988). Avoidance learning, Pavlovian conditioning, and the development of phobias. *Biological Psychology, 27,* 167-183.

Skinner, B. F. (1953). *Science and human behavior.* New York: Macmillan.

Solomon, R. C. (1988). On emotions as judgments. *American Philosophical Quarterly, 25,* 183-191.

Staats, A. W. (1969). Experimental demand characteristics and the classical conditioning of attitudes. *Journal of Personality and Social Psychology, 11,* 187-192.

Staats, A. W. & Staats, C. K. (1958). Attitudes established by classical conditioning. *Journal of Abnormal and Social Psychology, 57,* 37-40.

Staats, C. K. & Staats, A. W. (1957). Meaning established by classical conditioning. *Journal of Experimental Psychology, 54,* 74-80.

Staub, S. & Kellett, D. S. (1972). Increasing pain tolerance by information about aversive stimuli. *Journal of Personality and Social Psychology, 21,* 198-203.

Stemmler, G. (1989). The autonomic differentiation of emotions revisited: Convergent and discriminant validation. *Psychophysiology, 26,* 617-632.

Storms, M. D. & Nisbett, R. E. (1970). Insomnia and the attribution process. *Journal of Personality and Social Psychology, 16,* 319-328.

Strongman, K. T. (1978). *The psychology of emotion.* New York: Wiley.

Stumpf, C. (1899). Über den Begriff der Gemüthsbewegung. *Zeitschrift für Psychologie und Physiologie der Sinnesorgane, 21,* 47-99.

Sully, J. (1902). *An essay on laughter.* London: Longmans, Green.

Tarpy, R. M. (1979). *Lernen.* Berlin: Springer (Original erschienen 1975: Basic principles of learning. Glenview. IL: Scott, Foresman and Company).

Titchener, E. B. (1914). A historical note on the James-Lange theory of emotion. *American Journal of Psychology, 25,* 425-447.

Tomkins, S. S. (1962). *Affect, imagery, and consciousness* (2 vols.). New York: Springer.

Tomkins, S. S. (1980). Affect as amplification: Some modifications in theory. In R. Plutchik & H. Kellerman (Eds.), *Emotion: Theory, research, and experience* (Vol. 1, pp. 141-164). New York: Academic Press.

Valentine, C. W. (1956). *The normal child and some of his abnormalities.*

Harmondsworth: Penguin Books.

Valins, S. (1966). Cognitive effects of false heart-rate feedback. *Journal of Personality and Social Psychology, 4,* 400-408.

Valins, S. (1967). Emotionality and information concerning internal reactions. *Journal of Personality and Social Psychology, 6,* 458-463.

Valins, S. (1974). Persistent effects of information about internal reactions: Ineffectiveness of debriefing. In H. London & R. E. Nisbett (Eds.), *Thought and feeling. Cognitive alteration of feeling states* (pp. 116-124). Chicago, IL: Aldine.

Valins, S. & Nisbett, R. E. (1971). *Attribution processes in the development and treatment of emotional disorders.* New York: General Learning Press.

Valins, S. & Ray, A. A. (1967). Effects of cognitive desensitization on avoidance behavior. *Journal of Personality and Social Psychology, 7,* 345-350.

Wallbott, H. G. (1990). *Mimik im Kontext.* Göttingen: Hogrefe.

Wallbott, H. G. (1991). Das Emotionale in der Sozialpsychologie und das Soziale in der Emotionspsychologie - Versuch einer Bestandsaufnahme eines vernachlässigten Grenzbereichs. *Zeitschrift für Sozialpsychologie, 22,* 53-65.

Watson, J. B. (1913). Psychology as the behaviorist views it. *Psychological Review, 20,* 158-177.

Watson, J. B. (1919). A schematic outline of the emotions. *Psychological Review, 26,* 165-196.

Watson, J. B. (1920). Is thinking merely the action of language mechanisms? *British Journal of Psychology, 11,* 87-104.

Watson, J. B. (1928). *Psychological care of infant and child.* New York: W. W. Norton & Company.

Watson, J. B. (1929). Behaviorism - The modern note in psychology. In J. B. Watson & W. McDougall, *The battle of behaviorism* (pp. 7-39). New York: W. W. Norton & Company.

Watson, J. B. (1968). *Behaviorismus.* Köln: Kiepenheuer & Witsch (Original 1930: Behaviorism. New York: W. W. Norton & Company).

Watson, J. B. & McDougall, W. (1929). *The battle of behaviorism.* New York: W. W. Norton & Company.

Watson, J. B. & Rayner, R. (1920). Conditioned emotional reactions. *Journal of Experimental Psychology, 3,* 1-14.

Weerts, T. C. & Roberts, R. (1976). The physiological effects of imagining anger-provoking and fear-provoking scenes. *Psychophysiology, 13,* 174.

Weiner, B. (1979). A theory of motivation for some classroom experiences. *Journal of Educational Psychology, 71,* 3-25.

Weiner, B. (1980a). A cognitive (attributional)-emotion-action model of motivated behavior: An analysis of judgments of help-giving. *Journal of Personality and Social Psychology, 39,* 186-200.

Weiner, B. (1980b). May I borrow your class notes? An attributional analysis of help-giving in an achievement-related context. *Journal of Educational Psychology, 72,* 676-681.

Weiner, B. (1982). The emotional consequences of causal attributions. In M. S. Clark & S. Fiske (Eds.), *Affect and cognition: The 17th annual Carnegie symposium on cognition* (pp. 185-209). Hillsdale, NJ: Erlbaum.

Weiner, B. (1984). *Motivationspsychologie*. Weinheim: Beltz.

Weiner, B. (1985). "Spontaneous" causal thinking. *Psychological Bulletin, 97,* 74-84.

Weiner, B. (1986). *An attributional theory of motivation and emotion.* New York: Springer Verlag.

Weiner, B. (1992). *Human motivation. Metaphors, theories, and research.* Newbury Park, CA: Sage.

Weiner, B. (1993). Kontrollierbarkeit und Verantwortlichkeit. In F. Försterling & J. Stiensmeier-Pelster (Hg.), *Attributionspsychologie: Grundlagen und Anwendungsbezüge* (S. 1-26). Göttingen: Hogrefe.

Weiner, B., Frieze, I. H., Kukla, A., Reed, L., Rest, S. & Rosenbaum, R. M. (1971). *Perceiving the causes of success and failure.* Morristown, NJ: General Learning Press.

Weiner, B. & Graham, S. (1984). An attributional approach to emotional development. In C. Izard, J. Kagan & R. Zajonc (Eds.), *Emotions, cognition, and behavior* (pp. 167-191). Cambridge, MA: Harvard University Press.

Weiner, B., Graham, S., Stern, P. & Lawson, M. E. (1982). Using affective cues to infer causal thoughts. *Developmental Psychology, 18,* 278-286.

Weiner, B. & Litman-Adizes, T. (1980). An attributional, expectancy-value analysis of learned helplessness and depression. In J. Garber & M. E. P. Seligman (Eds.), *Human helplessness: Theory and applications* (pp. 35-57). New York: Academic Press.

Weiner, B., Perry, R. P. & Magnusson, J. (1988). An attributional analysis of reactions to stigmas. *Journal of Personality and Social Psychology, 55,* 738-748.

Weiner, B., Russell, D. & Lerman, L. (1978). Affective consequences of causal ascriptions. In J. H. Harvey, W. Ickes & R. F. Kidd (Eds.), *New directions in attribution research* (Vol. 2, pp. 59-90). Hillsdale, NJ: Erlbaum.

Weiner, B., Russell, D. & Lerman, L. (1979). The cognition-emotion process in achievement-related contexts. *Journal of Personality and Social Psychology, 37,* 1211-1220.

Wells, F. L. (1925). Reactions to visual stimuli in affective settings. *Journal of Experimental Psychology, 8,* 64-76.

Westmeyer, H. (1984). Von den Schwierigkeiten, ein Behaviorist zu sein oder: Auf der Suche nach einer behavioristischen Identität. In H. Lenk (Hg.), *Handlungstheorien interdisziplinär* (Vol. III, 2, S. 574-606). München: Fink.

Winton, W. M. (1986). The role of facial response in self-reports of emotion: A critique of Laird. *Journal of Personality and Social Psychology, 50,* 808-812.

Winton, W. M. (1990). Jamesian aspects of misattribution research. *Personality and Social Psychology Bulletin, 16,* 652-664.

Wolpe, J. (1958). *Psychotherapy by reciprocal inhibition.* Stanford, CA: Stanford University Press.

Worcester, W. L. (1893). Observations on some points in James' Psychology. II. Emotion. *The Monist, 3,* 285-298.

Wundt, W. (1874). *Grundzüge der Physiologischen Psychologie.* Leipzig: Engelmann.

Wundt, W. (1891). Zur Lehre von den Gemüthsbewegungen. *Philosophische Studien, 6,* 335-393.

Wundt, W. (1896). *Grundriss der Psychologie.* Leipzig: Engelmann.

Young, P. T. (1943). *Emotion in man and animal: Its nature and relation to attitude and motive.* New York: Wiley.

Zajonc, R. B., Murphy, S. T. & Inglehart, M. (1989). Feeling and facial efference: Implications of the vascular theory of emotion. *Psychological Review, 96,* 395-416.

Zillmann, D. (1978). Attribution and misattribution of excitatory reactions. In J. H. Harvey, W. J. Ickes & R. F. Kidd (Eds.), *New directions in attribution research* (Vol. 2, pp. 335-368). Hillsdale, NJ: Erlbaum.